21世纪

世纪

经济管理新形态教材

旅游管理系列

旅行社经营管理
理论与实务

余洁◎编著

清华大学出版社

北京

内 容 简 介

"旅行社经营管理理论与实务"是旅游管理专业及相关专业的核心课程之一。本书结合旅行社管理的实际运营和行业新业态、新趋势,分为三部分十章内容。第一部分为基础理论部分,包括旅行社概述、旅行社的设立与组织结构、旅行社的产业融合与战略管理;第二部分为业务管理部分,包括旅行社产品设计与开发、旅行社营销组合管理、旅行社计调管理、旅行社接待管理;第三部分为职能管理部分,包括旅行社人力资源管理、旅行社财务管理、旅行社信息化管理。全书各章节的体例结构包括案例引导、案例讨论、拓展材料、观察与思考、本章小结、关键术语、复习题、实践题、研究讨论题、参考文献等。各章节还配有视频材料和电子课件。本书适合高等院校旅游管理专业教学,也可以作为旅游管理的培训教材。

图书在版编目(CIP)数据

旅行社经营管理理论与实务/余洁编著. —北京: 清华大学出版社,2022.6(2025.7重印)
21 世纪经济管理新形态教材. 旅游管理系列
ISBN 978-7-302-60804-2

Ⅰ. ①旅… Ⅱ. ①余… Ⅲ. ①旅行社–企业经营管理–教材 Ⅳ. ①F590.654

中国版本图书馆 CIP 数据核字(2022)第 079709 号

责任编辑: 陆浥晨
封面设计: 李召霞
责任校对: 王荣静
责任印制: 宋 林

出版发行: 清华大学出版社
    网 址: https://www.tup.com.cn, https://www.wqxuetang.com
    地 址: 北京清华大学学研大厦 A 座   邮 编: 100084
    社 总 机: 010-83470000   邮 购: 010-62786544
    投稿与读者服务: 010-62776969,c-service@tup.tsinghua.edu.cn
    质 量 反 馈: 010-62772015,zhiliang@tup.tsinghua.edu.cn
    课 件 下 载: https://www.tup.com.cn, 010-83470332
印 装 者: 三河市天利华印刷装订有限公司
经 销: 全国新华书店
开 本: 185mm×260mm 印 张: 15.75 字 数: 354 千字
版 次: 2022 年 6 月第 1 版 印 次: 2025 年 7 月第 4 次印刷
定 价: 49.00 元

产品编号: 093569-01

第一部分　基础理论

第二部分　业务管理

第三部分　职能管理

第一部分　基础理论

第一章

旅行社概述

学习目标

- 准确理解旅行社的概念和分类
- 了解我国旅行社发展的历史阶段和特征
- 理解旅行社的分工体系及发展趋势

思政目标

- 培养学生求真务实、向行业前辈学习爱国创业的民族精神
- 培养学生开拓进取、热爱本行业本专业的职业素质

案例引导

云南旅行社市场整治重拳出击

云南旅行社业在改革开放的40多年里，见证了云南旅游业发展的辉煌与彷徨，摸爬滚打的云南旅游从业者无疑也见证了产业变革的种种酸甜苦辣。云南旅行社业的发展从20世纪80年代末90年代初开始起步，旅行社从业者被认为是引以为傲的职业。随着1999年世界园艺博览会在昆明的举办，旅行社如雨后春笋般迅速发展，旅行社从业者也急剧增多，行业发展可谓欣欣向荣。随着市场化程度越来越成熟，企业准入的门槛不断降低，云南旅行社业发展最快的时候达到了900多家，近乎百家争艳的态势。

繁荣的旅行社市场背后，品质良莠不齐，恶性竞争加剧，各种各样的低价游产品铺天盖地，出现了游客被"零团费"、低价团诱惑，强制购物等旅游乱象。从2017年4月15日开始，云南省强势开展旅游市场秩序整治，昆明市共查处违法违规旅行社122家，吊销旅行社业务经营许可证37家，查处违法违规导游30人。通过对旅行社、导游、购物店、旅游景区、行业协会、综合监管机制等方面的整治，昆明市旅游市场秩序整治取得了明显成效。上百家旅行社接到了盖有"昆明市旅游发展委员会"红章的"行政许可撤销事先告知书"，可谓一石激起千层浪，几家欢喜几家愁。

昆明市旅发委连续发出公告撤销多家旅行社业务经营许可，撤销理由为："未提供旅行社经营场所、营业设施、必要经营管理人员和导游等设立准入条件的相关材料，已不具备《中华人民共和国旅游法》第二十八条（一）（二）（四）关于旅行社设立的相关规定的要求。"

根据《中华人民共和国行政许可法》第六十九条（四）之规定，对旅行社行政许可进行撤销。

（资料来源：根据品橙旅游《云南旅游市场整治再出重拳 昆明 200 多家旅行社或被取缔》整理）

思考：为什么云南旅游业先出现欣欣向荣，随后又乱象丛生，其政策背景是什么？旅行社在行业发展中扮演着什么样的角色？

伴随着工业化、城市化、信息化、国际化的快速推进，旅行社行业边界不断扩大。互联网技术革命给旅行社业带来了诸多变化，如基于大数据分析的精准营销和旅行产品设计、基于互联网和社交的在线旅行代理商、基于云计算的智慧旅游管理模式和基于虚拟现实（virtual reality，VR）的数字体验技术，不断改变着人们的旅游体验方式。在新的时代背景下，旅行社业将如何转变才能适应网络化、数字化的时代潮流？

第一节　旅行社的概念和分类

一、旅行社的概念

（一）传统旅行社（travel agency）的定义

世界旅游组织（World Tourism Organization，WTO）给出的定义为：零售代理机构向公众提供关于可能的旅行、居住和相关服务，包括服务酬金和条件的信息。旅行组织者或制作商或批发商在旅游需求提出前，以组织交通运输、预定不同方式的住宿和提供所有其他服务，为旅行和旅居做准备。

欧洲是现代意义旅行社的发源地，世界旅游组织给出的定义为：旅行社是一个以持久盈利为目标，为旅客提供有关旅行及居留服务的企业。旅行社主要提供出售或发放运输票证，租用公共车辆，办理行李托运，提供旅馆服务，提供导游，组织参观游览，提供租用剧场、影剧院服务，出售体育盛会、商业集会、艺术表演等活动的入场券，提供旅客在旅行逗留期间的保险服务及与旅行有关的服务。

我国关于旅行社的认识经历了行政部门—事业单位—企业的演化过程。我国于 2017 年修订的《旅行社条例》第一章第二条规定："条例所称旅行社，是指从事招徕、组织、接待旅游者等活动，为旅游者提供相关旅游服务，开展国内旅游业务、入境旅游业务或者出境旅游业务的企业法人。"

我国旅行社的主要性质有以下三种。

①营利性：旅行社作为企业法人，以营利为目的，为旅游者提供食宿、交通等有偿服务。

②服务性：旅行社以招徕、组织、接待旅游者，为其提供旅行服务作为其主要职能和业务。招徕，指旅行社按照批准的业务范围，在国内外开展宣传促销活动，组织旅游者的工作。接待，指旅行社根据与旅游者达成的协议，为其安排食住行游购娱并提供导游服务。

③中介性：旅行社是旅游行业的桥梁和纽带，通过包装组合旅行商的产品形成自己的产品和服务，出售给其他旅游代理商或者终端消费者，通过提供有偿服务收取服务费。

（二）在线旅行社的定义

在线旅行社（online travel agency，OTA）也称为在线旅游服务代理商，是旅游电子商务行业的专业词语，指旅游消费者通过互联网平台向旅游服务供应商预定旅游产品或服务，并通过网上支付或者线下付费完成交易的旅游服务网络代理商，属于电商平台类企业。在线经营的旅行社借助互联网技术进行旅游产品营销，展示产品、提供在线交易和相应服务，包括移动定位服务、移动支付服务、移动信息服务、信息互动服务等。其盈利模式主要来自旅游供应商的代理佣金、提供相关旅行的高附加值增值服务。一般来说，在线旅行社主要是指凭借网络技术优势开展旅游代理服务的互联网企业，提供大而全的旅游服务，开展有别于传统旅行社的旅行电子商务业务。综上所述，在线旅行社是以信息网络技术为载体，以旅游信息库、电子化商务银行为基础，从事招揽、组织、接待旅游者等活动，为旅游消费者提供旅游产品在线咨询、搜索、预订、支付及其他服务的企业法人。企业代表有携程网、驴妈妈、悠哉网、艺龙网、芒果网、飞猪旅行和途牛网等。

在线旅行社区别于其他旅游类信息网站的特征如下。

①在线旅行社应该具备"从事招徕、组织、接待旅游者等活动"的资格条件。换言之，根据我国现行的法律法规，在线旅行社可以按照我国《旅行社条例》的相关规定进行经营资质的认定，开具旅行社发票。

②在线旅行社应该具备"在线"经营的技术条件，可以进行旅游产品的在线查询、在线预定和在线交易（支付）活动。

在线旅行社具有以下明显的特点。

①交易虚拟化，摆脱了交易的时间、空间束缚。

②交易成本低，由于减少了中间环节以及宣传、店铺、人员等费用，消费者可以获得更低的价格。

③信息流通快，游客可以通过网络方便地查询全国各地的旅游信息，提高交易效率。

在线旅行社的出现将原来传统的旅行社销售模式放到网络平台，更广泛地传递线路信息，互动式的交流方便游客咨询和订购，形成网络化产品销售。携程作为中国领先的在线旅游旅行服务公司，提供各类旅游产品和代理预定、线上交易、私人导游等诸多服务。携程在酒店和机票业务的预定领域都成为国内最大的分销电子商务平台，还提供自由行、团队游、自驾游、游轮、签证、用车等旅游服务，是国内最大的在线旅游服务商。携程与竞争对手之间也有参股投资，以达到网络化资源合作共享的目的。2015 年携程先合并去哪儿，私有化艺龙，后艺龙与同程合并，在线旅行社变成了"携程系"独大。

随着互联网移动技术的日益成熟，为了更好满足用户需求，在线旅游服务商为用户提供了更多的新式应用。这些应用主要以多元化、多点式的 App 客户端为主，应用中包含了航班、酒店、用车、旅游线路、攻略、图片分享等各个环节和产品，提升了用户的体验和黏性。

二、旅行社的分类

关于旅行社的类型，不同国家和地区有着不同的分类标准和分类方法。这里主要介绍具有代表性的欧美旅行社的分类和我国旅行社的分类。

（一）欧美旅行社的分类

欧美国家的旅行社经历的历史较长，发展也很成熟，按照旅行社在市场中的主要职能，将其划分为旅游批发商、旅游零售商（即所谓的二分法），或者将其划分为旅游批发商、旅游经营商和旅游零售商（即所谓的三分法）。根据查尔斯·J.麦特尔卡所著《旅游词典》的解释，旅游批发商、旅游批发经营商和旅游经营商可以算是同一个概念，它们之间可以互换使用。

视频资料：OTA 赢家通吃的今天，旅游社区如何走出围城

1. 旅游批发商

旅游批发商（tour wholesaler）主要负责旅游产品的设计、组合以及营销，通过批量购买的方式，以最低价格预订交通、住宿、旅游设施及景点等使用权利，将其组合成完整的旅游线路产品后，以批发形式出售给旅游经营商。一般来说，旅游批发商不可以直接面对旅游者，它既不直接向公众零售旅游产品，也不从事旅游接待服务。旅游批发商一般都有较雄厚的经济实力进行旅游营销，参加各种旅游交易会、博览会或展销会，与旅游代理商或者零售商接洽业务。

旅游批发商以组织和批发包价旅游产品为主要经营业务。在经营活动中，旅游批发商根据市场需求和预测，在选定旅游目的地的基础上，分别批量订购交通运输、饭店、旅游景点等旅游环节部门的产品和服务。然后将这些单项旅游产品和服务包装组合成包价旅游线路产品或者包价度假集合产品，或者定制设计出新的产品，通过旅游经营商或零售商销售给旅游者。旅游批发商的价格优惠来自其相对稳定的业务量和由于批量订购获得的折扣，他们既可以依靠自己的实力设计新的旅游产品出售给旅游经营商，也可以与旅游经营商签订合同销售经营旅游供应商的产品。华远国旅主打欧洲游批发，大部分业务是批发商角色，即大规模采购欧洲游相关产品批发给下游旅游业者，基本不涉及零售业务。华远国旅在全国 30 个省市的数百个城市，服务超过 6500 家代理商，与欧洲、美洲等多个热门目的地国家旅游局有合作关系。在北京地区，华远国旅、众信旅游、凯撒旅游等都是业内知名的欧洲游强势批发商。

2. 旅游经营商

旅游经营商（tour operator）的业务相对比较全面和复杂，它既可以经营销售旅游批发商的业务，包括自行设计组合以及销售旅游供应商的产品，也可以从批发商那里采购产品销售。旅游经营商可以拥有自己的零售网点或代理商，直接向旅游者销售旅游产品，还可以从事旅游接待业务。因此，旅游经营商既有批发商的批零价格差优势，也有零售商强大的销售网络优势，有时候也称为旅游批发经营商。比如携程、众信、凯撒既有针对零售端的线上和线下销售业务，也有针对旅行商的 B2B（business to business）业务平台。

在市场运作中，旅游批发商与旅游经营商还是有着一定的区别，旅行社的三分法也在于强调旅游批发商与旅游经营商之间的差异。

①旅游批发商一般不直接面向消费者进行零售，而是通过第三方独立的旅游零售商进行销售。旅游经营商则通过自己的零售机构销售产品。

②旅游批发商通常通过购买并组合产品和服务形成新的包价旅游产品出售，利润来自批零差价。旅游经营商除了销售包价旅游产品，也可以根据市场需求设计新产品并提供自己的服务，利润来自其包价产品的成本加价。

③旅游批发商一般不从事散客接待业务，而旅游经营商有自设的零售网点可以从事旅游接待服务。

3. 旅游零售商

旅游零售商（travel agent）又称旅游代理商，是直接面向旅游消费者从事旅游零售业务的旅游中间商，是联系旅游批发商、经营商与旅游者之间的纽带，主要代理销售受托方的旅游产品。有的旅游代理商直接受托于旅游供应商，成为供应商的一级代理零售商。旅游代理商凭借专业知识和运营能力，能为旅游者在安排旅游活动方面节省时间、精力和费用。旅游零售商代理受托的具体业务包括以下几项。

①咨询服务：为旅游者提供有关交通客运、组团旅行社的包价旅游产品、出游或度假计划以及旅游目的地情况等方面的信息咨询服务。

②代客预订：为旅游者预订交通安排、客房住宿、餐饮、娱乐、游览等单项零散服务项目及预订包价旅游产品等。

③代售代办服务：代理出售旅游经营商委托的旅游线路产品，售发旅行票据，为旅游者代办旅行证件、护照签证等。

④信息反馈：宣传旅游产品，向有关委托方反映收集的顾客的反馈意见。

旅游代理商并不实际拥有或预先承诺购买供应商的旅游产品，只有当接受顾客预订并收取费用后才向旅游商购买相应的服务。有的代理商并不仅仅受托于一家旅游商，一般会代理售卖多个旅游商的众多产品，这就好像旅游商品集中在旅游代理商超市里，通过这个中转站再销售给终端旅游者，这类代理商也被称为旅游分销商（tour distributor）。在代理销售过程中，旅游代理商不向旅游者收取服务费用，而是从代理关系的旅游批发经营商或者旅游供应商那里获取代理费，即销售佣金，若销售情况好，还可获得奖励佣金。

零售代理与批发的区别明显。批发商要与供应商洽谈，并通过批量购买获得低廉的价格，然后重新组合各项服务，再通过旅游代理商进行销售。旅游批发商的成败取决于其能否设计出适合旅游大众需要的包价旅游产品并成功进行市场营销，而旅游代理商的成败则取决于其推销能力和销售数量。与旅游经营商不同，旅游代理商无权修订批发商或者供应商规定的产品价格。

旅游代理商一般规模不大，但数量很多。在欧美国家，旅游代理商多为其营业地点所在居民社区里的小业主。2011年，携程战略投资上海订餐小秘书，委托订餐小秘书运营管理携程订餐服务、娱乐、购物、健身等各个方面，成为覆盖全国的特约商户网络服务公司。旅游百事通是重庆海外旅业（旅行社）集团有限公司在2006年成立的旅游连锁超市，到2014年收客量达300万人次，线下门店及在线商城达5000家，提供100万条周边、国内、出境旅游线路及酒店套餐、景点门票、签证办理等预订和代办服务。旅游百事通深耕线下分销渠道，优化供应链体系，从一个地区性渠道商发展成为全国性超大旅游超市，是全国加盟门店最多、收客量最大的旅游分销商。2016年，携程实现了对旅游百事通的完全控股，打通了线上与线下分销渠道的融合渠道。

有不少旅游公司既经营批发业务，又从事零售业务，只不过针对这两种业务的经营有主次之分而已。2014 年底，携程用 3 亿多元人民币收购华远国旅部分股权，被视为携程做全欧洲游"批发 + 零售"产业链。携程最初主要的业务是针对零售端，无论是团队游还是自助游，其面向的是消费者，即是旅游零售商。旅游零售商若要促销或进行其他市场营销，则需自己贴钱，且海外资源不掌控在自己手中，因而缺乏话语权和定价权。此次收购行为使携程成为欧洲游批发商，真正打通产业链上下游的"分销平台 + 批发商"，完成了在旅游度假平台上的闭环。

（二）我国旅行社的分类

1. 三类社分法

1985 年发布的《旅行社管理暂行条例》按照旅行社经营的业务范围不同，将旅行社划分为一类社、二类社和三类社。其中，一类社是指经营对外招徕，并接待外国人、华人、华侨或港澳台同胞来中国或内地旅游业务的旅行社；二类社是指不对外招徕，只经营接待第一类旅行社或其他涉外部门组织的外国人、华人、华侨或港澳台同胞来中国或内地旅游业务的旅行社；三类社是指经营中国公民国内旅游业务的旅行社。

2. 二类社分法

1996 年发布的《旅行社管理条例》按照旅行社经营的业务范围不同，将旅行社划分为国际旅行社和国内旅行社两类。国际旅行社经营国内旅游业务、入境旅游业务、出境旅游业务（需经国家旅游局批准），国内旅行社仅限于经营国内旅游业务。后来出现了一些获批出境旅游业务的国际旅行社向其他旅行社特许经营出境权。

2009 年发布的《旅行社条例》将我国旅行社分为两大类，一类是一般旅行社（营业执照经营范围为入境旅游和国内旅游），另一类是具有经营出境权的旅行社（营业执照经营范围为入境旅游、国内旅游和出境旅游）。旅行社市场划分为入境旅游、出境旅游和国内旅游等。

视频资料：旅游夜话

根据 2017 年国家旅游局颁布的《旅行社在线经营与服务规范》，旅行社按在线经营功能分为旅游产品信息在线展示和旅游产品在线交易两类。旅游产品信息在线展示是指旅行社应在线展示旅游产品信息、旅行社信息、旅游产品交易信息等。旅游产品在线交易是指旅行社应提供在线预定、支付、签署旅游合同、售后服务等，在线交易网站应同时具有旅游产品信息展示功能。

第二节　我国旅行社发展的历史阶段和特征

一、1949 年以前：我国近代旅游业的产生与发展

20 世纪 20 年代，中国开始进入早期资本主义化进程，交通运输业和新式旅馆等设施随之发展，为人们的出行提供了便利条件。当时的中国已有几家"洋商"开办的旅行服务

机构，包括英国的通济隆、美国的运通公司等，专门为"洋人"和少数上层社会华人服务，但缺少专门为中国普通民众旅行出游服务的民族资本旅行社。

爱国民族资本家、上海商业储蓄银行创始人陈光甫先生因在外资旅行代理机构购买船票受到冷遇，立志要创办一家中国人自己的旅行服务机构。1923年8月15日，上海商业储蓄银行内设的旅行部正式成立。1927年初，旅行部与银行分立，改组为中国旅行社，成为独立的旅行商业机构，是我国第一家商业旅行社，标志着我国近代旅游业的诞生。中国旅行社经营范围从1923年旅行部设立之初的代售国内外火车、轮船客票及旅行咨询，逐步扩大到车站、码头接送和转送，行李提取和代运，发行旅行支票，为国人办理出国及留学事宜，以及观光游览等业务，还创办了深具影响力的旅游刊物《旅行杂志》。1927—1937年间，中国旅行社在客运服务的基础上又开辟了货运服务和招待所业务，分、支社增加到49处，形成了覆盖全国并延伸到境外的服务网络。抗日战争期间，中国旅行社的资产和业务遭受巨大损失，抗战结束后，由于国内战争和局势动荡，中国旅行社的经营最终未能完全恢复。上海解放后，陈光甫离开内地去了香港，中国旅行社的重心也随之转移到香港。1954年7月1日，以香港中国旅行社为名向香港英国当局申请注册，后来发展成为香港中旅集团有限公司。

二、1949—1978年：行政事业导向的旅行社业

中华人民共和国成立后，为了迎接海外侨胞和外国友人，我国在政府主导下设立了中国旅行社和中国国际旅行社两大旅行社系统。其主要职能是为华侨等回国探亲、访友、参观、游览提供服务，兼及赚取少量旅游创汇，政治意义较高。其规模不足以构成一个行业，体制上属于行政事业单位，不具备企业的性质。

1949年10月18日，福建厦门中国旅行社成立，这是中华人民共和国的第一家旅行社。同年11月和1951年12月，福建厦门和泉州华侨服务社成立。随着华侨来访人数的增加，广东、天津、杭州等地的华侨旅行社也相继成立。1957年4月22日，经国务院批准，中国华侨旅行服务社总社在北京成立，并明确其主要任务是为华侨等回国探亲、访友、参观、游览提供方便，做好接待服务。1963年，国务院又将港澳同胞纳入华侨服务社接待范畴。1974年1月3日，经国务院批准，中国旅行社成立，与华侨旅行社合署办公，统称中国旅行社。

1954年4月15日，中国国际旅行社在北京正式成立，其主要任务是负责访华外宾的食住行游等事务，发售国际铁路联运客票。之后，在直辖市、省会以及其他重要城市和国境口岸陆续设立了分、支社。1958年1月9日，中国国际旅行社划归国务院直属，由国务院外事办公室领导，各地分、支社归当地省市人民委员会直接领导，且必须接受中国国际旅行社分配的接待外宾的任务，并在接待业务上接受指导。1964年3月17日，改组和扩大中国国际旅行社为旅游事业管理局，负责对外国自费旅行者在华旅行游览的管理工作，领导各有关地区的国际旅行社和直属服务机构的业务，并批准设立中国旅行游览事业管理局，直属国务院外事办公室领导，对外仍保留中国国际旅行社的名称，局、社合署办公。中国旅行游览事业管理局的局本部机构，经国务院确定为行政单位。

这一阶段旅行社业的发展是典型的政府主导下的行政事业单位，不具备企业性质，具

体体现在：第一，旅行社的经营业务核心是进行外事接待，政治色彩浓厚，主要任务是"宣传社会主义建设成就，扩大政治影响，增进中国与世界各国人民的了解和友谊，为国家吸收自由外汇"。第二，旅行社不仅是事业单位，还是政府机构，行使着行政管理职能，呈现出典型的"政企合一"状态。

三、1978—2008 年：由政转企不断开放的市场化竞争

（一）1978—1983 年：从机关到企业

1978 年，我国进入改革开放的历史新时期，旅游业也开始了从外事接待部门向经济产业的转变。1978—1980 年，我国入境旅游人数高速增长。1980 年 6 月 27 日，国务院批复共青团中央，同意成立中国青年旅行社，其接待对象是各国青年旅游者。但是国、中、青三大社的接待能力远远不能满足迅速增长的入境旅游市场。此时三大旅行社系统仍然归政府部门直接管理，无法实现自主经营和自主决策。1982 年 7 月 17 日，中国旅行游览事业管理总局与国旅总社正式分家，这是我国旅游管理中政企分开的第一步。从此，中国诞生了真正意义的旅游企业和旅游行政管理机构。中国旅行社、中国国际旅行社和中国青年旅行社是中国旅行社行业的最初企业雏形，旅行社行业向着统一领导、分散经营、政企分开的管理体制迈进。

（二）1984—1997 年：从三大社垄断经营到三大市场形成

1984 年旅游外联权下放，允许国旅、中旅和青旅等单位开展竞争，打破旅行社业的市场垄断。伴随着原有三大垄断经营的旅行社入境旅游市场份额的下降，从 1980 年的近 80% 下降到 1988 年的 40% 左右，全国旅行社的数量激增。1985 年发布的《旅行社管理暂行条例》，将旅行社划分为一类社、二类社和三类社。1996 年《旅行社管理条例》出台，进一步将旅行社类别调整为国际和国内两类，取消了一类社和二类社的界限，对于投资主体性质的放宽，大大刺激了多种投资主体进入旅行社行业的热情。至此，外联权得以充分下放，旅行社市场寡头垄断的局面彻底被打破，雨后春笋般出现的旅行社竞争日趋激烈。1995 年 1 月 1 日，颁布实施的《旅行社质量保证金暂行规定》，进一步规范了市场竞争，保障旅游者合法权益。1997 年 7 月 1 日，国务院批准的《中国公民自费出国旅游管理暂行办法》的发布和实施，标志着中国旅行社业所面临的旅游市场开始从入境和国内游的二元市场转向出境、入境和国内游的三元市场。

（三）1998—2008 年：在线旅行服务业和中外合资旅行社发展迅速

1998 年发布的《中外合资旅行社试点暂行规定》，不再限定合资试点的地域范围。我国 2001 年加入世界贸易组织，2003 年提前兑现了允许设立独资旅行社的承诺，2007 年取消对外商投资旅行社设立分支机构的限制，对外资旅行社的注册资本实行国民待遇。中外合资旅行社越来越多，到 2008 年的 10 年时间增加了 30 多家。1997—2008 年，是我国在线旅行服务从萌芽走向成长发展的阶段。随着 1999 年携程和艺龙成立，此后去哪儿、芒果网、酷讯、马蜂窝、途牛、驴妈妈等在线旅游渗透率已达 48%，对传统的旅行社造成了严

峻挑战。随着市场主体快速增长，我国旅行社市场出现过度竞争，呈现出行业集中度低、企业规模小、行业退出壁垒高、同质化恶性低价竞争、市场秩序混乱和行业长期利润水平低下等特点，行业的净利润率从 1990 年的 10.04% 下降到 2009 年的 0.64%。众多旅行社都在"线上线下""何去何从"的问题上思考着自身的生存与发展空间，旅行社混改经营方式凸显，国企控股、中外合资、互联网电商、OTA 等发展迅速。

四、2009—2019 年：群雄逐鹿 OTA 市场结构由无序趋于平稳

（一）2009—2015 年：OTA 依靠资本驱动烧钱模式竞争

自 2008 年开始，我国旅游人均 GDP 消费达到了 3266.8 美元，超过 3000 美元，意味着我国旅游业开始进入到度假游发展阶段。众多 OTA 进入了烧钱模式争夺市场份额的时期，大型 OTA 依靠资本市场，以补贴、营销为导向抢占市场份额，通过上市融资扩张资本，旅游金融市场泡沫化严重。大多数 OTA 缺乏持久的黏性消费用户，创业型在线旅游公司一拨接着一拨成立、倒闭。随着互联网的普及，流量用户的瓶颈出现，在线旅游企业也出现了五大动向：一是重塑商业化模式，力争向上游资源端的拓展，如酒店、景区等实体经济的运营。二是介入实体零售网络和终端，在线旅游商纷纷开启门店以及体验店等，如携程、途牛、驴妈妈和同程等都大规模向线下门店进军。三是大型在线旅游企业开始向国际进军，争取更广阔的市场，如飞猪、携程等龙头企业纷纷加入国际在线旅游的竞争。四是转型进入 B2B 领域和供应链领域，避免 B2C（business to customer）市场的激烈竞争。五是旅游垂直领域的发展前景广阔，多方市场体系形成，跨行业跨界竞争压力出现，如滴滴、今日头条、京东等流量巨头也开始布局旅游垂直领域，手机百度、百度地图、百度糯米三大移动入口均全面推进与在线旅游相关服务的接入，携程也实现了与百度糯米、百度外卖等其他 O2O（online to offline）业务板块的协同。

（二）2016—2019 年：在线旅游市场结构呈现行业相对集中的平稳局面

随着 2015 年携程合并去哪儿，"阿里旅行"升级为全新品牌"飞猪"，到 2016 年整个 OTA 市场结构逐渐形成了携程系、海航系、万达系、复星系、首旅系、阿里系、新美大、中旅系、锦江系、腾邦系十大体系。2017 年携程旅游网和去哪儿网市场份额居于前列，分别占据市场份额的 35.9% 和 17%，飞猪占据 14.3%。经过激烈的市场竞争，在线旅游企业已经形成了大企业相对集中，中小企业日趋减少的态势。虽然阿里和美团暂时并未能撼动携程系的"霸主"地位，但是阿里的新零售和未来酒店以及雄厚的大数据优势，还有美团的高频次消费用户使用率都让携程感到了深深的危机。在线旅游市场发展逐渐趋于平衡。

视频资料：疫情下旅行社如何通过做团建业务扩展转型

视频资料：我们退休啦：旅行社

五、2020 年：云旅游和旅游直播等新业态

2020 年初的新冠肺炎疫情，导致旅行社难以开展线下经营活动，以云旅游和旅游直播为主的新型线上业务成为主流。线上平台展示的信息从传统的图片、文字变为互动性更强的视频、直播、3D 虚拟景区等内容，旅游与互联网、信息科技高度结合。携程、马蜂窝、途牛等 OTA 依托短视频平台，通过直播带货、深度云旅游等形式探索"旅游 + 直播"业态。马蜂窝旅游联合快手短视频推出的"云游全球博物馆"系列，途牛的"牛人专线"官方抖音号由网红导游组织"故宫深度游"直播。

第三节　旅行社的分工体系及发展趋势

一、旅行社的分工体系

旅行社的产生和发展是社会分工和市场发展的结果，随着旅游市场的成熟和发展，旅行社业在规模扩大的同时，由于其内部的不同分工而形成了不同的行业结构。所谓旅行社分工体系，是指不同类别的旅行社在各个市场区域和旅游产品流通环节中所扮演的角色及其相互之间的关系。

（一）垂直分工体系

旅行社垂直分工体系是指旅行社按经营范围形成旅游批发商、旅游经营商和旅游零售商的上下游关系专业化分工，在时间上和业务上相互承接。当垂直分工体系逐渐建立起来，市场上会出现少数的旅游批发商和众多的代理商，前者控制客源，后者成为销售触角，形成有序竞争的稳定市场。欧美国家的旅行社经过长期的完全市场竞争，行业中形成少量实力雄厚的大型旅游批发商，利用自身人、财、物的优势主要集中于产品开发和设计，而众多的旅游零售商（多为小型企业）作为代理商，实行网络化销售经营，将销售触角伸向市场需求的每个角落。旅游批发商和零售代理商层次分明，专业化分工明确，很大程度上依靠行业自律形成规范的市场秩序和企业行为。

随着市场竞争加剧，越来越多的旅游供应商和旅游批发经营商不断进入旅游市场，无论是旅游批发商、航空公司还是旅游饭店，都力图扩大自己的市场份额。当其发展到一定规模时，销售成本和经营风险不断增加，交易费用上升，在自身资金与技术实力有限的情况下，最经济有效的经营方式是利用布点广泛的零售旅行代理商，取代单纯靠自己的力量在众多市场区域中发展直销渠道。旅行社的市场进入壁垒较低，零售代理业务不需要太多的投资或技术支持，也不需要太多的人力、物力和财力，领取营业执照的要求也比其他行业宽松。因此，垂直分工体系其实是市场机制内生的产物，在解决市场供求矛盾的过程中自发演进形成，是内生于市场经济体制的自然分工体系。

（二）水平分工体系

水平分工体系相对于垂直分工体系而言，是在政府行业管理的人为干预下，旅行社按

照服务的市场和业务范围，被分为若干等级和类别，这种以人为市场分割为特征所形成的行业结构称为水平分工体系。水平分工体系是按照旅行社的市场经营范围和业务范围，把旅行社划分为国际旅行社和国内旅行社，或者分为一类、二类、三类旅行社。其实无论是国际市场还是国内市场，在业务范围上从生产、设计、开发产品、销售到组团接待各环节都缺一不可，需要提供全方位服务，并无市场职能差异的专业化分工。然而，由于人为对市场分割为不同范围，当不同类型旅行社面对同一目标市场开展经营时，很容易在低层次上展开价格竞争，甚至违规经营，从而导致整个行业市场的混乱。

我国按照旅行社经营业务的范围划分为一般旅行社和具有经营出境游资质的旅行社，旅行社市场划分为入境旅游、出境旅游和国内旅游。近年来，随着旅游业的蓬勃发展和旅游行业法律法规的不断完善，我国旅行社行业的分工体系正处于向垂直分工体系转变调整的过程。首先，在旅行社类型划分上虽然还对出入境旅游业务有所区分，但实际上各类旅行社在取得旅行社业务经营许可证后，均可经营国内旅游业务及出入境旅游业务，这有助于通过市场竞争形成自然分工下的有实力的大型旅游批发商和众多小型旅游零售商。其次，2018年实施的《导游管理办法》中规定导游自由执业，导游执业许可证不再只有通过旅行社一个途径获得，还可以通过旅游行业组织申请注册，导游在旅游业中具备独立自由的职业地位。对导游来说，自由执业强化了导游参与市场竞争的权利。对旅行社来说，导游的剥离能在一定程度上降低其经营的压力，使得旅行社专业化分工更加明显，通过产品和服务的分离提升旅行社专业化水平，促进垂直分工体系的深化。

其实，欧美国家的旅行社在垂直分工的基础上，随着市场需求的不断发展，旅游批发商和代理商根据市场状况和企业实力在各自的领域中也进行水平分工。比如，旅游批发商分化为国内旅游经营商、入境接待旅游经营商和组织出境旅游的旅游经营商，旅行代理商则在休闲旅游市场和商务旅游市场方面出现水平分工的发展态势，这是企业自发形成的专业化分工。与我国旅行社水平分工体系的形成机制和表现形式有着本质的区别。

（三）混合分工体系

混合分工体系是兼有水平分工与垂直分工的两种体系，一方面人为划分了各类旅行社的经营范围，这是水平分工的特点；另一方面又体现出行业的专门化服务流程，这是垂直分工的特点。其实质是由水平分工体系向垂直分工体系过渡的一种综合性分工体系。日本旅行社的分工体系即为典型的混合分工体系，这种分工模式与其高度发达的市场经济程度密切相关，自由竞争与法律法规的约束并存，共同影响旅行社的分工体系。

2005年4月，日本修订的《旅游业法》将旅游行业划分为两大类：旅行业和旅行业者代理业，并根据是否从事全包价旅游和可选择旅游两种业务为标准，对旅行社进一步细分为三种旅行业。第一种旅行业（一般旅行社），可以从事海外和国内全包价旅游业务和可选择包价旅游业务。第二种旅行业（国内旅行社），只能从事国内全包价旅游业务。第三种旅行业，不能从事全包价旅游业务，但可以经营国内外的可选择包价旅游业务。旅行业者代理业是一种具有独立法人资格的销售型旅行社，可与上述三类旅行社签约代理销售旅行社产品。日本的这三类旅行社通过政府指导和市场调节的双重作用，既保证了旅游市场的平衡和旅行商利益最大化，又保证了旅游市场的服务质量和游客满意度。

二、我国旅行社业未来发展的趋势

（一）大型旅行社的传统业务进一步萎缩，品牌化和多元化产业融合

基于信息不对称和改革红利带来超额利润的大型传统旅行社，随着互联网技术的广泛应用和 OTA 的大量涌现、在线预订和交易支付的方便快捷、信息透明化使得其传统业务的议价能力下降、人力及各类管理成本上升，规模经济效用逐渐减弱，团队旅游市场随着自由行市场崛起而不断萎缩。未来，传统的大型旅行社集团应发挥资金、人才、市场和品牌管理的优势，走品牌化、多元化发展道路，把旅游与文创产业、异业合作、休闲农业、观光工厂、会展等产业紧密结合起来，形成具有议价优势和规模市场效应的旅游批发经营商。中青旅以大量资金为支持，在全国选择实力较强、客户资源丰富的青旅进行收购，并开设中青旅连锁直营店。春秋国际旅行社以各地分支社为联络点联合小旅行社，使其成为春秋网络代理点。

（二）小而精的旅行社兴起于特色化和平台化

未来是小而精的旅行社时代，小而精就意味着人力成本的下降，10 人以内的主题型旅行社，深耕于区域市场或者主题线路产品或者某类旅游群体。这些小而精的旅行社在人力资本和网络营销上尽可能节约成本，由于成本节约，能够很好地抵抗淡季冲击，并能够穿越经济的牛熊期，也能够探索自身的特色。未来的小而精的旅行社将会朝着四个方向发展。一是专业化的旅行社，旅行社人员能够很好打通专业与非专业之间关系、渠道，从而在市场中建立不可替代的地位。比如开拓更多境外旅游目的地和热气球、飞行、潜水等特色服务，并向教育、移民留学、劳务输出等专业业务拓展。二是主题化旅行社，是指深入小众化市场及主题型市场，通过鲜明的主题和个性服务赢得市场。一些旅行社针对亲子和家庭市场，推出亲子玩乐、亲子户外、自然教育、研学旅行、亲子课堂和独立营等产品。三是深度游旅行社，着力于地区、线路、领域资源的深度挖掘和组合，让人们能够体验到更具内涵的旅游产品。比如亲子玩乐有民俗体验、畅玩乐园、休闲度假、特色古镇、海岛玩水等。四是私人定制游旅行社，这是旅游服务个性化潮流带来的。私人定制游为某些家庭、某些小团体提供一对一服务，针对每一个不同的对象制定相应的行程与服务，是一种高品质高价格的个性化服务。

（三）众多小微旅行社加盟品牌旅行社成为网络化销售渠道

众多小微旅行社类似夫妻店，不从事产品开发，也不拥有各类接待设施，专门从事旅游线路产品的代理销售。规模化、连锁化的旅游百事通通过设立子公司、连锁门店、加盟等方式在全国各省市形成超过 5000 家的终端销售网络，依托线下门店及在线商城，提供超 100 万条周边、国内、出境游线路及酒店套餐、景点门票、签证办理等预订服务，实现网络化布局。2020 年，经历了疫情洗礼的一些携程加盟门店，在代理销售旅游线路产品的同时，还售卖一些生活日用品和旅行用品。

（四）出境旅游市场形成少数几个大型批零兼营旅行社

在出境旅游市场方面，我国旅行社呈现出批发零售商的发展趋势。具备经营出境旅游业务资质的大型旅游经营商，比如凯撒旅游、众信旅游、华远国旅、携程旅游等作为中国海外出境市场批发商，强调"批发零售一体、线上线下结合"的发展战略。这些大型旅行社通过整合机票、酒店、签证、邮轮、境外交通、境外接待服务等出境游产业链各要素资源，形成涵盖世界各主要旅游目的地的出境旅游产品，设立线下门店、旅游体验店和在线平台等零售渠道直接向旅游者售卖自己的旅游产品和服务。这类旅行社同时扮演着批发商和零售商的角色，在旅游活动中进一步拉近了旅游供应方与需求方的联系，可以更好地满足旅游需求市场个性化、特色化、定制化的需求。凯撒旅游凭借对旅游资源强大的整合运作优势、对销售者需求的准确把握以及完善的销售渠道，现已成为出境旅行社行业中的全产业链企业。凯撒旅游旗下的"湖光山色""纯美海岛""双重美妙""爱琴海新娘"等多个商标，已经成为凯撒旅游的品牌产品，"我的海外婚礼""环球体验季"等系列产品和大型活动，已持续推出 7 年以上，成为业内具有重要影响力的旅游名牌产品。

视频资料：传统旅行社和 OTA 是否可以抱团取暖（一）

视频资料：传统旅行社和 OTA 是否可以抱团取暖（二）

三、旅行社的行业作用

（一）旅行社对优化产业结构、净化行业环境秩序的作用明显

旅行社作为旅游业的中间商，在有效沟通旅游供给和旅游需求方面扮演着非常重要的角色。由于信息化、网络化和智能化的发展，旅行社与旅游业内其他行业沟通更加便利，旅行社在为旅游者提供产品和服务、指导旅游供给和加强旅游业内联系等方面有重要作用。

旅行社从众多零散的旅游服务要素生产商处购买单项旅游产品和服务，经过设计组合成新的旅游产品和服务，再出售给旅游消费者，并积极传导和沟通旅游市场信息，既可以引导旅游要素生产商提供符合法律和市场要求的旅游产品和服务，创造良好的旅游供给市场环境，又可以保证旅游产品服务的质量水平，维护良好的旅游市场消费环境。旅行社的专业化服务改变了人们传统的、封闭式的旅行方式，提供了开放式的一条龙服务。通过向旅游者提供有效信息和专业咨询，使旅游者和旅游产品服务供应方都能够有序流动，推动旅游行业环境秩序的不断优化。

（二）旅行社肩负提升国民出游素质的重要服务

2015 年国家旅游局发布《旅行社出境旅游服务规范》，要求旅行社在组织出境旅游时，对旅游者素质进行出境培训。旅行社通过直接教育和旅游活动内容策划等形式，在潜移默化中激发旅游者追求文化知识、文明旅游的热情，从而使国民素质得以提升。旅行社在产品生产、销售过程中的宣传促销，不仅能增加旅游者对当地历史文化的认知程度，而且能

通过广泛传播扩大旅游目的地的文化影响力。旅行社还通过旅游活动引导，使游客在与自然环境的接触过程中，不断培养和强化热爱自然和环境保护的意识。

（三）旅行社产品服务销售可以推动国民经济发展

旅行社既是旅游产品和服务的生产商，也是旅游产品和服务的购买者，在进行旅游产品的组合与提供时，不仅需要各种旅游单项要素的供应，也涉及交通运输业、住宿业、餐饮业、商业、文化产业等诸多产业。随着信息化和散客化的趋势，旅行社自驾游、自助游、定制游产品的开发，旅游成为人们的常态化生活方式。旅行社的产品和服务持续促进旅游消费，带动目的国（地区）交通、通信、商业、文化、农副产品等消费的增长，推动国民经济整体发展。

视频资料：钞票旅行记

案例讨论

中国出境游批发商凯撒旅游

凯撒旅游创建于 1993 年，2000 年合并德国华龙旅行社和德国凯撒国际贸易展览有限公司，成立德国凯撒旅游集团。2003 年 8 月，凯撒旅游集团与保利集团联手对保利国旅进行重组，正式更名为北京凯撒国际旅行社有限责任公司。经过 20 多年的稳健发展，凯撒旅游相继在伦敦、巴黎、汉堡、洛杉矶等全球核心城市设立分支机构，在北京、广州、上海、成都以及沈阳等口岸城市和核心商业城市设有 30 余家子公司。源自欧洲的凯撒旅游沿袭了国际成熟旅游市场的先进理念，充分发挥海外优势，成长为中国出境旅游市场独树一帜的商业品牌，并成为中国领先的出境旅游服务商。凭借完善的服务体系、严谨的企业作风、时尚的品牌形象，凯撒旅游成功跻身于中国百强国际旅行社之列，连续多次获评"中国出境游十大批发商"。

作为一家在中国经济全面快速发展的大背景下成长起来的旅游企业，凯撒旅游凭借对旅游资源强大的整合运作优势、对消费者需求的准确把握以及完善的销售渠道，不断发展壮大，现已成为旅行社行业中的全产业链企业。凯撒旅游拥有覆盖全球 100 多个国家和地区、超过 6000 种服务于不同人群的高端旅游产品，同时将艺术、音乐、体育等文化内涵引入产品研发，对旅游产品进行品牌化包装。

在互联网思潮向全行业渗透的背景下，凯撒旅游领先业内首开 O2O 先河，创新性地推出旅游体验店，并将这一领先的服务理念和运营模式成功拓展至北京、上海、广州、天津、哈尔滨、长春、沈阳、大连、西安、成都等核心城市，引领旅游服务走向规范、专业化运营。2013 年，凯撒旅游的首家体验店得到了国家旅游局的高度认可，被视作未来旅游门店的发展方向。同期凭借先进的运营模式、领先的产品理念、强大的市场占有率等综合因素，凯撒旅游再度被北京市旅行社等级评定委员会评为最高等级旅行社——5A 级旅行社。凯撒旅游始终致力于为游客提供专业、优质、高效的出境游服务，其研发的众多特色旅游产品更是赢得了市场的广泛关注，连续多次被《旅行社》杂志评为"年度最佳旅行社"。

凯撒旅游全力打造海外生活服务平台，业务涵盖教育、游学、康养、医疗、移民等多元化海外生活新场景。这是凯撒旅游继体育、户外、极地、邮轮、定制等板块后，在细分市场的又一次重要布局，或将加速助推其海外业务的战略升级。

（资料来源：根据百度百科词条"凯撒旅游"整理）

思考讨论题：凯撒旅游是如何发展成为中国出境旅游批发商？其经营优势主要体现在哪些方面？

本 章 小 结

本章介绍了旅行社的相关概念、旅行社的性质以及欧美旅行社和我国旅行社的分类形式。详细介绍了我国旅行社产生和发展的历史阶段，经历了从行政部门到行政事业导向，从市场化激烈竞争到 OTA 群雄逐鹿的发展过程。随着旅游市场规模的扩大，欧美国家旅行社形成了从旅游批发商到旅游零售商的垂直分工体系，这是内生于市场经济体制的自然分工体系。我国旅行社正处于从水平分工体系向垂直分工体系转变的过程。日本旅行社采用的混合分工体系，是这两种分工体系的混合形式。未来，旅行社业将出现大型传统旅行社业务进一步萎缩，小而精的旅行社兴起等趋势。旅行社对行业环境秩序、对国民素质和国民经济的作用更加突出。

 关键术语

旅行社（travel agency，TA）

在线旅游服务代理商（online travel agency，OTA）

旅游批发商（tour wholesaler）

旅游经营商（tour operator）

旅游零售商（travel agent）

旅游分销商（tour distributor）

垂直分工体系（vertical division system）

水平分工体系（horizontal division system）

混合分工体系（hybrid division system）

 复习题

1. 什么是我国旅行社的二分法？

2. 我国旅行社业的发展经历了哪几个阶段？其发展特征是什么？

3. 我国旅行社分工体系发生了什么变化？引起这些变化的政策导向有哪些？

4. 旅游者需求发生了什么变化？旅行社未来的发展趋势是什么？

实践题

1. 查阅国旅、中旅、青旅三大传统旅行社的集团化重组过程。

2. 查阅资料（中国旅行社协会行业榜单）了解我国旅行社品牌十强排名情况，并研究排名前三强的旅行社发展情况。

3. 查阅资料了解我国旅行社业的发展现状，包括行业规模（旅行社数量、旅行社总资产、从业人数等）、经营收益（营业收入、毛利润）等。

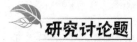

研究讨论题

OTA 对传统旅行社的影响表现在哪些方面？传统旅行社和 OTA 各有哪些优劣势？在互联网时代，OTA 由线上向线下扩张，会逐渐取代传统旅行社吗？传统旅行社未来何去何从，谈谈你的看法。

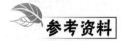

参考资料

[1] 庞世明，王静. "互联网+"旅行社：商业模式及演变趋势[J]. 旅游学刊，2016，31(06)：10-12.

[2] 吕威锋. 我国旅行社性质的演变历程——从法律层面[J]. 旅游纵览（下半月），2016(02)：56.

[3] 纪俊超. 旅行社经营管理[M]. 广州：华南理工大学出版社，2004：12.

[4] 李志强，李玲. 从《旅行社条例》看我国旅行社分类制度的演变[J]. 华东经济管理，2010，24(12)：63-65.

[5] 蔡家成. 我国导游管理体制研究之二：体制沿革[N]. 中国旅游报，2009-11-09(12).

[6] 姚丽玫，冯国华. 中国旅行社的分类及发展趋势[J]. 才智，2008(23)：268-269.

[7] 李胜芬，侯志强. 旅行社经营与管理：理论、方法与案例[M]. 北京：中国科学技术出版社，2008：8.

[8] 王璐. 浅述我国旅行社集团化研究进展[J]. 新疆师范大学学报（自然科学版），2006(03)：251-254.

[9] 孙睦优. 大中小型旅行社分工体系的调查[J]. 经济管理，2006(05)：82-85.

[10] 李天元，王娟. 我国旅行社业垂直分工体系缘何难以实现?——对我国旅行社业发展垂直分工问题的思考[J]. 旅游学刊，2001(05)：23-26.

[11] 曹华盛. 旅行社经营与管理[M]. 上海：格致出版社，2010.

第二章

旅行社的设立与组织结构

学习目标

- 了解旅行社的设立条件、经营范围和主要类型
- 了解旅行社分支机构的设立和管理
- 掌握旅行社的基本业务、部门及职能和组织结构
- 掌握金字塔型组织结构的弊端、组织结构优化和业务流程再造的实施环节

思政目标

- 培养学生开拓进取、创新创业的新时代精神
- 强化学生法律意识，培养学生遵纪守法、诚实守信的良好品质和行为规范

案例引导

OTA 鏖战争夺线下门店资源

2016 年 10 月，携程收购旅游百事通，全面落地二、三、四线城市，率先实施线上线下融合的"旅游新零售"模式。依靠旅游百事通多年的线下深耕经验，广泛布局线下渠道，OTA 携程系旅行社品牌的落地运营无疑是具有杀伤力的。截至 2017 年 10 月份，携程旅游、旅游百事通、去哪儿三大品牌的门店数量已超过 6000 家，覆盖了除新疆、西藏、东三省之外，全国 200 多个一、二、三、四线城市。2018 年 5 月 25 日，携程举行了到站游战略发布会，宣布将与旅游目的地开展"门店＋小交通＋X"的线上线下全面合作。2018 年年底，携程集团在全国开设了约 8000 家门店，门店可以带来更多旅游目的地上下游产品的串联。根据到站游战略规划，到站游产品将以交通场站、码头、游客集散中心、大型景区等交通集散枢纽、游客集散地为中心点，落地携程线下体验店，产品业态则包括旅游、文创、服务、租车、当地特产、商业产品等。随着线上线下的库存整合，传统旅行社门店产品单一的问题得到了解决，特别是为二、三、四线城市的消费者提供了丰富的产品选择，满足跟团游、自由行、定制游、目的地成团、单项服务、当地玩乐等多样化需求。携程方面透露，在部分门店自由行产品的订单占比已经达到 20%以上。携程场站事业部 CEO 陈江介绍："线下门店并不仅仅是携程线上产品的一种销售渠道，而是可以提供更多延伸服务，即便是对于已经预定了线上产品的游客，线下门店也可以再为他们提供租车、餐饮等多项服务。"

2015 年开始，同程在线下大量布局旅行社，成立了六大区域运营中心和约 30 个城市

运营中心，并成立中老年旅游品牌"百旅会"。2017年，驴妈妈宣布打造驴妈妈旅行生活馆，其核心是打造一站式的旅游服务，包括旅游线路优选与旅行用品专卖，还有VR体验服务，将在线下扩展至1000多家门店。利用新门店加大线上线下新零售的横向扩张和纵向渠道下沉，将优质IP旅游资源与游客直接连接，打造新流量的入口。

根据途牛方面表示，目前直营门店比其他很多渠道的收益率要高，直采对总毛利的贡献率为40%，更利于标准化和细节把控。在途牛看来，自身的优势是率先在全国建立一套线上零售平台和线下供应商无缝对接的零售体系，背后有三四千家供应商的支撑，形成了流畅的分销体系，供应链条完备，发展线下渠道比较有利。2018年5月，途牛线下自营门店数量已达到220家，新增51家自营门店，线下门店在交易额中的占比超过10%。途牛旅游网首席财务官辛怡女士表示："未来，随着销售网络的拓展和获客成本的下降，以及服务网络的完善和采购优势的扩大，途牛的运营效率将会持续提升。"

（资料来源：根据澎湃新闻《在线旅行社打响线下门店资源争夺战，携程今年要开8000家》整理2018-05-26。）

思考： 为什么OTA十分看重线下门店的布局？这对传统旅行社的线下门店会产生什么影响？

2009年5月1日起正式实施的新修订的《旅行社条例》（以下简称《条例》），在大大降低了旅游行业准入门槛的同时，更加明确了旅行社应承担的法律责任，加大了对旅行社的管理力度。修改后的《条例》更趋于市场化，在适应市场经济发展方面有很大进步。旅行社属于轻资产行业，相对于其他行业来说，进入和退出门槛较低，通过增强法律责任、监督处罚的力度，增强了旅行社行业守法经营的自我约束。

第一节　旅行社的设立条件和经营范围

一、旅行社的设立条件

（一）申请设立旅行社

我国旅行社的设立主要依据2013年4月25日通过的《旅游法》、2016年12月12日国家旅游局修订后的《旅行社条例实施细则》、2017年3月1日国务院第二次修订的《旅行社条例》。

1. 设立国内旅游业务和入境旅游业务的旅行社

申请设立国内旅游业务和入境旅游业务的旅行社，需向省、自治区、直辖市旅游行政管理部门（简称省级旅游行政管理部门）提交相关文件，取得《旅行社业务经营许可证》。旅行社应当具备的条件有以下几点。

①有固定的经营场所。出资人或旅行社拥有产权，或者租用不少于1年的营业（非住宅）用房，能够满足业务经营的需要。

②有必要的营业设施、设备。至少包括2部以上的直线固定电话、传真机、复印机，具备与旅游行政管理部门及其他旅游经营者联网条件的计算机。

③取得企业法人资格。具有工商行政管理部门出具的《企业法人营业执照》，经营范围不得包括边境旅游业务、出境旅游业务，有不少于 30 万元的注册资本。

④有必要的经营管理人员和导游。必要的经营管理人员是指具有旅行社从业经历或者相关专业经历的经理人员和计调人员。必要的导游是指有不低于旅行社在职员工总数 20%且不少于 3 名、与旅行社签订固定期限或者无固定期限劳动合同的持有导游证（电子导游证）的导游。旅行社应当与经理人员、计调人员、导游人员签订劳动合同，劳动期限不得少于 1 年。

2. 设立出境旅游业务的旅行社

旅行社取得经营许可满 2 年，且未因侵害旅游者合法权益受到行政机关罚款以上处罚的，可以向国务院旅游行政主管部门提交经营出境旅游业务申请，经工商行政管理部门变更《企业法人营业执照》的经营范围。国务院旅游行政主管部门可委托省级旅游行政管理部门受理旅行社经营出境旅游业务的申请。审批后无须增加注册资本的数额，只需要在已经缴纳的 20 万元人民币质量保证金基础上，再增存 120 万元人民币质量保证金。

3. 设立外商投资旅行社

外商投资旅行社是指依照中华人民共和国法律的规定，在中国境内设立的，由中国投资者和外国投资者共同投资或者仅由外国投资者投资的旅行社，包括中外合资经营旅行社、中外合作经营旅行社和外资旅行社。外商投资旅行社可以经营入境旅游业务和国内旅游业务，不得经营中国内地居民出国旅游业务以及赴香港特别行政区、澳门特别行政区和台湾地区旅游的业务。许多外商旅行社大多采用与内资旅行社合作经营的方式，注资投资国内旅游业务和入境旅游业务的旅行社，直接地接来自国外的组团批发，既可以控制接待质量，又可以降低经营成本，提高组团的利润。

外商投资旅行社注册资本不少于 250 万元人民币（过去要求 400 万元人民币），缴纳质量保证金 20 万元人民币。设立合资旅行社的外方投资者年旅游经营总额 4000 万美元以上，独资旅行社的外方投资者年旅游经营总额 5 亿美元以上，港澳旅游经营者设立合资旅行社的年旅游经营总额不低于 800 万美元，独资旅行社的年旅游经营总额不低于 1500 万美元。

2018 年 5 月，北京市旅游委出台了《北京市中外合资旅行社开展出境旅游业务试点工作管理办法》，规定在北京市设立的中外合资旅行社，取得经营许可满 2 年，且未因侵害旅游者合法权益受到行政机关罚款以上处罚的，可向北京市旅游委书面申请试点经营出境旅游业务，开展除台湾地区以外的出境业务。

🍃 **拓展材料**

2003 年，途易与中旅集团合资在北京成立了国内首家中外合资、外方控股的旅行社——途易旅游（中旅途易旅游有限公司）。其外方控股公司 TUI 股份公司是一家全球性的、多元化的旅游康采恩，其"途易世界"品牌已享誉世界。国旅运通旅行社有限公司由美国运通公司（美国运通）和中国国际旅行社总社（国旅总社）于 2002 年 5 月合资创建，2011 年 5月，国家旅游局确定其为第一批试点经营中国公民出境旅游业务的 3 家中外合资经营旅行社之一。此外，中外合资旅行社还有交通公社新纪元国际旅行社。2015 年 6 月，托马斯库克公司（Thomas Cook Group）与此前曾收购地中海俱乐部（Club Méditerranée）的复星集团（Fosun International）在华成立合资公司，双方持股比例为 49% 和 51%。2019 年 9 月 23 日，背负 21 亿英镑沉重债务的托马斯库克公司宣布破产。11 月 1 日，复星旅文宣布订立资产购买协议，以 1100 万英镑向申请破产的托马斯库克集团及其附属公司收购知识产权资产。

（二）申请设立旅行社的新政

1. 由"先证后照"的前置审批改为"先照后证"的后置审批

根据国务院 2014 年 08 月 12 日发布的《国务院关于取消和调整一批行政审批项目等事项的决定》，"外商投资旅行社业务许可"和"旅行社经营边境游资格审批"项目下放至省级旅游行政主管部门。"旅行社业务经营许可证核发"下放至设区市级旅游行政主管部门。"旅行社经营出境旅游业务资格审批""外商投资旅行社业务许可""旅行社业务经营许可证核发""旅行社经营边境游资格审批"由工商登记前置审批事项改为后置审批。

旅行社设立由"先证后照"的前置审批改为"先照后证"的后置审批，即由过去先取得旅行社经营许可证、再办理工商营业执照，变为先办理工商营业执照、再申请取得旅行社经营许可证。旅行社设立的基本程序是申请登记工商营业执照注册登记、申请旅游业务许可证、办理税务登记等程序。申请设立外商投资旅行社的，直接持工商行政管理部门颁发的外商投资企业的营业执照，依照内资旅行社的审批程序办理。全面下放国家行政审批权，"先照后证"的行业准入进一步放低了行业许可。

2. 由实缴制改为认缴制

2014 年 3 月 1 日修订的《中华人民共和国公司法》规定企业注册资本由实缴登记制改为认缴登记制，是指工商部门只登记公司认缴的注册资本总额，无须登记实收资本，不再收取验资证明文件。企业注册资本由公司股东根据实际情况自主约定自己认缴的出资额、出资期限、出资方式等内容，在申请注册时拟定并承诺注册资金为多少，认缴只要按照公司章程的期限每年缴纳就可以。按照《国务院关于印发注册资本登记制度改革方案的通知》，旅游主管部门实施的旅行社审批事项均不再实行实缴制，改为注册资本认缴登记制，无须缴纳 30 万元人民币的注册资本金的验资报告书。认缴制可以降低旅行社的资金成本，有效扶持帮助新生旅行社的发展，为旅行社小微企业创业创新提供保障。

（三）旅行社质量保证金

旅行社质量保证金是指旅行社取得业务经营许可证后，在指定银行缴存或由银行担保，旅游行政管理部门管理，用于保障旅游者合法权益的专用款项。质量保证金既可以在国务院旅游行政主管部门指定的商业银行开设专门的质量保证金账户存入现金，也可以提交不低于应缴质量保证金数额的银行担保。旅行社质量保证金是旅游行政管理部门加强对旅行社行业监管的动态管理机制，旅行社连续 3 年没有因为侵害旅游者合法权益受到行政机关罚款以上处罚的，可将旅行社的质量保证金减少 50%，同时明确规定质量保证金的利息属于旅行社所有。

经营国内旅游业务和入境旅游业务的旅行社，质量保证金不少于 20 万元（过去要求 60 万元），每设立一个分社，无须增加注册资本，但应当向分社质量保证金账户存入 5 万元。经营出境旅游业务的旅行社应当增存质量保证金 120 万元（即经营出境业务的旅行社共须缴存质量保证金不少于 140 万元），每设立一个分社，无须增加注册资本，但应当向分社质量保证金账户增存 30 万元。各类旅行社注册资本和质量保证金如表 2-1 所示。

表 2-1　旅行社的注册资本和质量保证金

旅行社经营范围	缴 纳 要 求	注 册 资 本	质量保证金
经营国内、入境游的旅行社	申请设立时须缴纳	不少于 30 万元	20 万元
	每设立一个分社增存	无须再缴纳	5 万元
经营出境游的旅行社	申请设立时须缴纳	无须再缴纳	须增缴 120 万元
	每设立一个分社增存	无须再缴纳	30 万元
外商投资旅行社	申请设立时须缴纳	不少于 250 万元	20 万元

（四）设立在线旅行社

在线旅行社（online travel agent，OTA）设立条件除了根据实体旅行设立条件依法取得旅行社业务经营许可，还需遵循 2017 年国家旅游局发布的《旅行社在线经营与服务规范》、2020 年 10 月 1 日国家文化和旅游部发布的《在线旅游服务管理暂行规定》，遵守《中华人民共和国网络安全法》。平台经营者应对在线旅游经营者及旅游辅助服务者的相关信息进行真实性核验、登记，承担产品与服务质量责任，接受政府和社会监督。旅行社在线经营信息包括营业执照信息、互联网信息服务许可信息、经营性网站备案信息、在线经营规则和相关规定、经营地址联系信息及法律文书送达地等。此外，还有对应于第三方网络交易平台的要求、旅游产品信息在线展示要求、旅游产品在线交易要求、旅行社在线经营服务要求。

二、我国旅行社的经营服务范围

（一）招徕、组织、接待旅游者提供的相关服务

此类服务主要包括：安排交通服务、住宿服务、餐饮服务、观光游览、休闲度假等服务，导游、领队服务，旅游咨询、旅游活动设计服务。旅行社还可以接受委托，提供下列旅游服务。

①接受旅游者的委托代订交通客票、代订住宿和代办出境、入境、签证手续等。出境、签证手续等服务应由具备出境旅游业务经营权的旅行社代办。

②接受机关、事业单位和社会团体的委托，为其差旅、考察、会议、展览等公务活动代办交通、住宿、餐饮、会务等事务。

③接受企业委托，为其各类商务活动、奖励旅游等代办交通、住宿、餐饮、会务、观光游览、休闲度假等事务。

（二）四大旅游业务的经营范围

2013 年修订的《旅游法》将旅行社业务分为境内旅游、出境旅游、边境旅游、入境旅游、其他旅游业务，经营出境旅游和边境旅游应当取得相应的经营许可。

1. 境内旅游业务

国内旅游业务是指旅行社招徕、组织和接待中国内地居民在境内旅游的业务。

2. 出境旅游业务

出境旅游业务是指旅行社招徕、组织、接待中国内地居民出国旅游，赴香港特别行政区、澳门特别行政区和台湾地区旅游，以及招徕、组织、接待在中国内地的外国人、在内地的香港特别行政区、澳门特别行政区居民和在大陆的台湾地区居民出境旅游的业务。

3. 边境旅游业务

边境旅游业务是指经批准的旅行社组织和接待我国及毗邻国家的公民，集体从指定的边境口岸出入境，在双方政府商定的区域和期限内进行的旅游活动。边境省、自治区旅游局负责对本行政区内的边境旅游业务的管理、监督、指导和协调。中国陆地边界线总长约 2.2 万千米，与十多个国家接壤，经过多年发展，边境旅游已逐步成为与出国旅游、港澳台旅游并驾齐驱的三大出入境旅游市场之一。2018 年 4 月，国务院同意设立内蒙古满洲里、广西防城港边境旅游试验区，这是中国首批设立的边境旅游试验区。

4. 入境旅游业务

入境旅游业务是指旅行社招徕、组织、接待外国旅游者来我国旅游、香港特别行政区和澳门特别行政区旅游者来内地旅游、台湾地区居民来大陆旅游，以及招徕、组织、接待在中国内地的外国人、在内地的香港特别行政区和澳门特别行政区居民、在大陆的台湾地区居民在境内旅游的业务。

三、我国旅行社的主要类型

（一）按旅行社经营方式分

1. 组团旅行社

组团旅行社（domestictour wholesaler，简称组团社）是指接受旅游团（者）或海外旅行社预订，制订和下达接待计划，并可提供全程陪同导游服务的旅行社。一些通过组团社收客的大型旅行社集团，事先批量购买机票、酒店房间等接待资源，发布定期的旅游团出发计划。组团社根据旅游批发商定期出团的计划设计旅游产品，通过自设销售网点或者代理网点向旅游者销售旅游线路，组织成团发往旅游目的地，委托当地旅行社接待。从某种意义上说，组团社承担着经营商、代理商、零售商的角色。

2. 接待旅行社

接待旅行社（domestic land operater，简称地接社）是指接受组团社的委托，按照接待计划委派地方陪同导游人员，负责组织安排旅游团（者）在当地参观游览等活动的旅行社。地接社根据组团社的预定，向当地旅游服务供应商订购有关服务，如住房、餐饮、汽车、景点门票以及赴一下站的交通票，并将它们组合成包价旅游产品，制定价格后预售给组团社。一般来说，地接社数量众多，规模较小，主要分布在旅游资源丰富的以接待为主的旅游目的地。

对于一些旅行社集团而言，批发经营商、组团社、地接社之间没有严格的界限。旅行社根据自己的资源和市场接受程度决定自己是做批发商、地接社还是组团社，也有旅行社既是批发商，也是组团社，还是地接社，在旅游目的地提供一站式全程接待服务。

（二）按旅行社出资对象分

1. 自然人旅行社

个人独资旅行社和合伙旅行社都属于自然人旅行社，出资人对企业承担无限责任。

（1）个人独资旅行社

个人独资旅行社是指由个人出资经营，归个人所有和控制，由个人承担经营风险和享有全部经营收益的企业组织。众多遍布街区的旅行社门市（分公司）大多采用这种形式。

（2）合伙旅行社

合伙旅行社是指由各合伙人共同订立合伙协议、共同出资创办、共同决策经营、共享收益、共担风险，合伙人对旅行社债务承担无限连带责任的企业组织。合伙企业一般无法人资格，不缴纳企业所得税，只缴纳个人所得税。为了避免经济纠纷，在合伙企业成立时，合伙人应首先订立合伙协议（又叫合伙契约或叫合伙章程），其性质与公司章程相同，对所有合伙人均有法律效力。

2. 公司制旅行社

有限责任公司和股份有限公司都属于法人旅行社，股东对公司的债务责任只以其出资额为限，对公司的债权人不负直接责任。公司组织结构包括股东大会、董事会和监事会。

（1）有限责任公司

在我国，有限责任公司是指根据《公司法》规定登记注册，由 50 个以下的股东共同出资，每个股东以其所认缴的出资额对公司承担有限责任，公司以其全部资产对其债务承担责任的经济组织。由于有限责任公司发起设立简单，注册资本最低 3 万元人民币，又无募股设立，程序比较简单，内部组织机构小而精，运作管理高效。因此，中小旅行社多选择这种企业形式，既可以享受政府对法人组织给予的税收等优惠和法人制度带来的其他好处，又能保持少数出资人的封闭式经营，如中国康辉旅行社集团有限责任公司、上海春秋国际旅行社（集团）有限公司等。

国有独资公司是我国一种比较特殊的有限责任公司，是由国家授权投资的机构或国家授权的部门单独投资设立的，由国务院或者地方人民政府授权本级人民政府国有资产监督管理机构履行出资人职责的有限责任公司。国有独资公司的股东只有一个，即国家，不设股东会，由国有资产监督管理机构行使股东会职权。中国旅游集团有限公司是目前中国最大的旅游央企，旗下汇聚了港中旅、中国国旅、中国中旅、中国中免等品牌，全资或控股企业多达 584 家。

（2）股份制有限公司

一般也称为股份公司，根据《公司法》规定，由 2 人以上 200 人以下发起，公司的总资本划分成等额的股份，通过向社会发行股票筹集资本的有限责任公司。认购股票的股东按照其拥有的股份比例享有相应的股权，不能退股但可以通过买卖股票随时让渡股份。有些大型旅行社选择成立股份有限公司的目的是希望未来可以成为上市公司，在更大的范围内募集更多资本，实现企业的规模化经营，如中青旅控股股份有限公司、广州广之旅国际旅行社股份有限公司、北京众信国际旅行社股份有限公司等。

 拓展材料

股份有限公司和有限责任公司是经济生活中最常见的两种公司形式，根据我国《公司法》规定，两者之间的区别如下。

第一，发起方式不同。有限责任公司由 50 个人以下的股东，协议共同出资就可设立。股份有限公司应当有 2 人以上 200 人以下的发起人，其中须有半数以上的发起人在中国境内有住所，经过发起方式和募集方式的严格程序才能设立。

第二，注册资本差距悬殊。有限责任公司的注册资本最低数额仅为 3 万元，而股份有限公司的注册资本至少要在 500 万元以上。股份公司的资产总额和规模远大于有限责任公司。

第三，流通方式不同。有限责任公司股东的股单只是其出资的权利证书，不能自由买卖，当股东需要出让股权时要取得其他股东的同意。股份有限公司的股票是一种有价证券，可以在市场上自由流通与买卖。

第四，资产股份化方式不同。有限责任公司的资产无须划分为等额股份，不发行股票，不公开募股，每个股东不论出资多少都只有一个股份，在决议时不仅需要拥有多数资本的股东的同意，而且还要经过多数股东的同意。股份有限公司的资产须划分为等额的股份，通过向社会发行股票公开募集资本，股东按照其拥有的股份比例享受权利与承担义务，在重大公司决策上本着一股一票的原则进行表决。

第五，财务公开不同。有限责任公司不必公开账目，尤其是公司的资产负债表一般不予公开。股份有限公司必须在每个财务年度终了向公众公开披露财务状况，包括董事会的年度报告、公司损益表和资产负债表。

第二节　旅行社分支机构的设立和管理

一、旅行社分支机构的主要形式

旅行社的分支机构是指旅行社为了适应旅行社网络化发展和国民旅游服务的需要而设立的分社（分公司）、服务网点（门市部）以及办事处、联络处、代表处等办事机构。旅行社分社（分公司）可以从事旅行社设立社经营范围的所有经营活动，但不具有独立法人资格。旅行社服务网点（门市部）、办事处、联络处、代表处都不能从事旅行社组织接待等组团或接团的经营活动。

旅行社分支机构的广泛设立，不仅可以拓宽旅行社产品的销售渠道，在更大范围内大批量组织客源，降低其组团成本与风险，让消费者得到更多的实惠，而且可以通过控制旅游服务资源进行大批量采购，降低旅行社产品经营成本，使产品在旅游市场上更具竞争力。

（一）主要存在形式

1. 旅行社分社（分公司）

旅行社分社（分公司）是指在旅行社设立社的经营范围内，不具备独立法人资格，从事招徕、组织、接待旅游者等活动的分支机构，旅行社与旅行社分社之间是设立与被设立的关系。设立社是依法经批准设立的企业，具有法人资格，独立承担民事责任。分社是旅行社的分支机构，不具备法人资格，以设立社的名义开展旅游业务经营活动，其经营活动的责任和后果由设立社承担。设立社对分社实行统一的人事、财务、招徕、接待制度规范，与分社负责人及其员工签订劳动合同。

1999 年，随着国内旅游业蓬勃发展，一些地接社为了扩大目的地游客接待量，派遣专人在出发地城市设立办事机构或者代理，协助当地组团社完成旅游团队的调度工作。办事处的这项业务没有经营权，后期逐渐演变成个人挂靠地接社自行组织接待业务、自负盈亏，出现了接待经营欺诈问题投诉找不到当事人的市场乱象。2012 年，北京、上海、广州、南京等一些旅游城市开始大力整顿当地旅游市场，工作重点就是整治非法挂靠的办事处，要求办事处全部办理工商营业执照、旅游经营许可，并设置分公司备案制度。

2. 旅行社服务网点（门市部）

旅行社服务网点（门市部）是旅行社设立社的销售网点或者收客点，不具备独立法人资格，从事招徕游客、销售产品等活动，并以旅行社的名义与旅游者签订旅游合同的门市部。门市部作为设立社的一部分，是旅行社的销售渠道，是旅行社形象和品牌的代表。设立社对服务网点实行统一管理、招徕和咨询服务规范，服务网点不得从事除招徕、咨询以外的经营活动，可以为旅游者提供咨询服务、接受旅游者预订或购买旅行社产品，并与旅游者签订合同的机构。

外国旅行社在我国境内设立常驻旅游办事机构，须经国务院旅游行政主管部门批准，只能从事旅游咨询、联络、宣传活动，不得从事招徕、接待等旅行社经营业务，包括不得从事订房、订餐和预订交通客票等经营性业务。

（二）扩张方式

我国各大旅行社加速了实体网点的布局，网点扩张方式各不相同，旅行社设立分支机构时应根据自身的实际情况选择适合自身情况的扩张方式。

1. 股权扩张

若旅行社资金充裕，则可以考虑选择股权扩张方式。2020 年，广之旅接连合并三家国内旅游目的地地接社，收购上海申申国际旅行社有限公司 80% 股权、山西现代国际旅行社有限公司和西安龙之旅秦风国际旅行社有限公司 51% 股权，完成国内旅游目的地接待体系，增强广之旅在"国内大循环"旅游产业中的竞争力。

2. 连锁加盟

旅行社如果具有强大的品牌吸引力，可以采用连锁加盟的方式进行网络化布局，连锁商业模式分为直营和加盟形式。2018 年底，携程系的三大品牌携程、去哪儿、旅游百事通在全国的落地门店约 8000 家。携程旅游以"小白门店"加盟方式面向"90 后"年轻人推出旅游零售创业平台，在政策上给予小白门店更多的优惠及补贴，从选址、装修、开业、培训，定向邀请千万级钻石店长和金牌讲师一对一培训。借助本地年轻人拥有的天然语言优势和本地人脉资源，迅速把携程系门店布局到五线城市和县级市，一些经营良好的创业型携程旅游门店月收入可以超过 10 万元。

3. 自设分社

若旅行社需要对网络进行强有力的控制，可采取自设分社的方法，在资产上、人事上或财务核算上统一管理。春秋国旅使用自己研发的销售结算系统、即时预订服务系统以及国内旅游订单入网 48 小时必须收款的制度，实现对全球庞大的代理商和分公司管理。

二、旅行社分社的设立和管理

旅行社需根据《中华人民共和国旅游法》《旅行社条例》《旅行社条例实施细则》《关于旅行社及其分社、服务网点名称和备案管理等事项的通知》（旅监管发〔2009〕215 号）等相关法律规定设立旅行社分社和服务网点。

（一）旅行社设立分社（分公司）的条件

1. 增存质量保证金

旅行社每设立一个经营国内旅游业务和入境旅游业务的分社，需向其质量保证金账户增存 5 万元。每设立一个经营出境旅游业务的分社，无须增加注册资本，只需向其质量保证金账户增存 30 万元（有的地区要求增存 35 万元）。

2. 经营范围

根据设立社的经营范围，在分社的营业执照的经营范围和备案登记证明中明确标明"国内旅游和入境旅游招徕、组织、接待业务"或"国内旅游、入境旅游和边境旅游招徕、组织、接待业务"或"国内旅游、入境旅游和出境旅游招徕、组织、接待业务"或"国内旅游、入境旅游、出境旅游和边境旅游招徕、组织、接待业务"。旅行社分社的设立不受地域限制，分社的经营范围不得超出设立社的经营范围，分社不得设立服务网点。

3. 备案登记

分社的经营场所、营业设施、设备与旅行社设立条件一致。设立社持旅行社业务经营许可证副本和企业法人营业执照副本，向分社所在地工商行政管理部门办理登记；持分社的营业执照、分社经理的履历表和身份证明、增存质量保证金的证明文件，向分社所在地的旅游行政管理部门备案，由市旅游局或者区县旅游部门发放旅行社分社备案登记证明。分社名称由"设立社名称＋分社所在地地名＋分社或分公司"组成。比如，北京凯撒国际旅行社有限责任公司南京分公司、西安光大国际旅行社友谊西路分社。

（二）旅行社分社地理区位选择

1. 近客源地

客源是旅行社最重要的资源，旅行社设立分社的一个重要目的就是控制和扩大旅游客源，因此旅行社设立分社会选择在旅游客源集中的地区，即在目标市场所在地设立分社。将分社设在目标市场所在地有以下几个优点。一是便于大规模占领市场。有实力的旅行社通过在各地广泛设立分社，可以将销售网络遍布各个区域，通过大规模招徕游客增加知名度、提高市场占有率，实现规模效益。二是随时掌握目标市场的旅游需求动向，及时根据旅游者的需求与总社沟通，设计适合目标群体需求的新产品。三是方便广泛开展旅行社产品宣传，在更大的市场上分摊广告费用，扩大品牌声誉。四是销售渠道直接延伸到目标群体社区或社群，随时接受目标市场旅游者的预订，有的旅行社甚至上门与旅游者签订旅游合同，方便旅游者购买，增加产品的附加值。

2. 近目的地

旅游目的地是各种旅游服务资源最集中的地方，旅行社选择在一些热点旅游目的地设立分社，可以尽最大可能控制各类资源，与供应商建立良好的合作关系，直接向旅游供应商大批量预订各类旅游服务。设立的分社可以作为地接社降低接待成本，使产品在市场上具有竞争力，占领更多的市场，还可以更好保证目的地的旅游接待服务质量。

3. 近交通便利的口岸城市

口岸是由国务院或省级人民政府审批后公布执行，供人员、货物和交通工具出入国境的港口、机场、车站、通道等。对于旅游业来说，设有口岸的城市就是旅游者出入境的集散地。我国一些经营出境和入境旅游业务的旅行社，越来越多地选择在口岸城市设立分社。口岸城市一般也是交通枢纽与交通集散地，交通便利通达，客源地与旅游目的地之间的大交通是旅行社设立分社考虑的首要因素。另外，口岸城市也是方便出入境的城市，这对于开展国际旅游业务的旅行社来说，无论是接客还是送客都十分便利。很多口岸城市不仅是社会经济发达的大都市，还是具有很大吸引力的旅游城市，有大量具有经济实力的消费者，既是旅游客源地又是旅游目的地。因此，对旅行社来说，在口岸城市设立分社可以一举数得。

（三）设立分社的优势

1. 建立跨区域网络整合资源

旅行社通过设在客源地的分社和设在旅游目的地的分社，形成了一个跨地区的具有生产、销售、接待职能的巨大网络。这个跨地区网络具有"近资源"的特点，旅行社通过网络上的各个节点，可以牢牢控制住客户资源和各类旅游服务所需的资源。通过这个网络，旅行社可以有效进行资源配置，依靠跨地区的经营和销售网络，发挥资源整合优势、风险扩散优势、市场营销优势和规模经济优势，达到规模经济扩张的高收益。

2. 降低运营成本和监督成本

相比设立旅行社，分社的设立条件低、程序简单，有利于旅行社低成本跨区域扩张经营接待业务。比起旅行社在各地委托代理商招徕客源和委托地接社在客源地进行旅游接待，旅行社利用自己的分社进行招徕和接待旅游者有更多的优势，最重要的优势就是运营成本和监督成本相对较低。由于分社不具备法人资格，一些日常的经营活动如产品设计以及日常出团等均由总社统一操作，减少了流动资金的投入，大大节约了运营成本。而监督成本较低是因为旅行社对自己的分社具有可控性。

3. 提高接待业务的专业化水平

从旅行社经营看，为了扩大业务规模和提高专业化水平，需要在设立地按照不同的市场业务设立主要经营某一业务（如出境游、会展旅游、老年旅游）的分社，或者在同一个城市、同一个地区的不同营业地点设立综合经营各类业务（在设立社业务范围内）的分社，也可以根据招徕、组团、接待等需要，在全国范围内选择合适地点设立综合性或专业性的分社。

拓展材料

上海春秋国际旅行社（集团）有限公司通过在各地建立分社来构建自己的经营和销售网络。境内外共有 41 个全资分公司，在北京、广州、西安、沈阳和三亚等 34 个国内大中城市设有全资公司，境外在美国、加拿大、泰国、中国香港等地有 7 个全资公司。每个全资公司有 2~10 家连锁店，在上海有 50 家连锁店，4000 余家旅游代理，在江浙地区有 400 余个、全国有 4000 余个网络成员。使用春秋国旅自行研制开发的销售结算系统，做到"散客天天发，一个人也能游天下"的方便快捷的散客即时预订服务。

作为国内 OTA 在线旅游的头部企业，后疫情时代，携程除了推出系列亮眼的线上营销活动，同时跟进线下门店的布局。截至 2020 年 12 月 31 日，携程在中国 300 多个城市已经拥有约 6000 家以轻资产模式运营的门店。携程 2021 年一季度财报显示，集团旗下三大品牌新开业门店环比增长近 10 倍，在下沉市场中，五线城市及县级市门店覆盖率达 70%。在门店扩张的同时，携程对线下旅游门店产品结构做出调整，在传统跟团游产品的基础上，推出家庭游、自由行、定制游等类型产品。携程在每月会员日推出补贴活动，并在门店推出"自营产品周"，整合资源优势挖掘自营产品，基于互联网因素为消费者优化线下消费场景，更以此实现了新的销售高峰。相关数据显示，2021 年 4 月，携程系门店仅以国内产品线完成又一个"单日营收破亿"的销售成就。

三、旅行社服务网点的设立和管理

（一）旅行社设立服务网点（门市部）的条件

1. 经营范围

服务网点应当在设立社的经营范围内招徕旅游者、提供旅游咨询服务，从事招徕游客、销售产品并与游客签订旅游合同等业务活动。根据设立社的经营范围，在服务网点营业执照的经营范围和备案登记证明中明确标明"国内旅游和入境旅游招徕、咨询服务"或"国内旅游、入境旅游和边境旅游招徕、咨询服务"或"国内旅游、入境旅游和出境旅游招徕、咨询服务"或"国内旅游、入境旅游、出境旅游和边境旅游招徕、咨询服务"。

2. 备案登记

设立社向服务网点所在地工商行政管理部门办理服务网点的营业执照，向服务网点所在地与工商登记同级的旅游行政管理部门备案，由受理备案的旅游行政管理部门发给旅行社服务网点备案登记证明。

旅行社服务网点名称和标牌应由"设立社名称＋服务网点注册地地名＋服务网点或门市部"构成，如众信旅游集团股份有限公司西安高新路门市部、上海春秋国旅（青浦营业部）、凯撒旅游体验店（西市城购物中心店），不得含有使消费者误解为是旅行社或者分社的内容，也不得使用易使消费者误解的简称。

（二）旅行社服务网点（门市部）地理区位选择

1. 设立社所在地或分社所在地

旅行社设立门市部的区域范围，应当在设立社所在地或者分社所在地设区的市级行政区划内设立服务网点，但分社不得设立服务网点，服务网点也不能再设服务网点。旅行社通常根据自身的经济和经营情况，设立从几家到几十家不等数量的门市部。设立社对门市部的管理越标准化越有利于设立社在更大范围内复制更多的门市部，节约管理成本。携程积极布局线下门店网络，与旅游百事通达成战略投资与合作，把携程的优质产品通过门店渠道和旅游顾问渗透线下市场，提升用户体验。

2. 交通方便地区和闹市繁华街区

服务网点设在交通中转站或枢纽附近，如车站、地铁站、火车站、飞机场、码头附近等旅游者和居民经常出入的场所，容易吸引过往行人驻停咨询。服务网点设在繁华街区，如临街一楼门脸、大型超市外围、大型写字楼一楼大厅等地，人流量大，容易引起人们的注意，光顾咨询的可能性比较高。

3. 在目标群体比较集中或经常出入的地方

在旅游目的地景区、酒店、步行街区等旅游者集中的出入口附近，旅行社会设立门市部，以一日游产品比较常见。如果旅行社的目标市场以白领阶层为主，可将旅行社门市部设在白领比较集中的写字楼。专门从事高端商务旅游的旅行社，可以把门市部地址选在中心商务区等高档地段，这样不仅能够近距离地接近客户，而且中心商务区这种高档地段还能凸显出旅行社的专业品质。专门经营高端度假休闲旅游的旅行社，可以将门市部设在符合这些消费人群的高档住宅小区附近或者高级会所等地。

（三）旅行社服务网点（门市部）店面管理

旅行社门店是进行产品宣传、销售的场所，也是直接面对旅游者的窗口，代表着旅行社的整体形象。因此，旅行社门店除了设计装潢、店内布置、橱窗摆设等硬环境，还有服务人员的接待水平营造的软环境，都会直接影响旅游者是否乐意进店咨询旅游产品。

1. 店面和橱窗设计

店面设计要突出旅行社名称、品牌的标识等，店面应宽敞明亮，使用温馨明快的开放式柜面，陈列展示架的产品宣传册要体现主打产品的特色和档次。店面橱窗要巧用布景、道具，以背景画面装饰为衬托，配以合适的字体、色彩和文字说明，体现旅行社门市部线下宣传的个性。线下旅游门店应避免同质化，可以结合时下流行的娱乐项目、休闲项目、餐饮或 VR/AR 等虚拟现实科学技术，增强客户的体验性，提高客户转化率。

2. 营销氛围营造

门店的布置装潢要配合旅行社的主打产品适时调整变化，营造产品热销的氛围和轻松愉快的出游氛围。比如当门店主推冬季滑雪旅游产品时，可以摆放各类色彩鲜艳的滑雪用具、具有诱惑力的滑雪场景和有旅游目的地特色的招贴画，滚动播放动感的视频、音乐。

3. 服务接待

旅行社门店的软环境是通过工作人员热忱的态度、敬业的精神、周到细心的专业化服务体现出来的。线下旅游门店服务人员应耐心细致地与游客商讨旅行计划、设计线路、推荐产品等，带给游客美好的价值体验，强化线下面对面交流销售的购买决策。

视频资料：旅行社为何争相开门店

互联网时代，旅行社门店何去何从？

互联网时代是信息时代、网络时代、新媒体时代，不出门便知天下事，不出门便尝天下食。对旅游业来说，传统的旅行社已经不再是市场的主力，线上OTA如雨后春笋一般生长。携程、飞猪、同程、途牛、驴妈妈、蚂蜂窝等众多在这个时代脱颖而出的新兴电商平台类旅游企业，在自媒体时代多种推广手段下已经成为旅游者出行的必备App，但是随之而来的疯狂扩张线下旅行社门市部却好似与这个时代相矛盾。

"钢筋水泥+网线"是正确的，也是必须的。但是一个简单的门市部，一个四五十平方米的加盟小店或者夫妻店能够满足未来"千禧世代"和"Z世代"作为旅游主力市场的需求吗？或者说"千禧世代"和"Z世代"这两个诞生于信息爆炸时代的人群还需要简单地提供咨询引导服务功能的旅行社门店吗？

（1）现有门市部功能太过单一，缺乏综合体验功能

原先门市部的功能是为游客提供咨询、宣传等服务，但是在这个时代，咨询完全可以在线上解决，预订更可以在网上下单，至于宣传，各大自媒体营销手段层出不穷，投诉电话迅速快捷。这些简单的功能一部手机都可以完成。未来的门市部应该向综合体验功能转型，结合VR技术和定制旅游的发展，让没有想法的游客可以体验后再进行选择。旅行社门市部不再只提供单一的咨询服务，而是集咨询、推荐、定制、线路策划等功能为一体的综合体验型服务。

（2）门市部从业人员专业素质亟待提高

现有的门市部工作人员经过培训大都有良好的服务态度和耐心，但是专业素质却参差不齐。太多跨专业、跨行业的人由于门市部的低门槛进入旅游行业，但是由于缺乏对旅游市场的了解，推荐的线路与真实情况有出入，而使游客的期望值与旅游体验不符，满意度下降。门市部从业人员的培训除加强服务意识外，还应该加强专业素质的培养。只有熟悉周边旅游线路的市场行情和旅游资源的分布，才能胜任门市部全面体验型咨询服务。

（3）旅游定制体验店成为潮流

体验旅游时代为了满足个性化旅游者的需求，私人定制已经成为热词。线上各大App

提供自选体验旅游的渠道，通过爱好和消费习惯定制线路。线下旅游定制体验店更是提供各种蜜月旅行定制、毕业旅行定制等个性化定制服务，并且提供摄影师联络、幸福相册制作等服务，游客可以自主选择"导购＋定制"和单纯定制线路等。体验店还可帮游客联络境外翻译，保证其出行便利，在旅行途中后台随时为游客解决各种意外问题。

2018 年 3 月 21 日，携程旅游推出旅游定制师资格证，为定制旅游设下了一道专业素质的门槛。门市部可以从咨询现有线路向即时定制线路方向转型，以成熟的线路设计、稳定的供应商、可靠的酒店景区合作方和各大 OTA 平台作为强大依托。每个门市部由至少一个定制师任职，既提高了门市部从业人员的专业素质，也可以使门市部能够更加灵活地应对"千禧世代"和"Z世代"的个性旅游需求。

随着旅游消费主力军的更新换代，线下旅行社门市部的转型是旅游需求升级的必然选择。当互联网线上红利逐渐消退，线下获客成本比线上偏低，OTA 将获客渠道延伸到线下。更重要的是，随着旅游互联网渗透率持续攀升，企业必然要从标准化的商品向非标准化的服务迈进，线下实体店就成为各大 OTA 最好的载体。

视频资料：探索旅游门市与体验店的生命力

（资料来源：汪敏芝. 互联网时代，旅行社门店何去何从. 旅游圈，https://www.dotour.cn/36352.html.2018-10-07.）

第三节　旅行社的部门与组织结构

一、旅行社的基本业务

虽然各旅行社在所属类型和企业规模方面存在较大的差异，经营的业务范围也各不相同，但是旅行社的基础业务却大致相同。一般来说，按照旅行社的操作业务流程，主要包括产品设计开发、产品促售、服务采购、接待和其他委托代办业务。

（一）旅行社产品的设计开发业务

按照旅行社业务操作流程，组合旅游产品、设计旅游线路是旅行社经营活动的重要业务，它直接影响着旅行社其他业务的顺利开展，关系到旅行社的经济效益。如果旅行社的产品不能满足旅游者的需要，产品便无销路，旅行社也就无利可图。旅行社在市场调查的基础上，根据旅游消费者的需求，结合旅行社的业务特点、经营实力及各种旅游服务供应的状况，围绕产品的有效组合，设计出多样化的、能够对旅游者产生较强吸引力的适销对路的旅游产品。

（二）旅行社产品的宣传促销业务

宣传促销业务主要包括：根据旅行社产品成本、旅游市场需求及竞争状况等因素制定产品的价格；根据旅行社所确定的目标市场选择适当的产品销售渠道；根据旅行社经营实力和目标市场的确定，实施旅行社的促销战略，选择适当的促销手段，将旅行社产品的信息传递到旅游客源市场，招徕众多的游客，激发其购买旅游产品的欲望。促销方式包括媒体广告、宣传资料、营销公关、销售推广等。

（三）旅行社服务的采购业务

旅行社产品的综合性决定了旅行社并不具备生产其产品所需要的所有服务，其生产过程中所需要的许多项目都是由其他相关企业和部门提供的。旅行社采购的并不是具体的商品或实物，而是某种设施或服务在特定时间内的使用权。旅行社的采购业务是指旅行社为生产组合旅游产品而向有关旅游服务供应部门或企业购买服务项目或产品的一种业务活动，主要涉及交通、住宿、餐饮、景点游览、娱乐和保险等。另外，组团旅行社还需要向旅游线路沿途的各地接待旅行社采购接待服务。

（四）旅行社的接待业务

接待业务主要包括旅游产品的咨询与预订服务、实地接待服务和售后服务等。其中，实地接待业务包括团体接待和散客接待。团体接待是指旅行社通过向旅游团队提供接待服务，最终实现团体旅游产品的生产与销售的活动，它全权负责旅游者旅途中和在旅游点逗留期间的所有活动，包括按照旅行社预订安排好的计划和按旅游者的意愿组织、安排的游览、参观，并作为各个旅游服务机构的中转者，安排、协调游客的吃、住、行、购等事项，全程照料他们的起居生活直至旅游活动结束。这项业务主要由生活接待服务和导游讲解服务构成。散客接待是一项以散客旅游者为目标市场的旅游服务业务，它包括旅游咨询、单项旅游服务和选择性旅游服务。

（五）其他委托代办业务

委托代办业务也称为代理业务或者单项服务业务，主要指为旅游者和其他顾客代购、代订交通客票，代订餐饮、住房、游览、娱乐事务，代办护照、签证及出入境手续，代办行李托运及交通集散地接送服务，代办旅行保险，代办旅游消费信用卡等相关服务。旅行社在代办各项业务时，事先与有关方签订合同或达成协议，取得代办人的身份，然后接受委托人的委托事项和委托费用，旅行社从中收取一定的手续费。

二、旅行社的部门及其职能

从构成组织结构体系的部门看，一个旅行社的组织体系主要包括业务部门和职能部门两大类。业务部门就是围绕旅行社业务设置的部门和维持旅行社正常运营的部门，主要包括计调部、外联部、接待部、综合业务部等。职能部门通常包括人事部、财务部、办公室等。

（一）计调部

旅行社计调部起着联系各方的作用，计划和调配旅行社内外的各种信息和资源，是旅行社落实发团计划、完成地接的总调度、总指挥、总设计。计调部对外代表旅行社同旅游供应商建立广泛的协作网络，签订采购协议，保证提供旅游者购买的各种服务，并协同处理有关计划变更和突发事件；对内则要做好联络和统计工作，为旅行社业务决策和计划管理提供信息服务。计调部的运作通常是从销售部接到顾客订单后开始操作，安排行程计划、调配车辆、完成各项预订和确认等，然后转交给接待部门执行。计调部涉及具体团队运作的计划，如线路选择，还有团队运行中的组织、指挥、协调、财务运算等。通过计调部的有效运作，可使各部门形成完整的、互动的经营体系。

旅行社的计调部业务有广义与狭义之分。从广义上讲，旅行社计调部业务既包括为业务决策而进行的信息提供、调查研究、统计分析、计划编制等参谋性工作，如为实现旅行社中长期发展计划而进行的统筹安排，包括旅游产品特色和优势产品规划等宏观内容，还包括协调联络、组织落实、业务签约、监督检查等业务性工作。从狭义上讲，计调部业务主要是指为旅游者安排各种旅游活动所提供的间接性服务，包括安排食、住、行、游、购、娱等事宜，以及编制旅游计划、旅游预算单等。

具体说，计调部的主要职能如下。

（1）开发旅游产品及制订计划

计调人员根据市场调研结果，设计开发、改进、组合包装旅游产品和线路，根据游客购买的旅游产品和线路制定、安排组团计划或者接待计划。

（2）预订、采购旅游服务及市场报价

计调人员要与酒店、餐馆、旅游车队等旅游供应商和合作的地接社洽谈接待费用，要保证团队在有良好的运作效果的前提下，在不同行程中编制出一条能把成本控制得最低的线路。尤其在旅游旺季，计调人员要凭自己的能力争取到十分紧张的客房、餐位。合理的市场报价不仅影响旅游产品的市场销量，也直接关系到旅行社的利润高低。

（3）监控旅游团队运行质量

计调人员除了需要细心周到地安排团队行程与接待计划外，还要对所接待旅游团队的整个行程进行质量监控，对在外带团的导游保持全程监管。对于因不可预见的因素（如天气、交通路况、客人突发疾病等）而影响旅游行程的变化，计调人员还要根据具体情况及时调整、灵活应对，以确保旅游行程得以顺利完成。

（4）编制费用预算并核销费用

计调人员要根据旅游团运作的需要编制旅游支出预算单，在旅游团结束后，根据行程的实际支出结算报给财务部门核销。

（二）外联部（市场销售部）

外联，即对外联系，外联部是我国旅行社中设置的一个重要经营部门，开展地接业务的旅行社中大多设有外联部，组团社则称之为销售部。外联部的主要职能是根据市场需求和发展趋势，开发、设计有针对性的旅游产品和线路，进行市场促销活动，将产品和线路销售给旅游中间商、合作旅行社和终端旅游消费者，以满足旅游市场各方面的需求。旅行社外联人员可以向客户推销旅行社已有的线路产品，也可以根据客户需要设计、改进原有的线路产品。

一些旅行社根据自身实际情况和业务发展需要，把外联部的业务细分为市场策划和市场销售两部分。市场策划部主要进行市场的调研与预测、产品线路的开发与策划、产品信息推广策划等工作。市场销售部业务主要包括与客户进行业务联系、洽谈、报价和产品销售、承接旅游业务、设立门市分销等。根据旅行社的经营业务，外联部一些具体的操作业务被剥离出来，比如出境部主要进行出境手续办理、选择接洽境外酒店、与国外长期客户谈判，国内部主要进行国内各类手续办理、选择接洽国内酒店、与国内长期客户谈判。

（三）电子商务部

旅行社的电子商务部的主要职能是进行网络建设、网站编辑、网络宣传策划和网上交易。具体有两类职能：一是面向市场的旅游电子交易，以交易活动为中心促成旅游交易，实现各种商业行为，如网上发布旅游信息（包含网络媒体）、网上广告宣传等，实现旅游交易的电子贸易活动，包括网上洽谈、售前咨询、网上交易、网上支付、售后服务等；二是内部信息化管理。利用旅行社业务流程重组和内部网络平台建设形成经营管理活动，实现旅游企业内部电子商务，包括建设内部网络和数据库、利用计算机管理系统实现内部管理信息化。

（四）接待部

接待部由客服部和地接部等接待服务部门组成。客服部的职能包括呼叫中心、投诉咨询受理、售前售后客服咨询、客户信息管理等。地接部的职能主要是根据组团社（或自联团）的接待计划，负责具体接待计划的制订与落实，为团体旅游者或散客旅游者提供导游和陪同服务，如提供交通、食宿、购物、娱乐等旅游行程中的生活服务。

（五）其他职能部门

旅行社除了设立以上业务部门以外，还需要设立职能部门，包括办公室（主要职能是统筹、管理和行政）、财务部（主要职能是会计、出纳、审计、预算核算等）、人力资源部（主要职能是人事招聘、制定工资薪酬、业务培训）等。

以上是旅行社的一般内设部门，旅行社也会根据企业规模、业务范围、管理水平、运营能力等具体情况适当地增加或减少内设部门。

三、旅行社组织结构的类型

我国旅行社现有组织结构设置的主要依据是便于开展业务和有效发挥管理职能，主要分为三种：单纯以业务为导向的直线制组织结构、综合考虑业务与职能的直线职能制组织结构和能适应更为复杂情况的事业部制组织结构。

（一）直线制的组织结构

直线制组织结构是指旅行社的一切管理运营工作，从组团、计调、接待到财务结算都集中于一个部门，全过程"一条龙"运行，由总经理直接指挥和管理，不设专门的职能机构，不存在管理职能分工的组织形式，如图2-1所示。

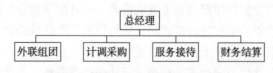

图2-1　旅行社的直线制组织结构

直线制组织结构的优点是：结构简单，管理费用低，命令统一，决策迅速，指挥灵活，上下级关系清楚，管理沟通比较顺畅。缺点是：管理工作简单粗放，各业务之间的责任分工不明确，工作中常出现相互推诿扯皮现象，横向联系差，总经理负担过重，尤其是这种结构的组织造成个别部门或业务骨干控制或垄断了公司的客户资源，甚至可能形成企业资源个人化的倾向，直接威胁到公司的正常发展。大多数初创成长期的小旅行社都采用直线制组织结构。

（二）直线职能制组织结构

直线职能制组织结构在我国旅行社行业中是一种比较传统的结构方式。在这种结构中，总经理之下平行设立外联部、计调部、接待部、综合业务部等业务部门，还设有人力资源部、财务部等职能部门。各部门各司其职，各事其主，由分管的公司领导对总经理负责，如图 2-2 所示。

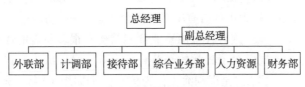

图 2-2　旅行社直线职能制组织结构

直线职能制组织结构有很多优点：一是部门之间分工责任明确，专业化分工协作提高了工作效率；二是组织结构稳定，不同部门之间的人员流动较少；三是上下级单线垂直领导的管理方式，有效地确保旅行社经营和管理的决策权高度集中于最高管理层。这种组织结构既能保证旅行社总经理集中统一指挥，又能发挥各部门的业务管理职能。缺点包括：一是各职能部门自成体系，部门之间信息沟通不畅；二是重要的业务部门过分强调部门利益，忽视企业整体利益，会产生利益分配上的矛盾。直线职能制组织结构主要适用于外部环境稳定、市场面窄、市场规模较小，处于成长发展阶段的中小旅行社。

（三）事业部制组织结构

事业部制组织结构又称分公司制组织结构，是为满足企业规模扩大和多样化经营的要求而形成的一种组织结构形式。这种组织结构是在总公司领导下按产品、区域或市场（顾客）划分经营单位，即事业部。每个事业部都有自己的产品和特定的市场，能够完成某种产品从生产到销售的全部职能。事业部不是独立的法人企业，但拥有完全的经营自主权，实行独立核算、自负盈亏，是一个利润中心。事业部既是受总公司控制的利润中心，具有利润生产和经营管理的职能，也是产品责任单位或市场责任单位或区域责任单位，对产品设计、生产及销售活动负有统一领导的职能。

旅行社按照产品类型组织的事业部在组织结构中设置商务旅行部、会展部、出境旅游部门、入境旅游部等，按照经营的市场区域组织的事业部在组织结构中设置亚太部、欧美部、出境中心等，按照顾客类型组织的事业部在组织结构中设置散客部、团队部等。公司总部只保留人事决策、预算控制和监督权，通过利润等指标对事业部进行控制，如图 2-3 所示。

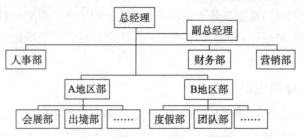

图 2-3　地域结构的旅行社事业部结构

一些跨区域的大型旅行社常采用"大区部制"的分社来划分区域市场，形成独立的利润中心，再根据不同区域市场需求，下设产品事业部制，形成区域内多个利润中心相互竞争，从而不断创新产品，扩大市场占有率，提高公司整体利润水平。

视频资料：旅行社的"行业焦虑"与"改革焦点"

旅行社采用事业部制结构有很多显著的优点：一是最高管理层摆脱了日常的经营管理事务，真正成为公司发展战略的决策机构；二是以利润责任为核心，可以明确责权，充分发挥各事业部的经营自主性和主动竞争性；三是上级管理层控制下层单位的数目增加，扩大了有效管理的跨度。缺点包括：一是职能部门设置重复，管理机构重叠，管理费用增加；二是多个利润中心，如果无法进行有效控制，会产生各自为政的不良竞争，消除内耗的管理成本增大，削弱了整个旅行社的战略战术应变能力。

第四节　旅行社组织结构优化与业务流程再造

一、传统旅行社金字塔型组织结构存在的弊端

无论是小型初创期旅行社的直线制组织结构，或者成长发展期的中小型旅行社的直线职能制组织结构，还是跨区域扩张壮大期的大型旅行社的事业部制组织结构，都是基于亚当·斯密的劳动分工论和泰勒的科学管理、法约尔的管理职能制理论设置的。这种金字塔型的等级制组织结构，强调各部门的详细分工，职权明确，下级对上级负责。随着旅行社规模的扩大、信息技术的应用和市场环境等因素的变化，这种金字塔型的组织结构显现出了明显的弊端。

（一）连续式的顺序流程无法适应市场变化

单一僵化的标准化流程使每一项工作均有先后顺序，任何一个环节出现故障均会影响下一环节的开展。在瞬息万变的市场中，工作流程速度慢、运转周期长以及难以及时做出应对，大大影响了工作效率。

（二）"一对一"或"一对多"的信息传递增加了内部交易费用和管理费用

信息传递只能在两个部门之间单向传递，相同的信息在不同的部门都要进行存储、加工和管理，公文副本数量庞大，存在许多重复性劳动和无效工作，导致旅行社经营效能的低下。一旦出现旅游计划变动或者接待事故，任何部门都无法独立迅速解决，需要跨部门反复协商沟通，导致内部交易费用和管理费用增加。

（三）全员式服务模式为顾客提供不同程度的接触点，服务满意度下降

旅游产品由各部门共同生产，这种全员式服务模式，使得顾客在整个过程中需要与销售人员、导游、质量监督人员等进行不同程度地接触，期间出现的任何问题，各部门都会从自身利益出发，互相推诿责任，给顾客带来不悦的旅游经历。

（四）强调纵向的上下级关系，忽视横向的部门沟通，导致部门割裂信息不畅

旅行社指令的下达和信息的上传，都按照从总经理到最底层员工的上下级逐级沟通，部门之间的横向沟通由部门经理同层级协调。这种人为的部门割裂形成了严格的等级层次协调沟通方式，导致信息在内部流动不畅。

（五）强调部门利益，忽视旅行社整体利益，出现"倒管理"现象

一线业务人员或部门经理权力过大，掌握公司大部分客户资源，甚至垄断公司资源，拥兵自重而不听从上级的调派和指挥。总经理只能倚重该部门人员，有时还会出现部门经理带领业务人员集体跳槽另开"炉灶"的分裂事件。

总之，传统旅行社金字塔型组织结构造成部门之间信息沟通不畅，业务流程无法高效运行。为了应对瞬息万变的市场信息和大数据时代的旅游需求，旅行社必须变革自身的组织结构，建立具有快速反应特征的组织结构。

二、旅行社组织结构优化的发展方向

（一）组织结构的网络化

随着知识经济的到来，信息技术的飞跃发展，旅行社对管理软件、企业数据信息系统和网络技术的运用进一步深化和加强，信息的传递不用遵循自上而下或自下而上的等级阶层，就可实现部门与部门、人与人之间直接的信息交流。信息交流方式的改变促进了组织的网络化发展，过去以控制命令为核心的组织关系逐渐变成了一个相对平等和自主、富于创新的网络关系。网络型组织结构是一种精干的中心型组织结构，主要由管理中心和团队两部分组成，是依靠各团队以契约关系为基础进行生产、分销、营销或其他关键业务的经营活动的组织结构。组织中

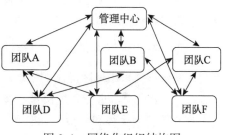

图 2-4　网络化组织结构图

的大部分职能需要从组织外"购买"、外包或者外协，通过公司内联网和公司外互联网，创设一个物理的契约关系的网络。旅行社的各团队独立开发旅游市场，行使外联、计调、接待等作业功能。管理中心处于团队的核心位置，具有中长期战略决策、财务控制、绩效评价以及信息汇总、分类、咨询、沟通等能力。这些交流与合作通过信息数据库的运用形成网络型组织结构，如图 2-4 所示。

组织结构变革的一个特征是旅行社组织的信息传递方式由单向的"一对一"或者"一对多"式向双向的"多对多"式转换。这种结构的突出特点是信息化构造了旅行社的内联网、数据库，所有部门和其他各方都可以通过网络直接快捷地交流，管理人员之间相互沟通的机会大大增加，组织结构逐步倾向于分布化和网络化结构。

（二）组织规模的小型化和扁平化

在互联网电子商务发展的条件下，人们旅游消费的偏好变化越来越快，很多小型旅行社通过使用较少的成本来建立销售系统。在开放的市场中与其他企业进行竞争时，企业规模小型化的灵活性和创新性优势突出。组织规模的小型化并不是指其产值或市场的缩小，而是指人员和组织机构的缩小和调整，划分为更多的独立营利单位。为应对激烈的市场竞争，许多大旅行社正通过分离或剥离、授权、流程再造、业务外包和建立战略联盟等方式使自己的经营实体小型化，从而达到降低成本、提高应变能力、提升竞争能力的目的。

组织结构的扁平化，就是旅行社通过减少管理层次、裁减冗余人员来建立一种紧凑的组织结构形式，组织变得灵活、敏捷，组织效率和效能提高。在扁平化组织结构中，沟通与合作是主要的管理方法，通过授权基层组织（甚至是每一个员工）拥有充分的自由度，可以对发生的情况做出积极的反应。组织中不同部门、不同层次之间的信息得到比较充分的交流，这些信息结点自我协调、自我适应，大幅度地减少了组织内部的摩擦和消耗。信息化使得中层管理人员获得更多的直接信息，提高了他们在决策中的作用，有助于实现扁平化的组织结构。

（三）跨职能团队和学习型组织

跨职能团队（cross-functional teams）是指把各种工作领域具有不同知识、技能的员工组合起来识别和解决关键问题的协作团队，这种团队管理方式强调团队成员参与关键问题的解决决策。团队规模一般有 5~10 个成员，不存在分明的等级，突破职务界限，充分授权，广泛学习与合作。成员之间建立起彼此尊重、理解和信任的良好的团队关系，获得极大的成就感和归属感，增强其学习能力和参与管理的积极性。

（四）去"利润中心化"的专业化和集中化

大型旅行社采用地区部制的组织结构，把财务管理、市场营销和人事管理从所有地区部抽走，由公司总部进行系统决策，实现适度集权的专业化和集中化管理。这样不仅可以发挥地区部制的优势和特点，而且可以加强旅行社总部对分支机构的营销控制，加快整个旅行社对环境的反应速度。各地区部行使外联、接待、计调等业务功能，不再是独立经营、独立核算、自负盈亏的"利润中心"，而是在公司发展战略目标下统筹运营和管理。

（五）组织沟通的信息化技术

在旅行社的日常经营和管理中运用信息网络技术可以突破时间和地点的局限，用信息流代替物流，在旅行社各部门之间、顾客以及旅游供应商之间实现信息共享，加快信息的传递速度。各团队可以快捷、准确地与管理中心实现无缝对接的信息沟通，有效地打破部门间的阻碍，改变了旅行社的业务流程。信息网络技术是旅行社进行"合工"的基础。

三、旅行社业务流程再造

（一）业务流程再造的内涵

企业流程再造（business process reengineering，BPR）是由美国学者迈克尔·哈默（Michael Hammer）与詹姆斯·钱皮（James Champy）于 1993 年出版的《企业再造》中提出的，强调企业组织形式以"流程导向"替代原有的"职能导向"。企业流程再造是指由组织过程重新出发，从根本思考每一个活动的价值贡献，然后运用现代的资讯科技，将人力及工作过程彻底改变及重新架构组织内各种关系。企业流程再造的要点是：整合工作流程、由员工下决定、同步进行工作、流程的多样化、打破部门界限、减少监督审核、减少扩充协调、提供单点接触、集权分权并存。

旅行社业务流程再造的内涵包括三个方面的内容。

1. 强调对企业资源的整合

业务流程再造强调对企业资源的横向整合。通过流程再造打破部门界限，旅行社的各个职能部门不再各自孤立，而是相互融合、相互协调。通过去除无效流程、缩减低效流程、优化有效流程，旅行社的内部资源能得到更有效的利用，整体效率会大大提高。业务流程再造强调管理要面向流程。对业务流程的管理要以顾客为中心，将旅行社的流程横向分为产品开发、采购策略、销售、团队操控和财务结算等环节，进行集中采购、统一支付，以规模优势降低采购成本并统一销售，从而取得市场优势。

2. 突出以顾客价值为中心

从旅游者的需求出发，以业务流程为改造对象，打破传统的组织设置，通过对流程的构成要素重新组合，按照旅游产品的生产流程建立全新的过程型组织设置，从而实现旅行社业务流程的重新设计，获得企业成本、服务、质量和效率等各个方面的改善。

3. 重视信息技术的作用

业务流程再造十分重视信息技术的作用，强调把信息技术融入企业的经营和管理中。旅行社通过建立一个数据库记录统筹各个部门的数据，利用共享数据缩短信息传递中介，降低各环节的成本与失误率，提高服务质量和运作效率。

（二）旅行社业务流程再造的实施环节

旅行社业务流程再造的实施要充分利用信息技术实现工作流程的自动化，包括如下环节。

1. 分析现有流程

对旅行社现有流程进行诊断，其中一项重要的工作就是判断哪些是核心流程，哪些是增值流程，哪些是非增值流程。旅行社的资源采购流程、产品策划流程、销售流程、资金结算流程和服务接待流程都是非常重要的核心业务流程。分析现有旅行社业务流程中存在的问题并进行诊断，才能对旅行社的整体业务进行流程重组，如图 2-5 所示。

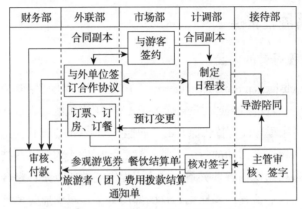

图 2-5   旅游团（者）接待流程

2. 确定再造对象

对旅行社业务流程中的关键环节以及各环节的重要性进行定位和排序，找到增值业务和非增值业务，从整体上将核心的增值业务作为流程改造的重点对象，对非增值业务和环节进行合理合并或者删除。旅行社根据分析诊断的结果对流程进行简化或重组，缩短业务流程的链条。

3. 建立管理信息系统

旅行社利用网络信息促进重组后的业务流程自动化与网络化，建立管理信息系统。各类业务人员必须将所有的业务资料和信息输入到信息系统，所有资源在同一平台上有效整合成旅行社的企业资源，未经授权不得提供给第三方，最终实现外部信息内部化，内部信息一体化。再造后的流程利用共享数据减少了信息传递中介，降低了各个环节衔接、协调、监督和控制所带来的成本，提高了服务质量和运作效率，如图 2-6 所示。

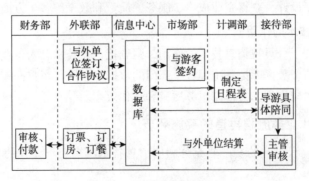

图 2-6   再造后的接待流程

4. 与外部系统有效衔接

旅行社的内部业务体系整合与社会信息系统相互连接，最终实现为内部和外部顾客提供随时随地的"一站式""单一窗口"便捷服务。BPR系统的对接在深度层面上依次为业务流程改进、业务流程再设计和业务流程改造，在广度层面上从旅行社内部往产业链前后延伸，可以是局部再设计、内部再设计、界面再设计。

（三）旅行社业务流程再造的效果

1. 企业组织结构扁平化

利用信息技术实现工作流程的自动化使旅行社组织结构扁平化，中间管理层作为上通下达的作用日渐式微，高层管理者可以通过网络或者信息化平台及时了解一线信息，减少了信息传递的失真度，降低了管理成本。

2. 决策权转移到工作流程中

旅行社业务流程再造使各部门所需的信息可以在源头一次性获取，避免了信息重复，业务活动可以平行进行，而不用严格按顺序进行，减少了工作流程因管理人员审批环节停滞造成的业务中断。

3. 扩大与供应商和客户的接触面

旅行社业务流程再造以顾客需求来引导业务开展，打造有利于有效配置资源和方便顾客获取资源的组织，达到外部信息内部化、组织信息流程化和供应链信息共享化的效果，实现资源采购策划统一、产品销售统一、团队控制统一和财务结算统一。

案例讨论

旅行社业务流程再造转型之路

广东某旅行社是一家规模较大的国际旅行社，成立于20世纪90年代，在华南地区具有较大的影响力，经营范围包括入境游、出境游和国内游三大类。旅行社自成立以来，一直保持着高速的发展态势，曾多次被国家旅游局评为"全国百强旅游企业"。旅行社在全国有多个分支机构，在广州市内也有众多的营业网点，拥有自身投资的景区、酒店和车队，员工人数接近2000人。

一、旅行社的组织结构

该旅行社的部门设置包括策划部、外联部、计调部、接待部、采购部、质监部、财务部、人力资源部、办公部和行政部，如图2-7所示。策划部、采购部、外联部、计调部和接待部属于业务经营部门，是为实现企业目标直接参与业务经营的部门。质监部和财务部属于业务支持部门，是间接为经营管理服务的业务部门。人力资源部、办公部和行政部属于职能管理部门，是从事经营计划、指导和协调工作的服务部门。

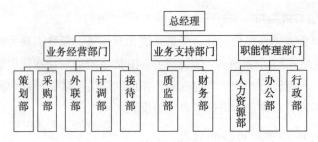

图 2-7　旅行社组织结构

二、旅行社的业务流程现状

该旅行社的基本业务包括产品开发业务、旅游采购业务、组团业务、接团业务和营销业务五个方面。

1. 旅行社的采购流程现状

该旅行社的采购流程主要由采购部负责，如图 2-8 所示。

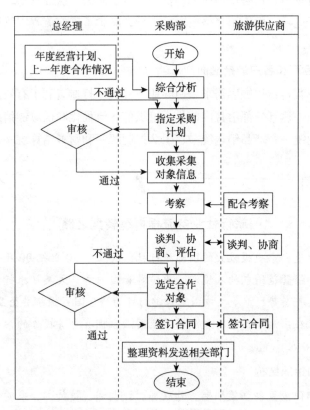

图 2-8　旅行社的采购流程

采购开始前，采购部根据旅行社的年度经营计划及上一年度的采购情况，进行综合分析，制订本年度的采购计划。采购计划交由部门经理审批，如果审批不通过，采购部需根据部门经理的意见重新制订计划。如果审批通过，采购部则根据采购计划部署开展工作，如为旅行社推出的新旅游产品线路寻找并联系相应的采购对象，包括交通部门、酒店宾馆、娱乐场所、旅游景点等。

采购工作正式开始后，采购部从以往的合作经验及相关部门提供的资料中获取相关采购对象信息并对其进行评估，对有意向的采购对象进行实地考察、询价、洽谈，并对不同采购对象的合作条件进行比较。通过综合分析，选择优秀的供应商作为旅行社的合作对象。

然后，采购部将选定的合作对象的相关资料进行汇总，整理成文件，上报给采购经理及上级领导进行审批。如果审批通过，采购部则根据上级领导的意见及双方洽谈的结果与旅游供应商签订合同。

最后，采购人员对合作协议及旅游供应商的相关信息，如联系方式、基本概况、联系人等进行整理，汇总成文后发送外联部、计调部等相关部门。各业务部门在日后的工作中按照协议规定与合作供应商展开业务合作。

2. 旅行社的营销流程现状

该旅行社销售的产品包括两类，一类是旅行社自己开发的旅游产品，另一类是代销的旅游产品。因此，在销售环节上也呈现出了两种情况。营销流程主要由外联部负责，同时涉及多个部门的合作，如图2-9所示。

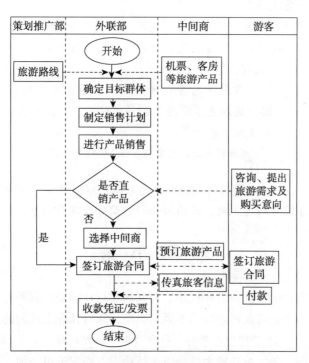

图 2-9 旅行社市场营销流程

购买活动通常是在旅行社的门市部进行的，旅游需求者在旅行社的门市部咨询旅游信息，并确定旅游产品购买意愿。如果旅游者需要购买的是旅行社代销的旅游产品，如火车票、机票、景点门票等，旅行社的门市人员则为旅客提供旅游顾问服务，为游客进行预订并收取费用。事后，旅行社再与旅游供应商按照协议价格进行佣金结算。若顾客要购买的是旅行社自行开发的旅游线路产品，门市工作人员则直接与游客进行洽谈、推销，或根据游客自身的需求为其量身定制旅游线路。在洽谈妥当后，旅行社与游客签订旅游购买合同，在游客支付款项后，旅行社开出收款凭证或发票。

三、旅行社流程存在的问题

1. 采购流程存在的问题

①在采购对象的选取上，采购部只能根据以往的合作经验，从有限的供应商中进行选择，即无法获得大量的选购对象进行自由的选择。

②由于信息的不对称，旅行社在采购时无法提高议价能力，采购成本会比较高。

③由于旅游具有季节性和易受波动性的特点，旅游采购量很难提前得到准确的处理。有时旅行社以一定价格与供应商（如航空公司）签订了协议，但实际上机票价格大幅下降，这时旅行社还是只能以合同原价格购买，对旅行社来说会造成成本增加。现有的采购流程尚无法满足旅行社的即时购买需求。

2. 营销流程存在的问题

①销售范围受到地域的限制，旅行社通常只能在门市所在地进行销售，无法进行远距离的销售和推广，销售区域比较狭窄。

②营销的过程中与游客有合同、收据、发票等大量文件票据的往来，且往往要经过多次沟通才能确定行程，这样一方面会提高旅行社的内部交易费用，另一方面还会降低营销工作的效率。

③线下的营销方式需要旅游者亲自到旅行社的门店进行购买，这加大了旅游者购买的时间成本，不能满足旅游者网络购买的需求。

（资料来源：选自胡宇橙. 旅行社经营管理. 北京：清华大学出版，2014.

视频资料：传统旅行社也有春天

思考讨论题：广州某旅行社应该如何解决采购流程和营销流程的问题？根据业务流程再造原理，请为该旅行社设计合理的业务流程图。

本 章 小 结

本章介绍了旅行社的设立条件和程序，对我国旅行社的经营服务范围做了详细说明。旅行社按经营方式和出资对象可划分为不同的类型。旅行社分支机构的主要形式为分社和服务网点（门市部），介绍了其设立条件、程序及地理区位的选择。旅行社的基本业务、主要业务部门及其职能。传统旅行社主要的组织结构有直线制组织结构、直线职能制组织结构以及事业部制组织结构，不同发展阶段有其适用的组织结构类型。旅行社组织结构在不断地改进和优化，包括组织结构网络化、组织规模的小型化和扁平化、建立跨职能团队和学习型组织、运用信息网络技术加强信息的传递与沟通。旅行社利用现代信息技术对业务流程进行再造，应加强对企业资源的整合，以顾客价值为中心，通过分析现有流程，确立改造对象，建立管理信息系统并与外部系统有效衔接。

关键术语

外商投资旅行社（foreign investment travel agency）

组团旅行社（domestic tour wholesaler）

接待旅行社（domestic land operator）

旅行社分社（travel agency branch）

旅行社服务网点（travel agency service outlets）

质量保证金（quality guarantee deposit）

计调部（plan adjustable department）

外联部（outreach department）

直线制组织结构（linear organizational structure）

直线职能制组织结构（linear function organization structure）

事业部制组织结构（business department organization structure）

业务流程再造（business process reengineering）

复习题

1. 我国旅行社设立条件有哪些放宽政策的变化？
2. 旅行社分社和服务网点的设立有何异同？
3. 传统旅行社组织结构有哪些类型？各有什么优缺点？
4. 与传统金字塔型组织结构相比，旅行社业务流程再造有什么优点？

实践题

1. 实地走访调查一家旅行社分社和一家旅行社门市部，观察并描述其店面招牌、内部装潢和服务接待情况，评价你的进店体验感受并提出改进建议。
2. 查阅一家跨区域的旅行社资料，画出其组织结构图。

研究讨论题

新冠疫情期间，一些中小旅行社转而出售日用品、医疗用品，甚至直播带货。请结合旅行社业务流程再造的原理，谈谈旅行社的采购流程和营销流程发生了什么变化，可以如何设计业务流程再造？

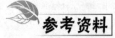

[1]　张俐俐. 旅游市场营销[M]. 北京：清华大学出版社，2005.

[2]　纪俊超. 旅行社经营管理[M]. 广州：华南理工大学出版社，2004.

[3]　张冬冬. 旅行社经营管理[M]. 北京：清华大学出版社，2012.

[4]　陈道山. 旅行社经营管理[M]. 北京：化学工业出版社，2009.

[5]　戴斌，杜江. 旅行社管理[M]. 2 版. 北京：高等教育出版社，2006.

[6]　曹华盛. 旅行社经营与管理[M]. 上海：格致出版社，2010.

[7]　魏洁. 信息技术条件下旅行社业务流程的再造[J]. 旅游纵览（下半月），2016，(04)：39-40.

[8]　尹兰. 互联网背景下的旅行社业务流程再造研究——以 N 旅行社为例[D]. 暨南大学，2009.

[9]　徐航. 基于 BPR 的旅行社管理信息系统的开发研究[D]. 河海大学，2006.

第三章

旅行社的产业融合与战略管理

学习目标

- 理解创意经济和体验经济对旅行社的影响
- 了解信息技术在旅行社经营管理中的应用方式
- 掌握跨界产业融合路径与旅游新业态的类型
- 掌握旅行社发展战略的内容、战略管理的程序

思政目标

- 培养学生脚踏实地、锐意进取的拼搏精神
- 培养学生勤于思考、敏于洞察的行业观察力和行业前景预判能力
- 激发学生积极向上、创新创业的实干精神

案例引导

华侨城布局文旅业态

2017 年 6 月 19 日，华侨城集团与西安市政府签署合作协议：未来 5 年，华侨城将在西安市投资 2380 亿元，围绕西安本地历史文化资源和现代化城市建设需要，通过一系列项目打造，将公司"文化＋旅游＋城镇化"的发展模式移植于西安。

寻求转型的华侨城加速布局文旅项目。2015 年，华侨城在其原有的"旅游＋地产"模式上提出了"文化＋旅游＋城镇化""旅游＋互联网＋金融"的创新发展模式，旅游业态明显扩大。自 2016 年起，华侨城迅速在全国布局，具体表现在文化旅游古镇开发和运营、大型自然和人文景区管理以及全域旅游开发三个方面的落地执行。在投资规模上，数百亿元、上千亿元的大手笔不在少数。据不完全统计，自 2016 年 6 月以来，华侨城集团累计在文旅项目布局投资已超 4000 亿元。

近年来，房地产企业纷纷加入产业转型行列，将目标瞄上旅游市场，而"文化"项目则是实现特色化的有效途径。"文化＋旅游＋地产"的产业融合趋势持续上扬，可预见地会对旅游业带来深刻影响。

（资料来源：根据"品橙旅游"华侨城专题文章整理）

思考：为什么房地产业纷纷寻求与旅游业融合？"旅游＋"的产业跨界融合还有哪些形式？

产业融合是经济发展的新动力，有助于产生强大的复合经济效应。技术进步和政府规制放松为产业融合发展构筑了良好的平台，旅游发展的"创意转向"为产业融合发展提供了新的契机。

第一节　旅行社产业融合的发展趋势

一、创意经济和体验经济对旅行社的影响

（一）新形势下旅游电商的挑战

服务在旅行社适应新经济形势过程中具有重要地位，自新旅游法颁布后，传统旅游业务被互联网迅速渗透。传统旅游产业链被以途牛、携程、同程等为代表的旅游电商迅速瓦解，这也倒逼传统旅行社升级产品，从一定程度上有利于旅游产品供给侧改革。

（二）旅游供应商的转型选择

携程、去哪儿、飞猪、美团、同程等先后把机票、酒店、景区门票乃至当地用车等旅游要素标准化，让客人有能力自行独立解决出行需求，这无疑是对仍旧以传统跟团游为主的传统旅行社行业釜底抽薪。穷游、马蜂窝等旅游攻略与内容型平台也伴随着智能手机的普及化由小众群体变为大众平台。截至 2020 年，国内传统跟团游市场占比已经不到 5%。

（三）旅游服务升级的核心问题

在互联网时代，旅游已经扩展成为一个泛旅游概念。现在社会上的户外俱乐部、自驾车协会、自行车俱乐部、登山俱乐部等组织策划的自驾游产品线路，在某种程度上取代了传统旅行社的市场中介作用。因此，如何把旅行社的资源采购优势与主题性需求匹配起来，设计具有独特体验的产品，才是未来旅行社的存在价值。近几年火爆的研学游、红色旅游是团队旅游的主打产品，产品体验性强，增值服务高。未来旅行社生存的基础是资源，核心竞争力是产品的创造力。

（四）客户关系管理的转型与升级

旅游是一个靠资源整合创造价值的行业。不断变化的是游客已经能够自己整合碎片化资源了，还辅有众多的旅游攻略可供参考，而大致保持不变的是游客出游的三大基本需求：安全、服务和产品体验。旅行社只有想办法提供更有价值的产品给游客才有生存的价值，只有独特的产品才能满足游客的独特旅游需求。

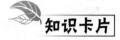 **知识卡片**

1. 创意经济的内涵

创意经济指的是基于人的创造性，以创意为主导，以服务业的发展为重要特征，以强劲的创业活动为基本表现形式，在经济结构、组织、体制和运行上具有自身独特性的新型

经济形态，是对具有高科技含量、高文化附加值和丰富创新度的各类产业的高度概括。创意经济属于知识经济的核心内容。

2. 体验经济的内涵

所谓体验，是指人们用一种从本质上很个人的方式来度过一段时间或者用很具有个性特征的方式对待一个选择，并从中获得个性的重现和满足。它可分为娱乐、教育、遁世、审美四种类型。一项顾客定制化的服务可以说就是一种体验，它被赋予个性化之后变得唯一而值得记忆。如果客户愿意为这类体验付费，那么体验本身就可以看成经济上给予的等价交换。所以，体验经济被界定为"以商品为道具、以服务为舞台、以提供体验为主要经济提供品的经济形态"。

在创意经济和体验经济背景下，人们对创意性强、文化性高的文化创意旅游产品的需求不断增长，客户主体的中心地位愈加突出。旅行社作为连接旅游者与旅游资源之间的桥梁，其在业务流程、产品组合、营销手段等方面的发展方向必须有所调整。

二、信息技术与旅行社的融合

（一）信息技术的应用方式

1. 计算机预定系统和全球销售系统

计算机预定系统（computerized reservation system，CRS）是一个数据库，航空公司可以利用这个数据库管理它的库存（如航班、座位、票价、行李等），并直接和它的销售代理联系。这种新的技术也被应用于成本控制、产出管理、票价跟踪等其他内部管理。

随着计算机在航空公司应用的发展，更大规模的计算机预定系统——全球销售系统（global distribution system，GDS）应运而生。全球销售系统（GDS）是建立在航空公司的计算机航班预定系统的基础上的，并增加了旅游目的地住宿设施、汽车租赁和旅游资源及服务等旅游信息。由于这个系统已经不仅提供航班信息和机票预定，还包括了其他多种旅游产品和信息，因此被称为旅游信息系统（tourism information system，TIS）。随后，国际性饭店联号和旅行商意识到这种系统的潜力，进而发展为中央预定系统（centralized reservation system，CRS）。

2. 旅游目的地信息系统

随着旅游业的发展，更大范围和更大规模的、跨行业、跨地区的旅游信息系统——旅游目的地信息系统（destination information system，DIS）的建立，已成为信息技术在旅游业发展的又一趋势。旅游目的地信息系统多由一个国家或地区的政府旅游部门来组织创建和实施。

3. 开账与结算计划

开账与结算计划（bank settlement plan，BSP）是国际航空运输协会根据运输代理业的发展和需要而建立，供航空公司和代理人之间使用的销售结算系统。开账与结算计划是国际航空运输协会于 1978 年提出的用于规范民用航空公司销售航空客票程序的一个组织。目前，我国许多旅行社的票务中心加入了该组织。BSP 的采用，对于治理整顿过去在票务代理代销过程中存在的混乱状态起到积极的规范作用，有利于航空客票销售的标准化和程序化。

过去，各家航空公司分别印制该公司的航空客票，并委托旅行社等票务代理代售其客票。由于一家旅行社往往充当数家航空公司的票务代理，因此需要分别从不同的航空公司领取各种航空客票，并分别与不同的航空公司结算。这种代售和结算方式给旅行社的票务中心增加了大量的机票分类、保管、结算与编写销售报表等工作，并增加了代售过程中出现差错的风险。随着开账与结算计划的引进，旅行社代售航空客票的程序明显简化，提高了代售工作的效率并降低了票务中心的经营成本。

4. 旅游网络

互联网这种"信息高速公路"拥有一系列高容量的通讯渠道，在它的整体化过程中综合运用了各种媒体。远距离通信和信息技术，增加了消费者和供给者之间的相互联系和作用，使卖方的信息和市场开发的资料有可能满足个别旅游者的需要。其结果是，信息技术成为诱导旅游需求与供给、协调旅游业运行的一个决性定因素。它加强了处于偏远及与世隔绝的旅游目的地和中小型旅游企业的市场开发和通信功能，使得他们能够直接和潜在客源市场进行信息交流，并根据市场需求细化自己的产品。

5. 电子商务

电子商务可以为旅行社提供一种全新的产品信息发布媒介。旅行社通过电子商务平台，一方面可以将景点的特色、人文景观、服务设施和交通情况等以图文声像的方式集成为互联网上的浏览主页，利用互联网的普及性和费用的低廉性供全世界的潜在旅游者查阅浏览，为他们提供大量丰富的旅游信息，从而有效地对潜在旅游者施加影响。另一方面，旅行社通过开展电子商务业务可以在网络领域和同行业获得相对均等的机会。电子商务与旅行社业务的结合，代表着旅行社业发展的一个主要方向，它极大地扩大了旅游产品的消费需求，改变了旅行社业的运作方式，为旅游者与旅游产品供应商提供直接交易的经济模式，改变了旅游行政管理部门传统的行业管理方式。

6. 信息管理

随着信息技术的快速发展，旅游行业的企业内部管理、景点规划开发、旅游信息统计、确定目标市场和制定市场竞争策略等都需要强大的信息后盾，各种信息的搜集、处理和汇总都需要广泛地运用信息技术进行管理。旅游业是信息密集型和信息依赖型的产业，信息管理技术对于促进旅游产业链的整合具有重要的战略意义。

（二）应用前景

根据信息技术在其他行业的应用情况和旅行社业的自身发展趋势可以预见，信息技术未来在中国旅行社中的应用大致可以分为三个阶段。

第一个阶段，信息技术主要应用于企业内部管理，尤其是规模较大企业的内部管理。面对广大的国内旅游市场，大规模旅行社的理想状态是在全国范围内广泛布点，各营业点之间的信息沟通应该通过一个高效的信息系统来完成。管理信息系统的构建与应用是旅行社提高经营管理水平、提高办公效率、进行科学管理的保障。

第二个阶段，信息技术主要应用于旅行社企业外部网的建设。旅行社的产品是住宿、交通、景点等单项旅游产品的组合。与合作单位之间建立外部网联系，可以加强企业之间的战略合作，及时互通信息，以应对千变万化的市场需求。旅行社通过信息网络进行规范化的产品预订和结账，可以防止由于人为因素造成的信息错误和不良债务的发生。

第三个阶段，信息技术的应用主要表现为旅行社使用互联网和通信技术整合营销系统，加强市场信息搜集、促销、分销与客户关系管理等工作。这一阶段的成果对旅行社来说意义尤为重大。

在信息化社会中，旅行社要以效率和效益取胜，关键是完善自身建设，强化科学管理的理念，利用信息技术提高企业的经营管理效率并与行业的变革紧密结合，寻求适合自身的信息技术发展之路。

三、跨界产业融合和新业态类型

（一）旅游产业融合路径分析

旅游产业融合路径可分为四种，即资源融合、技术融合、市场融合和功能融合，如图 3-1 所示。

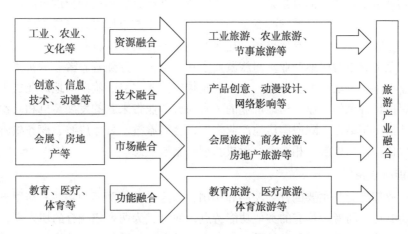

图 3-1　旅游产业融合路径图

1. 资源融合路径

资源融合路径主要是指其他产业以旅游资源的形式融入旅游产业，即其他产业的生产经营活动及其产品通过精心策划、组织和创新性的开发利用，形成新型的旅游产品，从而丰富旅游产品类型，满足人们多样化的旅游需求。

其他产业的融入能够使旅游资源的外延不断拓展，旅游资源类型更加丰富。例如，农业旅游是指以农业生产过程、农村风貌、农民劳动生活场景为主要吸引物的旅游活动，工业旅游则是指以工业生产过程、工厂风貌、工人工作生活场景为主要旅游吸引物的旅游活动。农业旅游和工业旅游作为农业、工业和旅游的结合，同时兼具农业、工业和旅游业的特性。工业、农业与旅游业通过创新性的组合，不仅使旅游业的内涵和发展空间得到进一步扩展，满足了旅游市场多元化的需求，也使传统的农业和工业的发展得以延伸，从而使传统产业焕发新的活力。此外，诸如以文化节庆活动为依托而发展的节庆旅游、以林业资源为基础的森林旅游等，主要是通过资源形式发展起来的旅游产业融合类型。

2. 技术融合路径

这一方式主要是在技术创新或管理创新的推动下，通过技术的渗透融合，将原属于不同产业的价值链活动环节全部或部分无摩擦地渗透到另一产业中，形成新型的产业。旅游产业创新必须以一定的技术手段为依托，因此，旅游业积极引进其他产业的相关技术，甚至部分产业以技术优势融入旅游业，形成新型的旅游业态。比如，旅游业在发展过程中积极与动漫产业、文化创意产业等相结合，形成新型的旅游产品，产生新型的旅游形式，如《印象·刘三姐》《最忆是杭州》等山水实景演出。

另外，旅游信息化是当前旅游业发展最为显著的特征之一。在旅游资源整合、设施建设、项目开发、市场开拓、企业管理、营销模式、咨询服务等领域都已经广泛应用现代信息技术，旅游业的科技含量不断提高，为旅游业的发展注入新的活力和增添新的内容，加速了旅游业的产业融合和结构优化的步伐，提升旅游业的整体素质和发展水平。

3. 市场融合路径

在市场竞争日益激烈的背景条件下，旅游业发展已具有相当规模的旅游地，各相关产业的企业为保持、提升自身的核心竞争力，纷纷瞄准旅游市场寻找发展契机，即市场成为这些相关产业融入旅游业的有效路径。这些产业中最为典型的就是房地产与旅游的结合，比如海南三亚市的旅游房地产业。与旅游要素紧密结合，并随着旅游业的快速发展，三亚的房地产业迅速被拉动，大有追赶、直逼和超越旅游业之势。旅游房地产业成为三亚市旅游市场发展独具特色的产业。房地产业的融入为旅游业带来新的发展契机和获益空间，两者以市场共拓而相结合。除旅游房地产业之外，会展旅游、公务旅游、商务旅游等也均是以市场为融合路径与旅游业相融合，形成新型的旅游业态。

4. 功能融合路径

每个产业都具有其主要的社会功能和作用，当这些独特明晰的功能和作用也是旅游业所具有的功能时，两者所具有的类似功能特点，便可成为两者相融合的切入点，以功能为共融路径的旅游产业融合便是功能融合型。功能融合使旅游的某项功能得以凸显和深化，同时使该融入产业创新了功能发挥的途径，并获得更好的功能效益。

比如，体育的主要社会功能是使人们强身健体、放松身心等，旅游也具有帮助人们健身强体、消除疲劳、获得生理和心理上的满足与放松等功能。体育与旅游相结合所形成的新型业态——体育旅游，使旅游促进人们身心健康的功能得以充分展示、发挥与强化，也使体育产业的发展方式得到进一步拓展。以功能为融合路径与旅游业相融合的新型业态主要还有教育旅游、修学旅游、医疗旅游、奖励旅游等。

其他产业与旅游产业的融合主要体现在以上四条路径，然而，在旅游新业态的发展实践中，各种融合路径并不是相互孤立的，而是交互作用的，甚至有时是多路径共同推进的结果，只是某方面占主导因素，作用更为突出而已。

（二）旅游新业态的类型

旅游产业融合是一种自发的产业结构调整，调整的结果表现为旅游新业态。旅游新业态是指旅游围绕市场的发展和消费需求，与其他行业不断融合创造而产生的新的旅游产品及消费运营形式，主要包括新的旅游组织形态、新的旅游产品形态、新的旅游经营形态三种类型，如表 3-1 所示。

表 3-1　旅游新业态的基本类型

旅游新业态类型	业 态 举 例
新的旅游组织形态	驴妈妈、绿地笔克、同程艺龙、如家连锁酒店、梅州客天下旅游产业园
新的旅游产品形态	邮轮旅游、太空旅游、红色旅游、农业旅游、养生旅游
新的旅游经营形态	智慧旅游、AR 云旅游、物联网旅游

1. 新的旅游组织形态

它是指旅游市场中涌现出的新的组织形式。①产业间融合出现的业务融合型新组织形态，如会展旅游集团、景观房产企业、旅游装备制造业等。②网络技术与旅游融合形成的新组织形态，如携程、艺龙等电商平台型旅游运营商。③新开发的特色组织形态，如家庭旅馆、主题餐厅等。④促进企业加快发展的新组织形态，如中国民俗酒店联盟等旅游联合体。⑤多类型企业合作发展的新组织形态，如旅游产业园、旅游产业集群、旅游综合体等。

2. 新的旅游产品形态

它是指根据市场需求开发出来的新的旅游产品。①与交通工具结合形成的新旅游产品形态，如自驾车旅游、高铁旅游、邮轮旅游、游艇旅游、自行车旅游、太空旅游等。②与特色旅游资源结合的新旅游产品形态，如温泉旅游、影视旅游、高尔夫旅游、工业旅游、农业旅游、赏花游等。③针对细分市场的新旅游产品形态，如夕阳红旅游、夏令营旅游等。④出行目的引发的新旅游产品形态，如纯玩团、探险旅游、养生旅游、教育旅游等。

3. 新的旅游经营形态

它是指企业销售旅游产品所表现出来的新经营形式。①多类型企业形成的联合经营形态，如峨眉山景点与旅行社形成的"峨眉山旅游专卖店"，酒店和航空公司的联合营销等。②网络技术在经营中应用形成的新经营形态，如网络营销等。③出现的新型营销途径和方式，如广西的旅游大篷车、发放旅游消费券等。

旅游新业态的三种类型，总的来看，在组织形式上，旅游企业结合网络技术，内部组织更加扁平化，加速了信息的传递；采用更人性化和更富有弹性的工作制度，节省了人力成本。在产品上，这些新业态满足了不同的细分市场，既给一些落后的产业带来了复苏的希望（如农业旅游和乡村旅游），又给新产业与旅游的结合探索了路径（如太空旅游）。在经营形态上，这些旅游企业创新了不同的销售和推广渠道，使旅游产品的受众更广，更容易为消费者接受。旅游新业态的出现和发展是企业和消费需求在市场上的耦合。旅游新业态具有独特的运行规律。旅游新业态的繁荣，体现了旅游发展的活力。同时，旅游新业态的涌现，反过来协调和促进了旅游产业融合的发展。

随着我国文旅深度融合的新趋势，更多的跨界融合为旅游业带来新的机遇，再加上"互联网＋旅游"的线上推广，文化、体育、生态、娱乐等多业态与旅游融合成为互动体验型"旅游＋"或"＋旅游"的复合型产品，推出内容更加丰富的旅游消费，进一步满足人们对无界旅行的期望。2020年的新冠肺炎疫情对旅游市场结构带来极大影响，旅游市场三大支柱中，出境游和入境游暂停，把原打算出境游的高净值人群的出游需求传导到国内游市场，疫情使人们对周边游深度挖掘，"重新发现附近的美景""云旅游"成为新趋势。

（三）旅游新业态形成的动力机制

1. 市场需求的变化

旅游产品的开发就是要不断满足人们的需求，随着体验经济时代的到来，人们的需求呈现出了新的变化特点。首先，人们更加注重旅游过程中的体验感，不断追求刺激、新颖的旅游经历。因此许多注重旅游者体验和参与的旅游新业态应运而生，如一些娱乐性的主题公园、探险旅游等。其次，现代社会工作竞争压力不断增加，城市空间逐渐拥挤，使得越来越多的人希望回归自然，放松身心，所以滋生出乡村旅游、生态旅游等旅游新业态。最后，旅游大众化带来的不同层次的消费者，有不同档次的消费需求。为适应和满足他们的消费能力和水平，旅游市场出现了相适应的旅游新型业态，如主题酒店、度假酒店、自助游等。

2. 市场竞争带来的压力

市场竞争是产品更新换代、转型升级的一个重要推动力。由于很多旅游资源具有一定的共性，产品同质化较明显，产品之间竞争激烈。企业为了在竞争中取胜，获得持续的生命力，必然要在掌握市场需求特点的基础上对原有产品进行更新改造，不断进行创新，开发新的产品以满足市场需要，保持企业的市场份额和市场地位，避免原有旅游产品消亡退出市场后，被其他的新产品占领市场，这就推动着旅游新业态的产生。

3. 科技进步的保障

随着社会的发展、时代的进步、科学技术日新月异，现代网络信息技术的创造与应用，极大促进了旅游新业态的形成。携程作为最大的电商平台型旅游运营商，在2020年新冠肺炎疫情期间率先开展旅游云直播。还有一些未普及或是在酝酿的新业态也是值得期待的，如互联网技术与旅游结合所形成的在线旅游、声光电技术在各类科技馆的大量应用形成的科普旅游、载人航天技术与旅游结合形成的太空模拟旅游等。科技进步给人们的生活带来了重大的变化，对经济运行和旅游运营方式产生了革命性的影响，技术的不断进步、创新和变革是新型旅游业态产生的有力保障。

4. 产业链延伸和相关产业渗透

旅游业是一个综合性的产业。一方面，它的发展内涵不断丰富，外延也在不断地扩大。旅游产业链不断延伸，横向主要采取的是推行连锁经营和特许经营，扩大同业的市场覆盖面，形成市场网络。纵向是指为了满足消费者日益多样化的需求以及降低企业经营风险，在各行业全面拓展业务，使得企业经营业务范围不断延伸。这样不仅增强了企业的实力，也催生出了新型的旅游业态。另一方面，它的经济辐射和带动效应显著。现代旅游业是国民经济的一个支柱性产业，其他相关产业为了寻求自身更好更快的发展，主动积极地向旅游业渗透，与旅游业结合发展的趋势日趋明显。

5. 产业转型升级

当代中国旅游业发展至今已有 30 多年历史，经历了萌芽期、发展期到成熟期。为了推进旅游业更好的发展，产业的转型升级是必然要求。在这一背景条件下，我国旅游产业的功能作用、形态特征、组织结构、发展动力、发展模式等方面都必须进行深刻改革。这些变化都要求旅游业在原来的发展模式上进行创新和改革，实现旅游业多样化发展，这也加速了旅游新业态的涌现与发展。旅游新业态形成的动力机制如图 3-2 所示。

视频资料：传统旅行社的转型之路

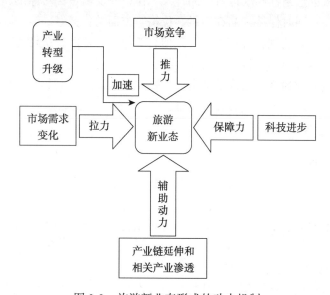

图 3-2　旅游新业态形成的动力机制

第二节　旅行社的发展战略

一、专一化发展战略

旅行社战略管理是旅行社为了求得长远的发展，在对旅行社内部条件和外部环境进行有效分析的基础上，根据总体目标确定在一定时间内发展的总体设想和谋划。

专一化发展战略（又称密集型发展战略）是指旅行社现有产品与市场尚有发展潜力，通过充分挖掘自身潜力，实现自我发展的战略。其主要形式有以下三种。

（一）市场渗透战略

市场渗透战略是现有市场组合而产生的战略。该战略立足于现有产品，充分开发其市场潜力，是企业最基本的发展战略。采用这种策略，旅行社应在产品质量、价格、服务和企业声誉等方面下功夫，不仅需要巩固原有市场的老客户，还要积极设法刺激潜在顾客，利用原有市场创造新客户。要扩展现有产品市场，提高市场占有率，旅行社应采用加强广告宣传、创新推销方法和运用定价策略等营销手段开拓市场。

市场渗透战略需要的投资较少、实施成本低，与其他战略相比需要较少的组织资源和技巧，对现有市场和顾客比较熟悉。该战略也存在一些局限性，比如回报低、市场竞争压力大、现有市场拓展的可能性有限等。市场渗透战略比较适合新的或正在成长的市场。

（二）产品开发战略

它是旅行社原有市场和旅行社的新产品组合而产生的战略，即对旅行社现有市场投放新产品或增加产品种类，以扩大市场占有率和增加销售额的企业发展战略。旅行社采用这种策略，就要积极创造条件不断进行产品开发工作，开发出适销对路的新产品，以满足顾客不断变化的需要，同时保持产品在质量、价格等方面的优势。

这种战略具有一定的创新开拓性，可以使企业保持一定的生机活力。由于这种战略仍是在原有市场的顾客群中寻找机会，可能会损失其他市场的机会。因此，产品开发战略也可以是将新产品投入别的企业已成熟的市场，这就要求该产品必须是全新的、市场上从未有过的。该战略具有高风险—高收益的特征。

（三）市场开发战略

它是由旅行社现有产品和新的市场组合而产生的战略。此战略为现有产品开发新的市场，是企业成长最常用的战略。实行这种战略的方法有三种。

（1）新市场开发

即将现有产品打入新的市场，比如旅行社可以将国内某条成熟的旅游线路销售给海外入境旅游市场。

（2）在新市场上寻找潜在顾客

即培养新市场的潜在旅游需求，比如旅行社在大学生人群里开展交友游、研学游、闺蜜游、情侣游等，为旅行社的蜜月游产品提前积累人气和回头客。

（3）增加新的销售渠道和新的促销手段

比如旅行社为了吸引大学生旅游人群，在校园附近的咖啡吧、书吧和茶吧免费提供周末旅游线路的视频和 LED 滚动信息，用随机抽奖或者盲盒购买等方法刺激大学生参与体验。

这种战略对市场进行了重新细分，以便从中寻找新的机会，但它没有开发新的产品，只是把现有的资源进行了重新整合。此战略适用于企业的产品在原有市场的需求量已趋于饱和，需要开拓新的市场，打开新的销路。

马蜂窝旅游网是实行专一化战略的典型代表之一。马蜂窝创立于 2006 年，从 2010 年正式开始公司化运营，2015 年初该公司发布自由行战略。自此，马蜂窝以"自由行"为核心，逐渐探索出一条与传统 OTA 截然不同的营运模式——基于个性化旅游攻略信息构建的自由行交易与服务平台。马蜂窝站在自由行消费者的角度，帮助用户做出合理的旅游消费决策。UGC（用户创造内容）、旅游大数据、自由行交易平台是马蜂窝的三大核心竞争力，社交基因是马蜂窝区别于其他在线旅游网站的本质特征。基于内容优势，马蜂窝得以不断扩大客群，完善"内容＋交易"的闭环，提高用户转化率。截至 2018 年 4 月，据官方披露的数据，马蜂窝现有用户量约 1.2 亿个，2017 年实现交易总额约 100 亿元人民币，其中交易额主要来自自由行、酒店交易，还有一部分收入来自于广告业务。马蜂窝的用户画像是年轻、漂亮、自由，这部分客户群大部分是"90 后"，通过互联网掌握信息，他们向上能够管理父母的出行决策，向下有的已经有了小孩，辐射能力很强。他们占全国人口的 19%，但却有 40%~50% 的决策能力。马蜂窝专注于自由行市场，利用社交基因，不断丰富网站，为用户创造内容，同时打通从内容到产品的交易通道，通过用户画像精准营销，不断深耕"年轻人"市场。

二、一体化发展战略

一体化发展战略是指旅行社充分利用自己在产品、技术、市场上的优势，使企业不断地向深度和广度发展的一种战略。其形式主要有水平一体化和垂直一体化两种。

（一）水平一体化战略

水平一体化战略，也称为横向一体化战略，是指旅行社将性质相同或生产同类型产品的企业合并起来，发展成专业化公司的战略。这种战略有利于深化专业分工协作，提高资源综合利用效率，实现规模经济，增强自身实力以获取竞争优势。水平一体化战略可以通过契约式联合、并购同行业企业等形式实现，其已成为我国组建旅行社企业集团的最主要途径。

2015 年 11 月，凯撒旅游携手皇家加勒比、公主、歌诗达以及海航邮轮四大邮轮公司发布 2015 年凯撒旅游全新邮轮产品。凯撒旅游基于其原有的出境游客户，引进邮轮旅游产品，加码中国邮轮市场。

2014 年 4 月，携程以 14 亿元人民币收购了同程旅游少数股权，并与之签订协议，为其提供酒店客房。2014 年和 2015 年，携程在途牛进行 IPO 时通过私募方式及私人交易共向途牛投资 5000 万美元，并持有后者近 4% 的股权。2015 年 5 月，携程从艺龙现有股东手中，收购了艺龙近 38% 的股权。随后，携程与腾讯携手参与了艺龙的私有化交易，并在 2016 年 5 月艺龙完成私有化交易时，成为艺龙最大的股东，持股比例为 37.6%。2015 年 10 月携程获得去哪儿网近 45% 的投票权。2016 年 10 月，携程战略投资国内的旅游百事通、北美两大地接社海鸥假期和纵横集团。可以看出，携程通过水平一体化战略的实施，不断扩大产业规模。

（二）垂直一体化战略

垂直一体化战略，也称纵向一体化战略，是指旅行社将生产与旅游服务供应或生产与产品销售联结在一起的战略，包括前向一体化和后向一体化两种形式。前向一体化战略是旅行社通过收购或者兼并方式拥有或控制旅游分销商，以获得较高的销售利润，或者可以为自己的产品制定更有竞争力的市场价格，以提高市场占有率。后向一体化是旅行社通过收购或兼并方式拥有或者控制旅游供应商，以降低产品成本。

携程也实施着垂直一体化的战略。2016 年 4 月，携程宣布与东航就一系列产品和服务展开战略合作。2016 年 12 月，携程完成与首旅酒店的换股交易。2017 年初，携程宣布收购海外专车品牌"唐人接"。2018 年 10 月，携程正式宣布成立高端连锁酒店品牌——丽呈酒店集团，再次进军酒店行业。携程先后对航空、酒店、租车等行业进行了投资，展示出其纵向延伸的意图。

中青旅作为传统旅行社行业的大型企业，由产业链下游的旅行社起家，逐步进入会展咨询服务、景区、酒店等毛利较高的上游行业。同样的，上海锦江旅游、首旅集团也都通过向旅行社的上下游产业扩展，形成了涉及旅游产业链各个环节的旅游综合体。

三、多元化发展战略

社会经济的不断发展，促进了市场需求和企业生产经营结构的变化。企业为了更多地占领市场和开拓新市场，或者为了避免经营单一事业的风险，往往会选择进入新的事业领域。所谓多元化发展战略是指旅行社通过增加不同的产品或事业部而求得发展的战略，具体有同心多元化、水平多元化、混合多元化三种形式。

（一）同心多元化发展

同心多元化指企业充分利用自己在技术上的优势及生产潜力，以生产某一项主要产品为圆心，积极地发展工艺技术相近的不同产品，使企业的产品种类不断地向外扩展，形成以某种方式相互联系的"共同路线"，如以相似的技术、销售渠道、管理技能等向多品种方向发展。中国旅游集团旗下汇聚了港中旅、国旅、中旅、中免等众多知名旅游品牌，是中国最大的旅游央企。除了经营管理旅游景点、主题公园和度假村、高尔夫球会、承办会展等，还投资房地产、进出口业务、物流、金融等。

（二）水平多元化发展

水平多元化指企业充分利用自己在市场上的优势及较高的声誉，根据客户需要去生产不同技术的新产品，增加产品种类。水平多元化的特点是现有产品与新产品的基本用途不同，但存在较强的市场关联性，可以利用原来的分销渠道销售新产品。旅游、文化、体育、健康、养老被称为五大幸福产业，与人们的生活品质息息相关。海南博鳌乐城国际医疗旅游先行区是国内唯一开展真实世界数据应用试点的地区，是一个集康复养生、节能环保、休闲度假和绿色国际组织基地为一体的综合性低碳生态项目，总投资 140 亿元，吸引了几十家具有国际水准的医疗机构入驻。

（三）混合多元化发展

混合多元化指企业为了减少未来可能出现的风险，积极发展与原有的产品、技术、市场都没有直接联系的事业，生产和销售不同行业的产品。在国外，一个企业同时经营彼此无关的几项甚至十几项事业的现象非常普遍。企业实行多元化发展战略，常常通过联合、兼并等方式进行，但联合与兼并不一定能够带来预期收益。多元化经营需要较大的投资，也要冒较大的风险。

海航集团就是多元化发展的典型代表，经历了 2003 年"非典"的重创，同年 5 月，海航迈出涉足其他产业的第一步——收购商业上市公司西安民生，首次将百货产业纳入自己的版图。随后，一系列整合并购接连展开，海航四面出击，迅速成长为全国性的企业集团，旗下产业实现多元化。从 1000 万元起家到总资产逾万亿元、年收入逾 6000 亿元，海航集团用了 24 年时间从业务单一的地方航空运输企业成长为囊括航空、酒店、旅游、物流、金融、商品零售、生态科技等多业态的特大型企业集团。但是，多元化发展也让海航集团拖着高负债的包袱，在高资本杠杆的泡沫上最终走向破产重组的末路。

视频资料：传统旅行社如何做好 O2O

第三节　旅行社战略管理的实施

一、旅行社战略管理的重要背景及意义

（一）旅行社战略管理的背景

随着经营环境发生巨大变化，旅行社对资源的强烈依赖性、对价值链上下游的寄生性正日渐受到来自各方面的前所未有的冲击和挑战。一方面，旅游业目前已经从大众观光型转向了休闲度假型，旅游消费行为的急剧变化与传统旅行社供应能力形成巨大反差，加上非传统旅行社（旅行预订网站、自助游俱乐部、会务公司等）的层层进逼，激烈的竞争分流了市场，造成企业经营业务的下降。另一方面，我国已经开始取消对外商投资旅行社设立分支机构的限制，并对外资旅行社的注册资本实行国民待遇。国内旅行社业的格局必将加快重新洗牌的步伐，这意味着国内旅行社需要在更高层面的发展战略方面寻找新的突破口。要想求得生存和长远发展，旅行社就必须站在全局的高度去把握未来，通过强化自身的优势，取得企业内部资源与外部环境的动态平衡。

（二）旅行社战略管理的意义

通过战略管理，旅行社能够从总体上把握自身的发展方向，更加适应外部环境的变化和发展，随着环境的变化不断创新与进步，有利于企业的长期发展；能够增强企业的竞争力，形成自身的竞争优势，从客户需求中发掘机会，服务客户的同时实现自身的转型发展；能够促进资源的合理利用，协调各部门、业务之间的关系，有利于企业适应新技术发展的要求。

二、旅行社战略管理的程序

与其他企业一样，旅行社发展战略管理也可分为战略规划与战略实施两大阶段，在每一阶段又有不同环节。以中青旅为例，旅行社发展战略管理需要经过以下程序。

（一）确定企业使命，制定发展方针

企业使命是一个比较抽象的概念，它包括两项内容，一是组织哲学，二是组织宗旨。

组织哲学是一个组织为其经营活动方式所确定的价值观、信念和行为准则。企业确立价值观，可以增强员工的心理归属感和企业凝聚力。旅行社业是一个员工流动率相对较高的行业，明确的组织哲学可以激励员工为企业目标而奋斗，培养员工对企业发展的信心，减少人才流失。所谓组织宗旨，是指规定组织去执行或打算执行的活动，以及现在的或期望的组织类型。企业使命可以在企业广告、简介、汇报以及交流、培训等材料中得到阐发，企业要充分利用这些机会宣传自己的企业使命。发展方针是企业根据既定的企业使命确定的企业发展的总体方向，一般比较明确，不涉及具体内容，通常只阐述一般性原则。发展方针应该是企业经过努力可以实现的，而不是空想或者永远无法达到的目标。

中青旅的品牌文化是"心意互通，传递感动"，强调在服务的过程和服务的结果都体现对消费者殷切的关怀，追求精神层面的连接，体现以人为本的理念。

（二）分析内外部因素

1. 内部因素分析

内部因素分析主要是分析旅行社自身的竞争优势、劣势，以及在行业中所处地位等。旅行社可以采用横向（与其他企业）对比、纵向（与历史水平）对比的方式，分析各项经营指标，也可采用自查、他查结合的方式对企业业务活动的效率与质量进行检查。内部因素分析可以使旅行社认清自己在市场中的位置，从而强化脆弱环节，选择竞争突破口，提高管理水平。

2. 外部因素分析

分析外部环境很重要的一点就是要分析市场状况。市场状况可以从市场类型、市场需求及其变化趋势、消费者行为等几个方面进行分析。对旅行社来说，尤其要重视对传统客源市场和目标市场的分析。竞争状况分析可以采用波特五力模型，包括本地区市场中其他现有旅行社的规模、经营业绩，潜在竞争者的威胁，市场上现有本旅行社产品的替代品的价格、质量，旅行社产品购买者的讨价还价的能力，旅游产品供应商的讨价还价的能力。

中青旅具体采用 SWOT 分析方法对企业可能的发展路径进行预判，在前期宏观分析和行业分析的基础上，结合企业自身的资源与能力分析，辨别企业的优势（strength）、劣势（weakness）、机会（opportunity）、威胁（threaten），最后形成几种可能的战略组合以供选择。如 SO 战略，中青旅的优势在于品牌知名度高、企业规模大、旅游服务网络完善、行业价值链一体化程度高。其结合时代下的机遇有：国家政策的支持，高端旅游、特种旅游、会奖旅游等需求旺盛，竞争者少，旅游签证政策放宽等。中青旅可以在国家政策的大力支持下，进一步完善服务网络，提高服务品质，提高企业知名度；可以通过融资等手段，进一步把企业做大做强，提高市场的占有率；可以依靠中青旅联盟和"一体两翼"的主业格局打通行业价值链，进一步提高一体化程度；可以积极开拓出境游市场，抢占利润丰厚的高端旅游、特种旅游和会展旅游市场。

（三）制定战略目标，确定战略重点

旅行社在战略管理过程中，还需要制定战略目标，以使企业使命更加明确化、具体化。

战略目标是企业在完成基本使命的过程中所追求的最终结果，包括企业成长目标、收益性目标、社会性目标等。不论哪一类目标，都要具体、明确、具有可行性、可测量性。为了便于管理与考核，战略目标一般应是量化的目标。

企业经营中有一些环节对目标实现极为重要，而且又是企业中较为薄弱的环节，这是需要重点解决的。另一些环节虽然不是企业的薄弱环节，但却是企业的竞争优势所在或未来发展的重点，也是在企业战略计划的制定过程中尤其需要强调的，这些都是战略重点。

中青旅的企业总体目标设定为"大型综合性旅游服务企业集团"，即企业的总体发展目标是融合旅游业上下游的、包含多种旅游要素的综合性旅游服务供应商，可以为顾客提供优质和全面的服务，也可以为股东带来更大的投资回报。这是建立在中青旅近 40 年的探索与发展之上的。中青旅已经成为跨越旅游产业链上下游的多元化经营的企业集团，针对企业现今的发展情况和旅游业未来的整体发展趋势，应进一步巩固自身优势，把握好企业的未来发展。

（四）制定战略方案

在制定战略方案的过程中，旅行社管理者要对战略目标进行分解，依据战略重点对各种资源的匹配方案、战略步骤的选择等具体问题做出规划。战略决策者可以根据市场情况、企业资源状况制定出多种备选方案。

（五）经营战略实施准备与实施推进

旅行社要有计划、组织、资源等多方面的准备，要努力营造一个有利于战略计划实施的企业内外部环境，动员全体员工投入战略实施工作，并在实施过程中不断监督、管理、校正员工工作，将战略计划与日常管理工作结合起来，对战略实施进行制度化管理。

为了促进经营战略的落实，中青旅采取了多种保障措施。

（1）加强品牌和文化建设

中青旅是一家有着深厚历史积淀的企业，是中国三大骨干旅行社之一。"中青旅"被认定为中国驰名商标，品牌价值高。经过多年的发展，其业务范围逐步扩张，形成了众多子品牌。凭借"中青旅"品牌的影响力，旗下子品牌的知名度也有较快提升，对游客的吸引力逐步加大。中青旅对于品牌的建设和管理，一方面要维护好品牌的美誉度，另一方面应该对其子品牌进行梳理，通过宣传增强各品牌之间的联系，提升中青旅品牌的整体影响力。

（2）提升服务和管理水平

中青旅是最早从事旅行社行业的大型企业，也是最早改制、上市的国有旅行社企业。中青旅在明确企业发展目标的基础上，优化组织结构和管理体系，加强员工培训和管理层人员的选聘，完善人力资源管理，打造了一支优秀的员工队伍。

（3）强化科技创新

中青旅以客户需求为导向，创新业务模式，再造业务流程，升级服务方式。

（六）战略实施评审与控制

战略实施评审与控制是企业为了保证战略计划的有效实施而对战略实施过程采取的主动管理手段。战略实施评审与控制是一个动态的过程，由五个阶段组成：①确定经营战略计划的期望结果；②对战略计划的实施工作做出评价；③寻找期望结果与现实工作之间的差距；④针对差距确定改进措施；⑤改进战略实施活动。在战略实施过程中，战略实施评审与控制需要经常进行，只有这样，才能保证企业经营战略实施不会偏离方向，确保按照计划完成目标。

三、旅行社战略管理的层次

旅行社经营战略是一个分层次的逻辑过程，一般而言，可以分为三个层次。

（一）公司层战略

公司层战略有时也被称为总体战略，主要解决公司的使命、方针、总体目标、事业组合等问题。如果一个组织拥有两种或两种以上的事业，就会需要这种公司层战略。对于旅行社来说，中小规模的旅行社不存在公司层战略，但经营范围多元化的大型旅行社则必须考虑公司层战略问题。

（二）事业层战略

事业层战略是在公司层战略的指导下，为保证完成公司的整体战略规划而制定的事业单位的战略计划。事业层战略主要解决为完成公司的总体目标，事业部门应该怎样行动的问题，这种战略是一种支持型战略。

（三）职能层战略

职能层战略是职能部门为支持事业层战略而制定的职能部门的战略，解决的是为了配合事业层战略，职能部门应该采取什么行动的问题。职能层战略相对来说是一种针对性比较强的战略。

以上三个层次的战略与企业的事业部制组织结构相对应，形成一个完整的系统，共同构成战略管理层级系统。

 **案例讨论**

中青旅的转型发展变革

改革开放以前，我国开办旅行社的目的主要是作为外交事业的延伸和补充，从事民间外交接待。1979 年，共青团中央以促进国际青年交流为契机，获得中共中央办公厅秘书局允许开展旅游业务的批复，并于 1980 年 6 月创建了中国青年旅行社总社。中国青年旅行社的建立打破了中国旅行社和中国国际旅行社在旅游市场的垄断地位，市场形成了三足鼎立的发展局面。1988 年，中青旅总社联合各地方青年旅行社，率先成立旅行社集团，实现联合经营和规模化经营。

1997 年，中国青旅集团公司（原中国青年旅行社总社）作为主要发起人，通过资金募集的方式设立了中青旅控股股份有限公司（以下简称中青旅）。1997 年 12 月 3 日，中青旅股票在上海证券交易所正式发行上市（股票代码：600138），中青旅成为我国首家上市的旅行社企业。

中青旅控股股份有限公司的业务范围有旅游、风险投资、高科技、证券行业的投资，国内游、中国公民自费出境游、外国公民入境，商品展览及国内会议承办，高科技产品开发、技术服务、互联网信息服务，旅游资源配套开发，广告代理设计、制作、发布等。中青旅旗下拥有遨游网、山水酒店、中青旅会展、百变自由行、乌镇等旅游界知名公司和品牌。

中青旅上市以来的十多年，也是中国发展变革最快的时期。企业战略的制定和执行情况体现了企业的管理能力。通过对中青旅历年发展战略的回顾和梳理，可以从一个侧面展现旅行社企业应对时代发展的战略变迁。中青旅上市至今主要经历了四个重要的战略发展阶段，如表 3-2 所示。

表 3-2　中青旅发展战略历程

	战 略 阶 段	年 代	概　述
上市前	单一旅游产品服务	1980—1997	中青旅的成立促进了国际青年交流，打破了国旅和中旅的行业垄断。此阶段中青旅专注于旅游产品服务业务
	"旅游 + 高科技"	1998—2000	中青旅在创投公司的支持下，尝试多元化经营，谋求旅游与高科技业务的协同发展，以打造控股型企业集团
上市后	"战略性 + 策略性"投资	2001—2005	中青旅的业务逐步聚焦，将企业的投资业务细分为战略性投资与策略性投资，以战略性投资为主线，以策略性投资为支持
	"一体两翼"格局	2006—2015	中青旅的战略制定逐步迈向成熟，形成以旅行社业务为主体，以中青旅山水酒店业务和乌镇景区业务为两翼的"一体两翼"格局

通过对中青旅历年发展战略梳理可以看出，作为一家控股型集团企业，中青旅在业务扩张上做出了诸多尝试和调整，在旅游服务、会展、IT 技术、医疗、彩票、房地产、景区、酒店以及风险投资等方面都有所涉及。中青旅的战略重心是随着市场的发展而变化的，企业的战略管理也是逐步成熟的。中青旅的旅行社业务有着数十年的历史积淀，一直稳居主体地位，其他与主营业务相关性较低且风险较大的业务逐步退出，企业的"一体两翼"发展格局日益清晰，酒店、景区和会展业务经过多年的耕耘，已经逐渐从企业的种子业务成长为明星业务，形成中青旅新的利润增长点。

（资料来源：苏业. 中青旅控股股份有限公司发展战略研究[D]. 北京林业大学，2016.）

思考讨论题： 面对 OTA 再造传统旅游业务，中青旅要如何 "应时而变"适应新局面？中青旅的发展与转型对其他传统旅行社的发展有哪些启示？你认为中青旅未来应该采取的发展战略是什么？

本 章 小 结

本章与行业现状紧密联系，介绍了创意经济和体验经济背景下旅行社面临的挑战与机遇，信息技术的多种应用方式以及信息技术与旅行社的融合发展。旅游产品融合路径包括资源融合、技术融合、市场融合与功能融合。新业态的基本类型存在于组织形态、产品形态、经营形态，分析了新业态形成的动力机制。详细介绍了旅行社专一化、一体化和多元化的发展战略，对旅行社战略管理的实施程序进行了阐述，战略管理有公司层、事业层、职能层三个层次，指明战略管理在旅行社管理中的重要地位。

关键术语

创意经济（innovative economy）
体验经济（experience economy）
产业融合（industry convergence）
战略管理（strategic management）

 复习题

1. 旅游新业态有哪些类型？其形成的动力机制是什么？
2. 旅游产业融合的路径有哪些？
3. 旅行社的发展战略有哪些？

 实践题

1. 查找资料介绍一个旅游新业态的发展实例，分析其发展前景。
2. 查找资料介绍一个旅游企业的发展战略。

 研究讨论题

在互联网信息化发展背景下，旅游多业态融合成为大势所趋。请结合本地旅游发展的实际情况，分析讨论"旅游+"战略与"+旅游"战略的产业发展思路。

 **参考资料**

[1] 麻学锋，张世兵，龙茂兴. 旅游产业融合路径分析[J]. 经济地理，2010，30(04)：678-681.
[2] 郭峦. 旅游新业态的演进规律[J]. 沿海企业与科技，2011，7.
[3] 汪燕，李东和. 旅游新业态的类型及其形成机制研究[J]. 科技和产业，2011，6.
[4] 张玉蓉，郑涛，张玉玲. 基于创意经济的旅游业与文化创意产业融合发展机制研究[J]. 中华文化论坛，2014(05)：169-174.
[5] 梁增贤. 创意视角下旅行社发展的关键点[N]. 中国旅游报，2008-08-25(010).
[6] 陈英. 基于创意经济的旅游规划方法研究[J]. 旅游研究，2010，2(02)：7-13.
[7] 李珂. 文化创意产业与旅游产业融合的路径研究[D]. 四川师范大学，2015.
[8] 张姝. 体验经济时代下旅行社发展对策探析[J]. 企业导报，2014(08)：52-53.
[9] 陈道山，阮跃东. 旅行社经营管理实务[M]. 北京：中国发展出版社，2009：7.
[10] 郭为，许珂. 旅游产业融合与新业态形成[J]. 旅游论坛，2013，6(06)：1-6.
[11] 郭为，秦宇，黄卫东，余琴. 旅游产业融合、新业态与非正规就业增长：一个基于经验与概念模型的实证分析[J]. 旅游学刊，2017，32(06)：14-27.
[12] 张艳平，戴丽君. 旅游新业态的表现形式分析[J]. 旅游纵览（下半月），2016(05)：188.
[13] 曹华盛. 旅行社经营与管理[M]. 上海：格致出版社：上海人民出版社，2010.
[14] 苏业. 中青旅控股股份有限公司发展战略研究[D]. 北京林业大学，2016.

第二部分　业务管理

第四章

旅行社产品设计与开发

 学习目标

- 了解旅行社产品的概念与类型、旅行社产品的设计原则
- 掌握旅行社产品设计的内容、产品设计开发的流程与创新方法
- 掌握旅行社产品组合的概念与原则

 思政目标

- 强化学生创新、创造、创意的专业技能
- 培养学生调查研究、理论联系实际的实干精神
- 培养学生勤于思考、独立获取知识、活学活用的能力

 案例引导

携程解码自驾游市场

2013 年 7 月 15 日，携程旅行网、城市 SUV "7 座王"雪佛兰科帕奇，以及全球知名租车公司安飞士联手推出国内首个"ONE-STOP 美式自驾游"平台，为国内消费者提供便捷的一站式租车自驾旅游服务。消费者可以通过携程官网预订 7 座旅游城市的 14 条精品自驾游线路，并可以"0 元"租用相关线路的官方指定用车——雪佛兰科帕奇。

近年来，"异地租车自驾游"市场增长火爆。在租车理念盛行的今天，到租车公司租一辆车进行异地自驾游，已经成为一种流行的旅游方式。自驾已不再是有车族的特权，有本无车的"本本族"也开始通过租车享受自驾旅游的乐趣。此番携程联手雪佛兰科帕奇和安飞士推出包含"0 元租车"的国内热点旅游线路，也将"一站预订"的美式自驾游理念和生活方式带入国内，成为此类风靡国外的旅游套餐产品的倡导者。科帕奇是都市力量美系 SUV 的代表，作为国内首个"ONE-STOP 美式自驾游"平台的官方指定用车，7 座的科帕奇空间宽敞且灵活可变，不仅是假日家庭出游和朋友共游的首选，更满足了当今城市越来越多的"4+2+1"结构家庭的需要，让"4 位老人、2 位子女、1 位儿童"的三代同堂家庭在一起享受携手共驭的自驾旅行时光。"ONE-STOP 美式自驾游"平台以上海、北京、广州、三亚、成都、西安、青岛 7 个出发城市为依托，推出 14 条"科帕奇精品"冠名的自驾游线路，订购这些线路的消费者可以"0 元租车"，尽情免费驾驶科帕奇 SUV 上路。据悉，"科帕奇精品"冠名线路的"0 元租车"优惠将持续整整一年。

　　携程几年前就看到自驾游市场的潜力，现在已经在上海、北京、广州、南京、杭州、深圳等城市推出数百种自驾游产品，游客数量在国内旅行社中处于领先地位。携程的自驾租车平台也与安飞士等行业领先的租车公司合作，在 50 多个城市提供百余种不同车型供游客选择，在服务范围以及车型选择上，处于同业中领先地位，同时提供极具吸引力的价格。

　　携程副总裁庄宇翔表示："携程是中国最大的在线旅游服务平台，也是国内为数不多的开放租车频道的在线旅游服务商之一，一直致力于为消费者提供便捷的一站式自驾旅游服务，全面涵盖自驾游群体的各种需求，包括机票、酒店、租车、门票、接送机、包车、自驾游保险等。此次携程有幸与雪佛兰品牌以及安飞士三强联手，将会把一站式租车自驾游理念有力地推广到国内，在同业中引领车轮上的旅游时代风潮。"

　　（资料来源：携程旅行网．携程推出国内首个"ONE-STOP 美式自驾游"平台[EB/OL]．2013-07-16.）

　　思考：携程"一站预订"的美式自驾旅游产品的特色是什么？可以吸引哪些顾客群体？

　　产品和服务是旅行社赖以生存和发展的基础，也是连接旅行社与旅游者的媒介。在旅行社运营过程中，需要围绕产品内容不断进行管理和创新活动，这不仅是市场竞争的推动，也是为了满足旅游产品自身发展规律的要求。

第一节　旅行社产品概念与类型

一、旅行社产品概念及特点

（一）旅行社产品的概念

1. 旅行社产品的内涵

　　对旅游者而言，旅行社产品是指其花费一定的时间、费用和精力所换取的一种旅游经历。这段经历包括旅游者在从离开居住地开始到旅游活动结束后返回的所有时间范围和空间跨度中，对所接触到的事物和各种服务的综合感受。在旅游者心目中，旅行社产品不仅仅是旅途中的一次导游讲解或是一间客房，而是对所有产品和服务的整体感受，也就是旅游后心理上的感受和精神上的满足。

　　对旅行社而言，旅行社产品是指为了满足旅游者在旅游活动中各种需求，凭借各种旅游设备和环境条件向旅游者提供的全部服务要素之总和。它以服务为主要内容，以旅游资源为吸引物，以旅游设施为依托，带给游客的是一种体验与经历。

　　综上所述，旅行社产品是指旅行社为满足旅游者的旅游需要，通过对各种旅游产品要素的整合，向旅游者提供的各种有偿服务，包括包价旅游服务（package tour service）和单项旅游服务（the travel principal-agent service）。

2. 旅行社产品的构成

　　根据旅行社产品整体概念的五个层次，可以把旅行社产品分为五个部分，如图 4-1 所示。它们构成了旅行社产品的整体效能，可以帮助旅行社在顾客的心目中建立起独特的风格与形象。它们也可以被视为旅行社的管理工具，使旅行社与其竞争者明显区别开来。更重要的是，它们构成了顾客对旅行社产品感受的一部分。

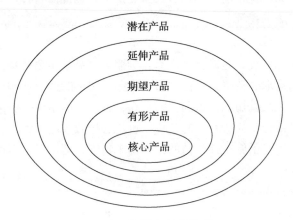

图 4-1 旅游产品的构成

（1）核心产品

核心产品是产品的最基本的部分。当消费者购买某一产品时，其核心就是真正能解决消费者困难的服务和带给消费者的核心利益，产品的核心部分为消费者带来的利益远远超出了产品本身。对旅行社产品而言，旅游者购买的旅游产品的核心部分是其实际得到的利益和服务。例如，当旅游者到希腊度假时，其产品的核心部分就是旅游者通过度假获得的充分放松与休息。

（2）有形产品（形式产品）

有形产品也称为形式产品，产品生产者会围绕着产品的核心利益建立实际部分，一般包括质量水平、特点、设计、品牌与包装五种因素。旅行社产品属于服务产品，因此更需要用有形的部分来把信息与产品传递给旅游者。在上述例子中，有形产品就体现为这次度假的主题名称、交通工具、酒店及宣传手册和服务人员等，所有这些特点构成了这次度假。

（3）期望产品

期望产品是指购买者在购买产品时期望得到的与产品密切相关的一整套属性和条件。例如，希腊度假产品中，游客期望酒店干净且舒适，享受优质的旅游服务。

（4）延伸产品（附加产品）

产品的延伸部分是围绕着核心与基本部分附加的服务与利益，主要由旅游目的地的辅助服务项目带来，有使旅游者获得额外身心满足的效用。增加附加价值已经成为提高游客旅游体验的重要途径。如巴厘岛旅游，风景观光是旅游产品的主体价值，旅行社提供"街拍"服务则属于旅游产品的附加价值，而其已成为游客选择旅游线路的重要影响因素之一。

（5）潜在产品

潜在产品是指现有产品包括所有附加产品在内的，可能发展成为未来最终产品的潜在状态的产品。潜在产品指出了现有产品可能的演变趋势和前景，例如通过免单旅游吸引顾客。

（二）旅行社产品的特点

由于旅行社向旅游者提供的产品是各类服务产品，因此旅行社产品既具有服务的共同属性，又具有自身显著的特征。

1. 无形性

无形性又称不可感知性，是旅行社产品作为服务产品最主要的特征。其体现在以下两个方面：一方面是与有形的消费品相比，服务产品在很多时候（如购买前、消费前）都表现为无形无质，让人无法真切地意识到它的存在；另一方面是在一般情况下，人的劳务活动不会引起服务产品某种实物所有权的转移，也不会导致产品实物形态的改变。此外，旅行社产品的无形性派生出了旅行社产品的另外两个特性，即不可分离性和不可储存性。

2. 不可分离性

旅游业与其他产品生产行业有一定的区别。一般产品在从生产、流通到最终消费的过程中，往往要经过一系列的不同环节，其生产与消费的活动在时空上是分离的。旅行社产品作为服务型产品则与之不同，它具有不可分离的特性，即产品的生产过程也就是消费过程。对旅行社而言，前期对产品的设计、策划、营销等活动，是产品的部分生产过程。在旅游者购买产品之后，旅行社需要派出导游人员带领旅游者进行旅游活动，完成产品的生产。在旅游活动结束之后，产品的生产与消费活动也随之结束。所以，旅游企业生产和交付旅游产品的过程，就是旅游者消费旅游产品的过程，二者在时空上是不可分离的。旅游产品一般都是在旅游者来到生产地点时，才予以生产并交付其使用权的，服务活动的完成需要由生产者和消费者共同参与。

3. 不可贮存性

对旅游企业来讲，旅游产品的效用是不能积存起来留待日后出售的。随着时间的推移，其价值将自然消失，而且永远不复存在。因为新的一天来临时，它将表现新的价值。所以，旅游产品的效用和价值不仅固定在地点上，而且固定在时间上。旅游者购买旅行社产品，只能购买在特定时间和地点对旅行社产品的使用权，而不是占有该产品的所有权。旅游者在旅游活动结束后，留给自己的只是"回忆"。由于生产的服务不可储藏，如果不能当时消费，就会造成机会的丧失。

4. 品质感知的差异性和可变化性

旅行社是以人为中心的服务产业，由于人类个性的存在，使得人们对于旅行社产品的质量评价很难采用统一的标准。一方面，由于服务者自身因素（如心理、生理状态）的影响，即使由同一服务者所提供的服务也可能会有不同的水准；另一方面，旅游者因为本身的因素（如知识水平、兴趣和爱好等）也会对旅行社产品和服务质量有着不同的理解。此外，旅行社的产品质量由标准化和个性化两个部分组成，因此是可变化的。

5. 综合性

这是旅行社产品的基本特征。旅行社产品是满足旅游者在旅游活动中对吃、住、行、游、购、娱等各方面需要的综合性产品，所涉及的行业较多，产品的开发、设计、服务、采购必须依赖于其他旅游产品和社会公共产品。因此与一般产品的生产相比，旅行社产品的生产更应强调各个供给者之间的协作与配合。只有形成较强的旅游综合接待能力，旅游产品的质量才可能有所保证。从旅游者角度看，大多数旅游者做出前往某一目的地旅游的购买决定时，都不仅仅考虑一项服务或产品，而是将多项服务或产品结合起来进行考虑，所以旅行社产品具有综合性。

6. 代理性

旅行社无论是将各旅游供应商的产品组合起来作为整体产品销售给旅游者，还是将供应商的单个产品销售给旅游者，都只是将自己的服务附加在产品上，最终还是由供应商将产品提供给旅游者。因此从旅行社与供应商的关系来看，旅行社产品具有代理性的特点。

7. 脆弱性

旅行社产品的脆弱性是指旅游产品价值的实现受到多种因素的影响和制约，这是由旅游产品的综合性、无形性和不可贮存的特点决定的。旅游产品各组成部分之间要保持一定的质和量的比例，提供各组成部分产品的部门或行业之间也必须协调发展，否则就会对整体旅游产品产生不利影响。此外，各种自然、政治、经济、社会等外部因素，也会对旅行社产品的供给与需求产生影响，从而影响旅游产品价值的实现。

二、旅行社产品的类型

（一）按照旅行社提供产品服务的内容划分

1. 全包价旅游产品

全包价旅游产品是指旅行社经过组织、计划和编排，将旅游过程中所需要的全部旅游服务组合起来，形成整体产品，并以一个总价格一次性收取旅游者费用。所谓全包价，就是在旅游产品的价格里包括了综合服务费、住宿费、一日三餐费、往返交通和城市内交通费用、景点门票费、娱乐活动费用、导游费用等。全包价旅游产品在国内旅游和出入境的团队旅游业务中最为常见，包价费用一经双方确认后，中途不再缴费，结束后也不再重新结算。

2. 部分包价旅游产品

部分包价旅游产品是在全包价旅游产品的基础上，根据旅游者的不同需求，有选择性地将旅游活动中所需的部分旅游服务组合在一起（不少于两项），根据组合的内容确定包价产品的价格，形成多种类型的包价产品，如半包价旅游产品、小包价旅游产品、自由行产品和零包价旅游产品。

（1）半包价旅游产品

半包价旅游是指在全包价旅游的基础上扣除中、晚餐费用，其他服务完全一样的一种包价产品。半包价旅游的优点是降低了产品的市场直观价格，可以更好地满足旅游者在用餐方面的不同要求，旅游者能更加自由地选择和品尝当地风味。团体旅游和散客旅游均可采取半包价旅游形式。

（2）小包价旅游产品

小包价旅游也称可选择性旅游，它由必选部分和可选部分构成。必选部分包含住宿、早餐和机场至酒店的交通，必选部分的费用由旅游者在旅行之前预付。可选部分则包含景点游览参观、娱乐活动、风味餐、购物及导游服务，旅游者可根据时间、兴趣和经济情况自由选择，可选部分的旅游费用旅游者既可以预付，也可以现付。小包价旅游具有经济实惠、手续简便和机动灵活等特点，深受旅游者的欢迎。

（3）自由行（independent travel）旅游产品

自由行是小包价旅游的一种新兴方式，由旅行社安排住宿与交通，但没有导游随行，饮食由旅游者自行安排，行程上的游览时间和景点也可以随旅游者心意改变。常见的自由行产品有"hotel+flight"（机+酒）、"fly+drivers"（航+游）或者"drivers+scene"（游+景），即产品中仅包含旅游者往返目的地的航空交通和酒店服务或目的地汽车租赁服务，或者是目的地旅游景点门票和往返接送交通服务。自由行的形式灵活，旅游者不必受团队旅游的种种限制和束缚，适合越来越多样化和个性化发展的游客需要。

（4）零包价旅游产品

零包价旅游也称为准自由行，是一种独特的新兴旅游产品形式。参加这种旅游形式的旅游者必须随团前往旅游目的地，并随团离开旅游目的地，在目的地时可以自由活动，形同散客，旅行社不安排任何项目。由于机票是团队价格，这种套餐价格会更便宜。一般港澳游和边境游都采用这种团进团出的零包价旅游方式。

3. 一日游旅游产品

一日游旅游产品是一种灵活性较强的旅行社组合产品，多在旅游目的地的饭店、交通枢纽中心、旅游集散中心、旅游景点等地组织招揽旅游者。这种产品是旅行社把分散居住的零散旅游者汇集起来，组成一天行程游览线路的旅游团队，在一天旅游活动结束后，旅游团就地解散。一日游旅游线路灵活，产品价格不高，比较受大众欢迎。

4. 单项旅游产品

单项旅游产品也称委托代办业务，主要针对散客提供代办预订房间、代售交通票据和景区门票、代雇翻译导游服务、代办旅游签证、代办旅游保险、代客向海关办理申报检验手续等。随着散客旅游的发展，自由行越来越受青睐。自由行是一种自助旅游的方式，由游客根据自己的旅游需要自行编排旅游线路，制定旅游行程，再由旅行社代办一项或者几项单项服务。

（二）按照旅游者的组织形式划分

按照旅游者的组织形式可分为 10 人及以上的团队旅游产品（group travel products）和 10 人以下的散客旅游产品（individual travel products），团队全包旅游是最常见的旅游形式，散客旅游产品一般采用现付各项旅游费用。

1. 团队旅游产品

团队旅游是指 10 人及以上的旅游者组成旅游团，采取一次性预付旅费的方式，将各种相关旅游服务全部委托给一家旅行社办理。对旅游者而言，参加团队旅游可以获得较优惠的价格、预知旅游费用。而旅行社提供全部旅游安排和导游服务，也可以使旅游者具有安全感，无须为旅途中的交通食宿等事情操心。但是，团队旅游意味着旅游者不得不放弃自己的个性而适应团体的共性，即在同一时间乘坐同一航班、入住同一饭店、共进相同的餐食、游览相同的景点、观看相同的节目。对旅行社而言，团队旅游预订周期较长，相对易于操作，而且以批量的形式向旅游供应商购买服务能获得价格上的优惠，降低包价产品的整体成本。但是，团队旅游所含内容较多，造成直观价格较高，不利于招揽旅游者。

2. 散客旅游产品

散客旅游是指 10 人以下的旅游产品，通常较少选择全包价旅游产品，倾向于旅游者根据自己的需要自行编排旅游线路，或者委托旅行社组合所需要的服务。由于散客数量少，从供应商处获得的价格优惠相对较少，散客旅游产品价格一般高于团队包价旅游的价格。

（三）按照旅游产品的组织形式划分

1. 地接旅游产品

地接旅游产品是旅行社自主开发的产品，即旅行社作为地接社对所在区域的旅游景区、交通、住宿、餐饮、娱乐等分项产品进行科学组合而形成的旅游产品。旅行社可以将其直接销售给当地游客或外地旅行社。

2. 外联旅游产品

外联旅游产品是指旅行社在采购外地或海外旅行社产品的基础上推出的线路产品，一般是由外地或海外旅行社开发的地接旅游产品叠加往返交通费用和代办护照签证等服务，再加上导游服务等组成。

（四）按照旅游产品的消费档次划分

1. 豪华型旅游产品

豪华型旅游产品的费用较高，旅游者一般住宿和用餐于四、五星级酒店或豪华游轮（或高水准的客房、舱位）中、享用中高级导游服务、享用高档豪华型进口车辆、享用高水准的娱乐节目欣赏等。豪华型旅游产品对旅行社提供的产品和服务要求很高，但也会给旅行社带来较大的收益。

2. 标准型旅游产品

标准型旅游产品的费用适中，这是各旅行社普遍采用的一种形式。其旅游者一般住宿和用餐于三星级酒店或中等水准的宾馆、游轮中，享用豪华空调车。

3. 经济型旅游产品

经济型旅游产品的费用低廉，旅游者的交通、住宿和用餐标准低于标准型旅游产品，但是游览项目与标准型旅游的基本相同。

（五）按照旅游者旅游动机划分

按照旅游者旅游动机的不同，旅游产品可分为观光旅游产品、度假旅游产品、康体休闲旅游产品、商务旅游产品、文化旅游产品、专项旅游产品和特色旅游产品，如表 4-1 所示。

表 4-1　按照旅游者旅游动机划分的旅游产品

按照旅游者旅游动机划分	1. 观光旅游产品	1.1 自然观光产品 1.1.1 地表类观光产品（名山、洞穴、峡谷、沙漠、岛屿等） 1.1.2 水域类观光产品（大川、湖泊、温泉、喷泉、瀑布、海滨等） 1.1.3 生物类观光产品（森林、草原、野生动物等）	1.2 人文观光产品 1.2.1 历史遗迹观光产品（古典园林、寺庙、宫殿、古城、古民居、其他建筑等） 1.2.2 现代观光产品（革命纪念地、城市风光、各类场馆、社会活动场所、观光工厂、大型工程等） 1.2.3 人造景观观光产品（微缩景观、仿古村落、主题公园、野生动物园、水族馆等） 1.2.4 农园观光产品
	2. 度假旅游产品	2.1 海滨度假旅游产品（度假地） 2.2 野营度假旅游产品（度假地） 2.3 乡村度假旅游产品（度假地）	2.4 森林度假旅游产品（度假地） 2.5 城市度假旅游产品（度假村、中心） 2.6 温泉度假旅游产品（度假村、中心）
	3. 康体休闲产品	3.1 体育旅游产品 3.1.1 滑雪 3.1.2 高尔夫 3.1.3 戏水运动项目 3.1.4 球类运动项目（乒乓球、网球、台球等）	3.3 生态旅游产品 3.3.1 乡村旅游 3.3.2 绿色旅游 3.3.3 野地旅游 3.3.4 赏花旅游 3.3.5 森林旅游
		3.2 保健旅游产品 3.2.1 医疗型旅游产品 3.2.2 疗养型旅游产品 3.2.3 力量型康体运动旅游产品	3.4 娱乐休闲类旅游产品 3.4.1 游乐项目（游乐园） 3.4.2 被动休闲项目（桑拿、按摩） 3.4.3 歌舞文艺类项目（MTV、KTV 等）
	4. 商务旅游产品	4.1 会议旅游产品（大型会务中心等） 4.2 奖励旅游产品	4.3 大型商务型活动 4.3.1 大型国际博览会或交易活动 4.3.2 大型国际体育活动 4.3.3 大型纪念或庆祝活动 4.3.4 大型艺术节
	5. 文化类旅游产品	5.1 修学旅游产品（博物馆旅游等） 5.2 民俗旅游产品（民俗村、民俗家庭、民俗节庆活动等） 5.3 艺术欣赏旅游（戏剧、影视、音乐、绘画、雕塑、工艺品等） 5.4 宗教旅游产品	5.5 怀旧旅游产品 5.5.1 怀古旅游产品 5.5.2 仿古旅游产品 5.5.3 寻古旅游产品 5.5.4 寻根旅游产品 5.6 名人故居、墓地旅游产品
	6. 专项旅游产品	6.1 登山 6.2 潜水 6.3 考古	6.4 运动 6.5 科考
	7. 特色旅游产品	7.1 享受型旅游产品（豪华列车、豪华游船、美食、总统套间）	7.2 刺激型旅游产品 7.2.1 探险旅游产品 7.2.2 冒险旅游产品 7.2.3 密境旅游产品 7.2.4 海底旅游产品 7.2.5 沙漠旅游产品 7.2.6 斗兽旅游产品 7.2.7 狩猎旅游产品 7.2.8 体育观战旅游产品

1. 观光旅游产品

观光旅游产品是旅行社经营的主要产品。它是指旅行社组织旅游者参观游览旅游目的地的自然风光和人文景观的旅游消费活动。观光旅游产品主要包括文化观光、自然观光、民俗观光、农业观光、工业观光、科技观光、军事观光等。现代大型的主题公园、游乐设施、人造"野生动物园"，以及用高科技手段开发的新型旅游产品，如海底观光、虚拟太空游览等层出不穷，不仅极大丰富了传统的旅行社产品，而且具有较高的观赏价值，深受广大旅游者喜爱。观光旅游产品的旅游景点较多，有很高的观赏价值，拥有广泛的市场。

2. 度假旅游产品

度假旅游产品是指旅行社组织旅游者前往度假地短期居住，进行娱乐、休闲、健身、疗养等消遣性活动。度假旅游近年来颇受旅游者喜爱，在旅游市场上占据的份额较高。度假旅游产品主要包括海滨度假、山地度假、温泉度假、滑雪度假、海岛度假、乡村度假等。度假型旅游的出现同现代社会城市化进程的加快有着密切的关系，人们利用假期到森林、海边、小溪湖畔等地去度假，使疲劳的身心得到放松休整。度假旅游产品中的旅游者在旅游目的地停留的时间较长、消费水平较高，对度假的设施要求比较高，大多以散客的形式出行。

3. 康体休闲旅游产品

康体休闲是 20 世纪 60 年代发达国家为了克服现代工业社会的"城市文明病"而兴起的健康项目，是一种健康生活的方式和理念。康体休闲旅游产品是以生态环境、特殊资源、传统文化、现代科技为依托，以改善身体机能、实现身心和谐为主要动机，以护养身心健康、提升生活质量、激发生命潜能为核心功能的系列旅游活动。产品主要以度假、疗养、运动、康乐为主，是各种健康相关活动复合于旅游的一种形式。康体休闲旅游在发达国家十分普及，近几年在我国发展迅猛。

4. 商务旅游产品

商务旅游产品是以经商为目的到异地从事商务活动，同时将商务活动与旅行游览结合起来的一种旅游频率高、经济效益好的旅行社产品。商务旅游与其他形式的旅游相比，其特点更为显著。第一，旅游频率高。由于商务活动的经常性，而且不受气候、淡旺季影响，商务旅行者需要经常外出。第二，消费水准高。商务旅游者的旅行费用是公司开支，为了生意需要，旅游消费的标准常常比其他类型旅游者高。第三，商务旅行者对旅游设施和服务质量要求高。随着经济发展，商务旅游者将在大众旅游者中占有重要地位。

5. 文化旅游产品

文化旅游产品是指以文化旅游资源为支撑，旅游者以获取文化印象、增智为主要目的的旅游产品。旅游者在旅游期间可以进行历史、文化或自然科学的考察与交流、学习等活动。文化旅游主要包括学术考察旅游、艺术欣赏旅游、修学旅游、宗教旅游、寻根和怀旧旅游等。文化旅游产品吸引的消费群主要是文化人或需要了解文化的人，所以旅行社在策划架构的时候对文化的特色把握就必须要准确而且要有一定的文化内涵。

6. 专项旅游产品

专项旅游产品是以登山、潜水、考古、运动等某一专门目的进行旅游活动的产品。在专项型旅游活动过程中，人们的旅游行为具有明显的指向性，是为了满足自身某一特殊的需要。专项旅游多采取团体形式，旅游团一般由同一职业或专业，或对该专业具有共同兴趣的人员组成。

7. 特色旅游产品

特色旅游是一种新兴的旅游形式，是在观光旅游和度假旅游等常规旅游基础上的提高，是对传统常规旅游形式的一种发展和深化。特色旅游产品是为满足旅游者某方面的特殊兴趣与需要，定向开发组织的一种特色专题旅游活动。

第二节　旅行社产品设计策划的内容

一、旅游线路（行程）设计的基本原则

旅游线路是构成旅行社产品的主体，是旅行社产品最基本的体现，是包括了整个旅游活动过程中全部活动内容和服务的旅行游览路线。旅游线路（行程）设计是指在一定的旅游区域内，以一定的旅游时间和费用为参照，为满足或创造旅游者需求，分析、选择、组合各种旅游要素，将其生产并包装为综合性旅游产品的创意过程。

（一）市场导向原则

旅游线路要适销对路就必须最大程度满足旅游者的需求，旅游者的需求决定了旅游线路的设计方向。因此，旅行社要坚持市场导向原则就必须要研究市场的需求趋势和需求数量，要客观分析旅游者的心理，把握不断变化的市场，针对不同的旅游者群体设计出不同的旅游线路。旅行社还要考虑旅游项目的成本费用，制定出合理的市场价格才能设计出适销对路的旅游产品。

（二）突出特色原则

突出特色是设计旅游产品的核心原则，是旅游线路具有吸引力的源动力。突出产品的特色就是要体现差异性，这就需要旅行社对旅游目的地的旅游资源和旅游吸引物精心分析和选择，充分展示旅游主题，做到特色鲜明，以新、奇、异、美来吸引旅游者。具体体现在以下几个方面。

①尽可能保持自然和历史形成的原始风貌，或者有"虽由人作，宛自天开"的自然美感。

②尽量选择利用带有"最"字的旅游资源项目，比如最古老、最早、最高等独一无二的特质。

③突出反映当地的文化特色，比如文物古迹、历史文化、民俗文化、民族文化等。

④具有新鲜性、刺激性和探险性的体验感，比如一些旅游线路和项目是位于边（边疆）、

古（有悠久文明史）、荒（沙漠、人迹罕至之处）、奇（有奇特的地形地貌特征）、险（高山、峻岭、险地、恶水）、少（少数民族聚居地）等地区，游客的体验感与其他普通目的地有明显的地域差异性。

（三）旅游点结构合理的原则

1. 顺序安排科学

在合理安排交通的前提下，同一线路旅游点的游览顺序应由一般的旅游点逐步过渡到吸引力较大的旅游点，渐入佳境可以不断提高旅游者的游兴，使其保持较高的兴奋点。旅行社还要把握好游程节奏，要有张有弛。例如，外国旅游者入境线路，广州—杭州—上海—西安—北京一线的组合要优于逆向组合。游程节奏要动静结合，松弛有序。比如，西安东线两日游最受欢迎的行程是参观兵马俑博物馆、华山观日出、临潼泡温泉浴、华清池看《长恨歌》表演。

2. 内容多样化，避免重复

在旅游过程中，旅游项目安排应该丰富多彩、高潮迭起、富有吸引力。除了针对特定目标市场的专项型、主题型旅游产品，常规旅游观光路线应考虑到各旅游点的典型性和代表性，不要重复安排同一主题的旅游点。根据满足效用递减规律，重复的游览线路或者相同类型、相同主题的景点都会让旅游者感到枯燥乏味，游兴锐减。一些文物古迹众多的旅游地，旅行社要避免线路设计中"白天看庙，晚上睡觉"的单调行程。不同性质的旅游点应串联成环形（或多边形）路线，要避免旅途往返重复同一条路。有的景点线路由于客观原因确实需要走回头路的，旅行社可以安排不同的交通方式，比如去程选用共享脚踏车，回程乘坐电瓶游览车。

3. 景点选择适量

在景点选择上，应尽量选择最能体现主题的高等级的旅游景点或最有名的旅游景点。比如西安一日游的旅游线路，兵马俑、明城墙、钟鼓楼是最常规的旅游景点。一条旅游线路并不是安排的景点越多越能满足旅游者的需求，"贪多求全"不利于旅游者细致地了解旅游景点，也容易使人紧张疲劳，疲于走马观花到此一游。但是，旅行线路也不能把旅游景点安排得过少，否则会让旅游者感觉质价不符，不值得游览。正常情况下，在市区的旅游线路一天可安排 2~3 个景点。远离市区往返路途较长的旅游线路，或者比较耗费体力的游览项目可安排 1 个重点景点，比如黄山一日游会着重安排游览黄山旅游景区。通常一天游览行程的最后一个景点，会安排步行街区或者夜景街市或者观赏表演等休闲轻松的项目。

4. 景点间距离适中

同一旅游线路的各旅游点之间的距离不宜太远，否则会把大量的时间与金钱浪费在旅途中。一般来说，城市间交通上耗费的时间不应超过全部旅程的1/3。旅游当天往返行程不超过 6 小时，途经旅游点的交通、餐饮等服务设施要有良好保障，否则游客还没到达旅游点就已经疲惫不堪了，影响参观游览的效果。

5. 购物点安排合适

旅游线路上可以安排最具有特色、商品质量最有保障的购物场所，在一天的行程中最好不要安排 2 个以上的购物点。有的旅行社把购物商场与风味餐厅组合在一起形成购物旅游线路，如团队游客在泰国 kingpower 国际免税店购物完可以直接在餐厅吃海鲜水果自助餐。

 应用实训

贵阳：东北三省冰雪之旅 12 日游

D1~D3：从贵阳至北京，午餐后游动物园，乘火车前往哈尔滨。

D4：冬泳，坐雪橇，乘冰帆，太阳岛观雪雕，晚上去冰灯游园会。

D5：参观极乐奇、市容、中俄民贸市场，抵长春。

D6：参观皇宫，长春电影制片厂，抵吉林。

D7：松花江边观赏雾凇奇观，参观陨石展，赴松花湖滑雪场滑雪，抵沈阳。

D8：早餐后游故宫、北陵，参观张学良帅府旧居，游览市容。

D9：赴大连，午餐后游览海滨路、虎斑群雕、人民广场苏军纪念碑。

D10：赴旅顺观光，游览军港、日俄监狱、炮台山、白玉塔。

D11：早抵北京，游览世界公园，下午到王府井大街自由购物，晚乘火车去贵阳。

D12：早抵贵阳，散团。

参考报价：4048 元/人。

思考：分析此旅游线路行程安排是否合理？

（四）时效性原则

1. 展现当地最美的季节或者应景的线路

旅行社根据自然景观的季节性变化设计主题旅游线路，如每年 10 月金秋额济纳胡杨林自驾游、7 月盛夏青海茶卡盐湖摄影游等。旅行社还可以根据不同时段或者节假日推出常规线路，如寒暑假中小学生研学游、春节（国庆节）家庭亲子度假游等。

2. 紧扣社会热点推出适应性旅游线路

例如电视剧《长安十二时辰》热播一周后，西安旅游热度上涨 22%，马蜂窝旅游网发布的《2019 西安旅游攻略》，为暑期计划前往西安的游客提供一份"大唐穿越指南"。近几年各地旅行社在 5 月和 6 月开发了"考生毕业游"，针对考生中考和高考结束后到成绩发放之前约 10 天的空档期，以放松休闲野趣的亲子亲友旅游产品为主，受到家长和学生们的热捧。

 **实例解析4-1**

丽江、版纳、昆明亚热带风情游

时间	具体行程	交通	用餐	住宿
D1	北京首都机场乘客机飞昆明（飞行约 3 小时），游览翠湖公园、金马碧鸡坊。转飞丽江，接机后乘车赴丽江，入住酒店	飞机 大巴	中晚	丽江

日 期	具 体 行 程	交通	用餐	住宿
D2	游览世界文化遗产——丽江古城、四方街。晚上自费品尝纳西风味小吃（鸡豆凉粉、丽江粑粑、饵块、树花），泡泡酒吧	大巴	早中	丽江
D3	早餐后游览玉龙雪山风景区：乘云杉坪小索道，观白水河、甘海子高原牧场。再次领略丽江古城"家家流水、户户垂杨"的高原姑苏景致，晚飞西双版纳	飞机 大巴	早中晚	西双版纳
D4	野象谷热带雨林公园（自费单程缆车 40 元/人），下山漫步空中走廊，孔雀放飞，蝴蝶园、百鸟园、大象表演	大巴	早中晚	西双版纳
D5	橄榄坝——赶摆，勐仑植物园，傣族园（体验自然、古朴、优美、浓郁的傣家生活），罗梭江漂流（自费 200 元/人）。晚逛版纳夜景，可以品尝风味烧烤、柠檬凉米线、喃咪、油炸牛皮等。乘机返昆明	大巴 飞机	早中晚	昆明
D6	游览鲜花市场，购买土特产。乘机返京，结束愉快的云南之行（不含中餐）	大巴 飞机	早	温暖的家

二、旅游产品设计策划的具体内容

（一）旅游线路（行程）的设计策划

1. 确定旅游线路主题和名称

线路主题是对旅游线路及项目的相关因素进行组合所形成的内在统一的基调，是旅游产品的灵魂和市场吸引力的核心。旅行线路主题的设计，本质上是针对某一集中定位的目标市场，突出文化内涵并以高度形象化的语言概括出来，最终形成产品品牌名称。例如，凯撒旅游旗下"非洲三万里——东南非 9 国 25 天发现之旅"荣获"2018 年度特色旅游线路"奖，"寻访马恩足迹——德国 16 日红色经典之旅"荣获"红色经典旅游线路"奖。携程推出的"蓝调洱海，传承扎染丽江行""来英国，做一个比简奥斯汀更懂庄园生活的人""隐世清修，闻钟静心——苏州兰风寺 2 日游"等旅游线路，主题突出，富有地方文化特色。

视频资料:湖南·伍欣·旅行社产品设计原则·上

线路主题要结合旅游点的资源特色和环境条件综合分析，一方面要突出线路的地方性、本土化的特色文化形态，另一方面要激发目标游客的兴趣点，要用富有感召力的文字、图片和视频等强化游客对主题体验感受的向往和想象空间。

主题游的四大发展趋势。

①城市潮玩。城市潮玩是针对大 IP 城市的深度玩法，以两天两晚或者三天两晚的超级周末度假型产品方式呈现。

②小团化趋势。受 2020 年新冠肺炎疫情影响，人们对传统跟团游这样的大团需求减弱，而对家庭出游、私家团等需求暴增。私家团与普通跟团游相比具有明显的优势：一人即可独立成团，不与陌生人拼团，专车专导，旅游行程更灵活、更有深度，酒店和餐饮品质高，24 小时管家服务等。

③户外徒步产品。当下人们将视野转向康养行业，如山野生活、山野徒步等健康生活方

式。发展到后期，这些本地周边户外和周边徒步用户很自然地就会转化到国内户外徒步。

④西部无人区的越野类产品或无人区跟团游类产品。这类产品对于旅游者来说是一项全新体验，而对于旅行社来说可以抢占市场先机，赢得市场红利。

2. 旅游线路编排

旅游线路编排是旅游线路设计中的重要环节，要按照旅游线路开发的基本原则设计，合理安排好行程中的各个环节。策划旅游线路要从旅行社和旅游者的双重角度，对交通线路、行车时间、住宿级别、饮食口味、景点内容、购物点产品质量等项目进行细致、全面的实地考察，避免出现质价不符的产品质量问题，力争在最短时间内实现效益最大化。在日程安排上要注意以下几个方面。

（1）日程安排要劳逸结合

在安排一项体力消耗大的项目后，如登山、滑雪、游泳等，要安排一项轻松休闲的游览项目，如游船、喝茶、泡温泉、泰式按摩等。

（2）日程安排要掌握好节奏感

有吸引力的旅游日程安排要有较强的节奏感，高潮迭起，每次游览（每天、每个游程）都要设计一个高潮项目。高潮项目就是行程中最具有兴奋点或者燃爆点的项目，可以是最著名的景点、最盛大的表演、最负盛名的美食、最令人艳羡的购物或者最难忘的游历活动。高潮项目应该错峰安排，就是每一天安排一个高潮项目，一段行程中有一个最具特色的高潮项目。对于入境中国的文化旅游者来说，广州—杭州—上海—西安—北京的五段大行程中，西安和北京是整个游程的高潮。参观南越王宫博物馆是广州游程段的高潮。西安段三天游程的高潮是参观兵马俑，第一天抵达西安的旅游高潮可以安排游客品尝西安回坊的老字号食品或者安排夜游大唐芙蓉园。这样每天游览都能让游客保持新鲜感和不同的兴趣点，全程始终都保持较高的情绪又不至于过分疲劳。

（3）日程安排要与旅游者的特点相适应

如果是"夕阳红"老年人旅游团，日程不能太紧凑，要放慢速度，不能安排长距离行走或者耗费体力的项目，要设计休闲参观、健康养生的慢游项目，比如游览森林公园、住宿温泉度假山庄等。青年人精力旺盛，行动快速，喜欢多听多看，可以适当增加运动探险、刺激享乐的体验项目。飞猪旅游根据景点特色定制剧本杀剧情、服饰、道具、场景等，消费者既是景点的游客，也是游戏的玩家，极大地刺激了年轻人参加"景点剧本杀"旅游线路的意愿。

 **应用实训**

广州：哈尔滨、桃山冰雪原始森林双飞 5 日游

D1：乘机赴哈尔滨，参观中央街、纪念塔广场。

D2：参加松花江冰上活动，乘冰帆、滑雪橇、观冬泳，太阳岛上赏雪雕，晚上参加冰灯游园会。

D3：乘车赴桃山，早餐自理，下午原始森林登山赏雪，参观猎人营地。

D4：桃山滑雪场滑雪，参加雪橇等雪地活动，乘车抵哈尔滨。

D5：参观圣索菲亚教堂，中午乘机返广州。

参考报价： 5200 元/人。

思考： 分析这条旅游线路的主题和日程安排是否合理。

（二）单项旅游产品的设计策划

1. 餐饮产品

饮食文化是最能体现当地人日常生活习俗的旅游项目，美食旅游线路也深受游客的喜爱。年轻的旅游者们在"吃"上面喜欢私厨、草原冷餐、冰上火锅等，打破以往传统的团餐，寻求独特的用餐体验。由陕西省商务厅、陕西省文化和旅游厅联合多家协会以及携程网、徒驴自驾等民间组织开发的"陕菜探秘之旅"，对陕西省 108 个县独特的家乡味道抢救性地记录、挖掘、传承、保护和宣传。在中国游客之间知名度最高的日本札幌料理店"蟹本家"，网上门店预订量 2019 年上半年的涨幅高达 103%，很多日本自由行游客会专程去门店打卡就餐，拍照分享。

餐饮产品的设计策划要根据旅游团费的高低合理安排，普通经济型旅游团的团餐最基本的要求就是吃饱吃好，研学、康疗等专项旅游团讲究吃出地方文化特色，商务、度假等豪华旅游团讲究吃出高品质的文化档次。有的旅行社为了提高团队游客的满意度，在严格控制团餐成本的基础上，会在游程的最后一餐安排地方风味餐。

2. 住宿产品

住宿产品按照消费档次一般分为经济型、舒适型、高档型和豪华型，近年兴起的主题酒店和设计酒店丰富了住宿产品的时尚形式。住宿产品设计要遵循经济实惠、安全卫生、交通便利、体现当地特色等原则，除了要考虑住宿的区位、交通、房型、配置和价格等因素，还要与旅游行程和团费组合安排。如果第二天团队预订早上航班的机票，可以考虑前一晚安排距离机场较近的酒店。如果旅游旺季市区酒店价格飙升，可以考虑安排郊区的特色民宿。有的旅游团为了提高团队游客的满意度，在条件可能的情况下会安排游程的最后一晚住宿高级酒店，游客可以享用一顿高级早餐和酒店各项免费服务，如游泳池、桑拿室、健身房等。相比普通的观光旅游者，度假型旅游者、亲子度假家庭团以及其他豪华型旅游团对于住宿产品的要求较高，除了要体现出产品的舒适性、档次性和特色性，还要充分考虑旅游者的个性化需求。

3. 交通产品

交通工具的选择要合理搭配，综合利用，遵循安全、舒适、经济、快捷、高效等原则。一般来说，长距离旅行选择乘坐飞机，短途旅行普遍使用豪华游览车。长途火车最好选择夜间行车。例如，北京往返西安的长途卧铺车行程时间为夕发朝至，旅游团选择它既节省了一宿住宿费，还节省了旅途时间，是一个十分经济实惠的旅行安排。

随着我国高速公路和陆上交通工具设施的不断提升，自驾游和自由行旅游线路的开发，出现了以交通工具为主要游览载体的交旅融合（交通＋旅游）的旅游形式。皖南川藏线的一段被称为"95号公路"，串联了9个国家5A级景区以及众多人文生态景观。被誉为"中国1号公路"的沿黄观光公路，串联了陕西境内沿黄河西岸50多个名胜古迹景点。公路线、高铁线不仅是交通通道，而且成了旅游目的地，游客不再是路过时短暂停留的过客，而是需要坐下来慢慢体会和享受更多浸入式的生活细节。交通道路沿线的四季风景以及沿道路发育的带状商业生态，比如连锁汽车旅馆、精品购物店、品牌咖啡馆等都吸引着游客开启"快进慢游"的旅行生活方式。

一些交通工具天然具备吸引力，可以通过策划游憩方式和导入"交通+主题文化"元素，使交通工具旅游化，转化为旅游吸引物。旅行社策划交通产品时要注意处理好交通通道与旅游目的地、快与慢、时间的短与长、客观与主观流量之间的关系。

 **拓展材料**

"冬奥运动号"是国航继"冬奥冰雪号"之后喷涂的第二架冬奥主题彩绘飞机。机身上，选用冬奥核心图形和体育图标作为主要设计元素，传递了冬季奥运会的热情与活力。走进机舱，到处张贴着设计精美的"冬奥运动号"海报以及冬奥核心赛事的美丽剪影。在机上娱乐系统中，国航还特别准备了《北京2022冬奥传奇系列故事》《雪板的尽头》等丰富的冬奥纪录片及各类冰雪运动视频，冬奥氛围十足。

4. 游览产品

游览产品是旅游产品的核心。受到旅游动机的驱使，成为游览产品的旅游吸引物不仅仅是开发成型的旅游景点，还可能是美食、购物店、度假区、交通工具、娱乐表演或者创意玩法等。因此，旅行社要结合当地的资源，充分考虑目标旅游者的需求规划设计游览产品。大众化的常规游览产品一般市场供应量大，高度同质化，容易产生低价竞争，利润很低。因此，旅行社设计出富有特色主题的游览产品，可以带给游客一次难忘的旅游经历，具有较高的体验价值和情感附加值，旅行社也可以获得超额利润和品牌传播效应。

5. 购物产品

随着人们消费水平的提高，购物成为旅游活动的重要内容[①]，购物旅游受到女性旅游者的广泛喜爱。购物虽然是即时消费，但是购物产品具有纪念性、地方性和特色文化性的特点，常常引发旅游者对过去游历的美好回忆，寄托着一段时间的情感和体验。地方土特产、手工艺品、特色纪念品和当地知名品牌产品等是游客喜欢购买的产品。旅游景区购物店、城市商业步行街区或历史文化街区、大型购物中心和免税店等基本可以满足游客不同层次的购物需求。例如，法国巴黎春天百货（printemps）和老佛爷百货（galeries lafayette）是两家老牌百货公司，深受中国游客的喜爱。海南自贸港放宽离岛免税购物额度至每年每人10万元人民币，极大地刺激国内外游客进岛购物旅游。

---

① 马蜂窝发布的《全球旅游消费报告2019》显示，中国人均年旅游消费接近2万元，占生活总消费的30%。中国游客最满意的境外购物地是中国澳门，澳门壹号广场、新濠天地、威尼斯大运河购物中心等国际名品店受到游客喜爱。

6. 娱乐产品

娱乐产品是旅游活动中体验性、参与性、浸入性最强的产品，内容和形式丰富多彩，包括富有表演力、感染力的文旅演艺作品，刺激性和娱乐性强的主题公园，还有各种奇思妙想的玩法。携程海外玩乐事业部与3000多家国内外供应商、资源方、服务商等合作，覆盖近50个产品品类、拥有超过35000种玩乐产品，产品和服务遍布100多个国家超过1000个城市和目的地，是全球最大的玩乐产品平台之一。玩乐产品类型包括门票、一日游、包车游、城市通票、演出、伴手礼、公共交通卡、游船观光、体育赛事、展览票、骑行、热气球、丛林飞跃、潜水、跳伞、攀岩、蹦极、直升机、滑翔伞等。旅游者可以通过携程App的景点玩乐等多个入口和线下7000多家门店选择玩乐产品。

视频资料：湖南·伍欣·旅行社产品设计原则·中

三、旅行社产品设计开发的流程

（一）产品策划阶段

1. 寻求创意

旅行社产品设计开发过程是从寻求创意开始的。所谓创意，就是开发设计产品的设想或方案。虽然不是所有的创意设想都可变成产品，但寻求尽可能多的创意却可为开发设计产品提供更多的机会。因此，大多数企业都非常重视创意的发掘。旅行社新创意的发掘主要有以下三种途径。

（1）投诉问题分析法

旅游消费者是产品信息的最好来源，而产品若被旅游者投诉或让旅游者不满意则说明产品存在问题，需要改进。产品研发人员通过分析这些投诉或不满，经过综合整理，最后可转化为创意。

（2）内部人员会议法

召集旅行社相关人员，如导游、计调人员、外联人员、销售人员、客服人员等围绕创新创意旅游产品和服务，各抒己见，头脑风暴，从中激发灵感和创意。

（3）旅游中间代理商提供法

旅游中间商、代理商与旅游消费者直接接触，他们最了解消费者的行为与心理需求和变化，来源于他们的创意往往是最佳的。

2. 市场分析

市场分析在旅行社产品设计的策划阶段必不可少，目的是了解和分析与特定目标市场相关的关键因素和环境，减少不确定因素产生的不利影响。

（1）外部环境趋势调研

旅行社应分析现在和未来国内外经济环境和政治法律的现状和发展趋势，找出目前的机会与威胁。

（2）竞争对手调研

旅行社要明确现实竞争对手是谁，潜在的竞争对手可能是谁，生产和销售类似产品的竞争者数量，研究其现状和未来发展方向。旅行社还要关注竞争对手产品运营情况，包括竞争对手产品的销售数量、市场占有率、产品系列、产品特点及差异程度等信息。

（3）目标市场调研

对客源市场的人口统计特征调查，包括不同年龄段、性别、职业、教育程度、收入等状况。旅行社应根据客源市场旅游者的特点和需求开发产品，还应调查研究游客对目的地的偏好、对交通工具与住宿设施的选择偏好和度假方式、生活方式等消费偏好。

3. 构思评价筛选新产品

产品研发人员收集一定数量的产品创意方案后，形成明确的产品概念，根据旅行社的经营目标和产品创意的可能性，对这些创意方案评估筛选，挑选出可行性较高的创意方案。

（1）形成产品的概念

产品概念是指旅行社从旅游者的角度对创意方案做出详尽的描述，用文字、图片和视频等宣传资料展示产品的性能和状态，大致定出产品的名称、主题、线路行程及各项产品服务。

（2）评价筛选的标准

产品资源的总体评价包括：资源组合情况、设施设备状况、供应商供应能力等；分析新产品构思是否符合旅行社发展规划和目标，评估新产品是否可以正常运营，可能存在的风险；评估市场需求和营销能力，包括目标市场的需求量、消费能力、产品营销费用、市场占有率等；进行财务可行性分析，分析是否有足够的资金发展新产品，新产品运营可能增加的利润和销售额等。

（3）新产品构思评价

通过以上各方面的分析判断，剔除不适当的构思，保留少量有价值的构思，由营销人员、财务人员、高层经理和行业专家组成审议小组，开展特尔斐法评价。对新产品的销售前景、竞争能力、资源保证、生产能力、利润贡献等指标设置权重，按照优、良、中、差四级评价等级，评价出构思的优劣，选出2～3个最佳产品构思。

（二）产品制作阶段

在做出新产品的策划创意后，产品就进入到具体的线路编排和制作阶段。旅行社产品开发设计程序的第一个阶段所确定的产品策划及创意，只是一个粗略的、轮廓化的产品速写，产品制作和线路编排需要进行更具体细致的工作。

1. 实地踩点考察

在设计新的产品，尤其是涉及一个新的目的地、新的线路、新的特色时，实地考察是必备的。为了达到考察的真正目的，考察人员要对选出的2～3个最佳产品构思方案里涉及的旅游吸引物概况、供应商供应情况、交通连接、接待设施情况、当地物价和产品价格等进行先期的资料准备，草拟考察提纲，实地踩点考察后撰写详细的考察报告。考察报告要对构思方案的实际落地效果进行客观描述，既要突出现实性，又要有预见性。

2. 慎重选点

旅行社要缩小潜在旅游目的地的选择范围，确定可能性最大的2～3个旅游目的地，进行可行性评估和对比。入选的目的地一般要符合目标市场的消费潮流，拥有便利的设施，可以有容纳大型旅游团队的接待能力，拥有便利的交通，尤其是便利的航班，拥有种类与价格各异的酒店，气候景色宜人。

3. 确定新产品名称

挑选出来的新产品创意方案在经过实地踩点考察后，在制作过程中要面对现实、面对市场做出符合当前市场行情的取舍。产品名称的确立为产品的生产树立了一块基石，产品的主题、形式都要紧扣产品的名称。产品名称要直接表达主题特色，富有感召力和吸引力。产品名称要从购买者主体的欣赏角度出发，尤其是一些文化旅游产品，其所蕴涵的内容是否满足旅游者的心理需求要重点考虑。

4. 编制新产品计划

产品计划需要明确详细实施的计划，包括目的地和景点的选择、供应商的选择、地接社的选择、旅游团的接待量、行程设计、日程安排、城市间的交通方式、住宿设施、产品价格等。

（三）市场试销阶段

如果旅行社的最高管理者对新产品开发设计结果满意，就可以着手准备市场试销，制定市场营销方案。试销不仅能增进旅行社对产品销售潜力的了解，而且有助于旅行社检测产品的优劣。

1. 确定试销市场

在试销前旅行社要确定典型的试销市场、试销的时间范围、试销的宣传资料等。一般可以在旅游目的地选择一个较小范围的市场进行试销工作，与有关合作供应商达成暂时性协议。市场试验的规模取决于两个方面：一是投资费用和风险大小；二是市场试验费用和时间。投资费用和风险越高的新产品，试验的规模应越大一些；反之，就可小一些。从市场试验费用和时间上来讲，所需市场试验费用越多、时间越长的新产品，市场试验规模应越小一些；反之，则可大一些。总的来说，市场试验费用不宜在新产品开发投资总额中占太大的比例。

2. 制定市场营销方案

营销人员需要拟订一个将新产品投放市场的市场营销方案。

①描述目标市场的规模、结构、消费行为以及产品在目标市场上的定位。

②略述新产品的价格方案、分销策略以及第一年的市场营销预算，包括第一年的销售额、市场占有率、利润目标，以及长期计划销售额和目标利润等。

③阐述不同时期的市场营销组合。

3. 观察市场反应

新产品试销后，营销人员应从市场反应、产品发展趋势、竞争态势、损益平衡和价格等方面对试销产品进行分析评价，重点放在损益平衡和价格两方面。旅行社要密切观察试销市场对价格反应的敏感性和市场损益情况，如果发现亏损，设法找出原因，及时纠正。

（四）市场投放阶段

新产品经过一段时间的试销，如果效果良好，旅行社就可以批量地将新产品投放市场。旅行社要规划好新产品投入市场的时间、营销方式，恰当地运用销售策略、促销策略和价格策略等市场营销手段，尽量扩大产品在市场上的占有份额，提高产品的销售率和利润率。产品投放市场并非产品开发过程的终结，旅行社应对产品进行定期的检查与评价、必要的修订和改进，并广泛收集各种反馈信息，为进一步提升产品提供依据。

西方旅行社开发产品往往需要 12～18 个月，而我国大部分旅行社不愿在旅游产品设计上耗费时间、资金和精力，开发过程多则几个月，少则几天就能完成，盲目投入市场，往往存在着各种缺陷，造成不可挽回的市场损失。一般来说，常规产品的设计和生产过程通常需要 1 年时间，具体包括 3 个月的市场调研、产品设计与计划，3 个月的营销计划与推广，3 个月的宣传手册制作，3 个月的后期确认和补漏。

第三节　旅行社产品组合与创新

一、旅行社产品组合的概念和原则

（一）旅行社产品组合的概念

1. 旅行社产品线与产品品目

旅行社产品组合（product mix）是指旅行社生产或经营的全部产品线和产品品目的组合方式。其中，产品线是指同一类产品中密切相关的一组产品，通过相同的销售途径，销售给同一群客户。产品品目（品类）是指同一产品线内明确的单位，它可以依据天数、价格或者其他属性加以区分，比如上海一日游、上海五日游。

以亲子游产品为例，可以开发一组与之相关的产品，包括亲子玩乐、亲子户外、自然教育、研学旅行、亲子课堂和独立营等，这就是亲子游产品线。其中，亲子玩乐的产品品目里还要有围绕它的所有标签，包括民俗体验、畅玩乐园、休闲度假、特色古镇、海岛玩水、登山观日等，这就是亲子玩乐产品品目（品类）。

2. 产品组合的宽度、深度、长度和一致性

对产品组合分析，可以从产品组合的宽度、长度、深度和一致性四个尺度进行。宽度（或者广度）是指旅行社具有多少条不同的产品线。深度是指产品线中的每一产品有多少品种，某一组产品线中品种最多的数量就是该产品线的深度。长度是指产品组合中的所有产品品目总数。一致性是指各条产品线在最终用途、生产条件、分销渠道或者其他方面的联系程度。

产品组合的四种尺度，为旅行社确定产品组合发展战略提供了依据。例如，旅行社可以增加新的产品线，以扩大产品组合的宽度，并充分利用在其他产品线的声誉扩大新产品线的市场影响；也可以拉长现有的产品线，增加产品的长度，成为具有更加完整产品线的旅行社；还可以增加每一产品线产品的品种，从而增加产品组合的深度；此外，旅行社可以考虑使产品线具有一定关联的一致性，以利于产品线之间产生"1+1>2"的整合效应。

例如，某小型旅行社开发的产品线为家庭游和商务游，这是针对两种完全不同类型的消费群体的产品线，产品线的宽度是 2。在家庭游的产品线中，可以开发出亲子游、情侣游、闺蜜游、"夕阳红"游 4 条产品品目，家庭游的产品线宽度是 4。类似地，假设商务游的产品线有 3 条产品品目，则其宽度是 3。如果亲子游产品可以开发出如上文所述的亲子玩乐等 6 条产品线，亲子游产品宽度是 6。假设家庭游其他 3 条产品品目可以开发的产品宽度分别为 5、4、3，则家庭游产品线的深度是 6，宽度是 4，长度是 18。把家庭游和商务游两条产品线下的所有产品品目加起来的总数就是该旅行社产品的长度。家庭游的 18 个产品的目标市场虽然不同，但是存在彼此相关的联系。一个女生在上大学的时候可能参加旅行社的闺蜜游，工作后可能参加了情侣游，结婚生子后还可能参加亲子游，以后可能还会给父母亲购买"夕阳红"旅游。因此，从发展的角度上看，针对年轻女性的产品组合可以根据她的成长经历形成一致性的产品线。

（二）旅行社产品组合的原则

1. 长短结合原则

长短结合原则既要考虑到旅行社的短期利益，更要考虑其长期利益。着眼于旅行社的长期、稳定、持续发展，旅行社应有四档产品。

①正在生产和销售的成熟旅游产品。

②正在研制或已研制成功、等待投放市场的产品。

③正在研究设计的产品。

④处于产品构思、创意阶段，开始市场开发、调研的产品。

2. 主导产品原则

任何旅行社都应有自身的旅游主导产品。主导产品是资源条件与客源市场双向驱动的产物，在一定时期内相对稳定。根据旅行社实力和市场竞争状况，旅行社的主导产品应选择竞争实力强、已经成熟又有特色的产品。例如，凯撒旅游的主导产品是欧洲游，爱彼迎（airbnb）的主导产品是民宿。

3. 高低结合原则

高低结合原则是指高、中、低档产品相结合，以满足不同消费层次的需求，扩大旅行社产品经营的覆盖面。高低结合的原则要注意避免形成旅行社市场定位模糊的市场形象。如果市场定位是高端白领消费者，产品组合应以个性化私人定制的高档产品为主导，特色主题游中档产品作为可选择产品。

4. 动态平衡原则

动态平衡原则是指旅行社根据市场环境和资源条件变化，适时增加应开发的新产品和淘汰应退出的衰退产品，保持旅行社维持最大利润的产品组合。这种动态平衡的产品组合也称为最佳产品组合。任何一个产品线的销售增长率、利润率和市场占有率都有一个由低到高再降低的生命周期变化过程。所有产品项目不可能同时达到最好状态，即使同时达到也不能持久，因此旅行社要及时调整产品组合。旅行社最佳产品组合包括以下几种产品。

①目前虽然不能获利，但发展前途良好、预期可成为未来主要产品。

②目前已达到高利润、高销售增长率和高市场占有率的主要产品。

③目前虽仍有较高利润率但销售增长率已趋降低的维持性产品。

④已经决定淘汰、逐步收缩其投资以减少旅行社损失的衰退产品。

二、旅行社产品组合评估方法

（一）产品生命周期法

产品生命周期（product life cycle）是指产品从开发生产开始，到投入市场，再到更新换代，最后退出市场所经历的全过程。这是产品在市场流通过程中，由于消费者的需求变化以及影响市场的其他因素造成由盛转衰的周期性规律。一般来说，产品生命周期可以分为产品研发阶段、产品导入阶段、产品成长阶段、产品成熟阶段、产品衰退阶段，如图4-2所示。

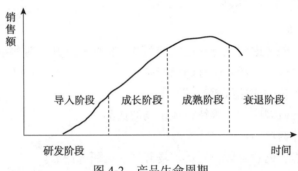

图 4-2　产品生命周期

（1）产品研发阶段

此阶段是公司对一个新产品构思设计的过程，只有大量人力资本和调研资金的投入，投资成本不断增长，无销售额。

（2）产品导入阶段

随着产品开始被引入市场，公司在市场营销上花费大量经费，虽然销售额缓慢增长，但是销售收入无法弥补前期投入成本带来的亏损，单位成本高，利润几乎不存在。这个时期，顾客逐步认知产品，开始试用、体验和评价，有的产品由于无法支撑无利烧钱的漫长阶段而中途夭折。因此，在这个阶段富有创新的营销策略十分重要，可以缩短市场认知产品的过程。

（3）产品成长阶段

随着新产品逐渐被市场接受，目标市场群体不断增加购买或者重复购买，市场熟客和回头客增多，营销费用减少，销售额显著增加，单位成本降低，利润大量增长。销售量和利润量吸引了大量模仿者和竞争者开始不断进入，但市场对该产品认知度较高，顾客黏性较高。

（4）产品成熟阶段

随着产品已经被大多数的潜在购买者所接受，再加上市场竞争加剧、价格下降、市场不断被抢夺，产品的市场占有率下降、销售额增长缓慢、利润增长率降低、利润额缓慢增加或保持不变。为了对抗竞争者，维护产品的领先地位，公司增加产品营销费用和创新费用，不断改进升级产品。但随着竞争对手的后发优势和学习曲线效应，其产品竞争力强势、质优价廉，公司边际利润开始下降。

（5）产品衰退阶段

随着该产品市场需求饱和以及市场不断有新的替代品出现，产品推陈出新，市场需求发生变化，现有产品已不再符合潮流，销量大幅下降，利润下跌直至无利可图退出市场。一般大多数产品都会最终走向衰落，不再有盈利能力，被企业淘汰。

旅行社产品的生命周期也符合这个规律，通过不断创新产品、强大的营销组合策略或者对产品重新定位寻找新的市场机会，都可以延长旅游产品的生命周期。另外，由于不同产品的引入、成长、成熟与衰退期的长短和变化极为不同，旅行社要做好产品规划，形成一个组合严密的混合型的产品线生命周期，当一个产品走向衰退时，其他产品可能正处于成长或成熟阶段，这样可以使旅行社的产品一直保持旺盛的生命力。

（二）波士顿矩阵法（成长—份额矩阵分析法）

波士顿矩阵法（boston matrix）又称市场增长率—相对市场份额矩阵法（成长—份额矩阵分析法）、波士顿咨询集团法、四象限分析法、产品系列结构管理法。模型中用市场增长率（market growth rate）指标表示发展前景，数据从市场统计分析中提取。市场相对份额（relative market share）指标表示市场竞争力，计算公式是把一单位的收益除以最大竞争对手的收益。利用这个分析矩阵，旅行社可以把产品划分为不同类别，提出不同的发展策略，如图4-3所示。

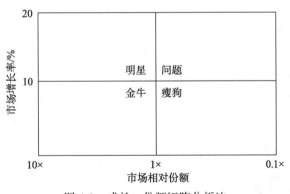

图4-3　成长—份额矩阵分析法

（1）明星产品

明星产品（stars）是指处于高增长率、高市场占有率象限内的产品群，处于市场领先与快速成长状态。明星产品虽然可以给旅行社带来稳定的利润，但是，也能快速引来模仿者，旅行社需要加大投入来维持市场成长率，击退竞争者。因此，明星产品往往会成为现金消耗者，而非现金生产者。

（2）金牛产品

金牛产品（cash cow），又称厚利产品。它是指处于低增长率、高市场占有率象限内的产品群，已进入成熟期，该项业务是市场的领先者。其财务特点是销售量大，产品利润率高、负债比率低，可以为旅行社提供大量的现金收入。由于金牛产品增长率低，也无须增大投资，享有规模经济和较高利润带来的红利，因而成为旅行社回收资金来支持其他产品，尤其明星产品投资的后盾。

（3）问题产品

问题产品（question marks）是指处于高增长率、低市场占有率象限内的产品群。高增长率意味着该产品市场机会大、前景好，低市场占有率则说明其在市场营销上存在问题，需要投入大量现金以满足迅速成长的市场需求。其财务特点是利润率较低，所需资金不足，负债比率高。例如，在产品生命周期中处于引进期、因各种原因未能开拓市场局面的新产品即属此类问题产品。问题产品或者向明星产品转化，或者向瘦狗产品转化，最终退出市场。因此，对问题产品的改进与扶持方案一般被列入旅行社的发展规划中。

（4）瘦狗产品

瘦狗产品（dogs failure），也称失败产品。它是指处在低增长率、低市场占有率象限内的产品群，是旅行社的衰退类产品。其财务特点是利润率低，处于保本或亏损状态，负债比率高，无法为企业带来收益。旅行社需要考虑是否值得保留这类产品。

可以把波士顿矩阵法与产品生命周期理论结合在一起：问题类产品处于引入或早期成长阶段，明星类产品处于快速成长阶段，金牛类产品已达到成熟阶段，瘦狗类产品已经处于衰退阶段。

（三）指标打分综合评价法

选取几个重要的市场和财务指标，结合旅行社产品的现状、预测、存在的问题和采取的措施等方面的定性描述，由专家小组做出综合评价。指标和数据可以选取近三年该产品的竞争能力，包括价格、成本、质量、服务、信誉等，以及销售增长率、市场占有率、利润率和经营实力（包括资金、工作人员数量、营业场所）等。由旅行社部门经理、总经理、行业专家组成评分小组，筛选出评价最好的产品进一步组合经营和管理，淘汰评价最差的产品。

三、旅行社创新产品的种类和方法

（一）新产品的种类

1. 创新型新产品

创新型新产品是旅行社采用新技术或新思维开发市场上从未有出售过的全新产品，这是旅游产品创新最突出、最有优势的表现形式。产品研发人员在设计新产品时，要深入分析目标市场的偏好和市场发展趋势，对产品设计提出具有超前性、预见性的创意思维。

2. 改进型新产品

改进型新产品是指在现有产品的基础上，对旅游活动中的某个环节或者某项内容提升服务质量、提高体验价值，增加产品附加值。现有产品可以是旅行社自己的原产品，也可以引进模仿其他市场的原产品。研发人员在改进或引进模仿产品时，要分析原产品的优缺点、特点和适用性，根据现实市场的需求和技术环境的发展变化，对原产品改造、加工或升级。例如在现有的常规产品线路中，旅行社可以撤掉游客不感兴趣的活动项目，更换成最新的受热捧的产品，也可以开发一些产品的新功能，形成升级换代的新产品。

新产品改进升级可分为两种：一是扩展产品的深度，比如穿唐装游大明宫、穿汉服游未央宫，体验不同时期古代文化；二是改进产品档次，比如把普通火车从交通工具开发成主题火车或者旅游专列。

拓展材料

近几年，盲盒在玩具收藏界迅速出圈爆火。盲盒里面装着不同样式的玩偶或伴手礼，多个盒子摆在你面前，你却根本不知道里面装着哪一款。抽盲盒全凭运气，有时候会抽到人见人爱的那款，运气更好的时候会抽到隐藏款。盲盒经济兴起的背后充满了投机，助长了消费者的非理性消费。拆盲盒的过程充满不确定性，盒子里未知的产品带来的神秘和惊喜感激发了年轻人以猎奇为原始驱动力的心理需求。自2020年1月新冠肺炎疫情开始，航空机票低到白菜价，到2021年4月20日，飞猪宣布推出66元机票盲盒，给五一旅游市场带来"炸街"式助燃剂。参与活动的消费者在得到好友助力后即可以66元的超低价获得一个飞往全国随机任意目的地的机票盲盒。它对于不知道选去哪儿的纠结党，以及喜欢挑战未知旅行的冒险者来说，吸引力十足。飞猪的机票盲盒计划除了可以单人参与，也可以双人组队，抽取到的机票盲盒是同一航线的双人机票，这给了向往未知又害怕孤单的网友一个更为平衡的选择。

（二）旅行社产品创新（product innovation）的方法

1. 旅游目的地内容创新

旅游目的地（tourist destination）是一个地理尺度比较大的旅游终点或者旅游中间点，交通便利的旅游城市大多是旅游目的地，如北京、上海、西安等。也有一些体量巨大、面积和规模超大的旅游度假区发展为目的地型景区，如迪拜朱美拉棕榈岛、三亚海棠湾亚特兰蒂斯度假区。旅游目的地有明显的生命周期特点。但是有的旅游目的地可能长盛不衰，比如举世闻名的长城、兵马俑等一直是人们旅游的热点。常规旅游目的地的内容创新会吸引更多的回头客。

近几年各地不断创新旅游目的地的活动内容，出现了很多传统常规线路打卡景点。在"AI+互联网"技术支持下，游客可以在兵马俑景区扫描脸部，找出与自己面部相似度最高的兵马俑，而且可以看到"撞脸兄弟"所站立的具体位置。这个"扫一扫"激发了很多年轻游客的好奇心，有的游客只为找到与自己"撞脸"的千年兵马俑，千里迢迢"扫一扫"并驻足仔细地观察、拍照留影。北京古北水镇依托司马台长城打造的夜游长城和各类演艺活动，为游客提供了另一种全新的观赏长城的体验。

除了对常规线路和热点旅游目的地的内容创新地发掘，旅行社还可以对一些"冷"的旅游目的地或者季节性的独特资源包装营销、造势热炒，使之逐渐由"冷"烘热。比如，西安终南山偏僻的古观音禅寺里的千年银杏，每年一到秋季，这棵巨大的古银杏树从各种角度拍出的唯美图片都会美上热搜，甚至曾在推特上引起外国网友的刷屏。西北的戈壁越野拉力赛、沙漠音乐节、盐湖摄影展、草原骑马歌会等具有独特地域情境的和原生态的旅游目的地，通过富有动感韵律的短视频的广泛传播，吸引了越来越多想逃离都市生活的旅游者。

2. 住宿、餐饮、交通设施的形式创新

住宿、餐饮和交通设施不仅仅是旅游活动的基础设施，还可以成为旅游吸引物。比如电竞酒店、特色民宿、美味佳肴、观光列车等，都成为旅游活动的亮点和体验主题。人们更加注重慢下来细细体味和享受旅游生活的过程，各种设计独特、精妙绝伦的主题形式，提高了旅游者们的体验价值，增加了产品的附加值。在深圳街道上有全景观光双层旅游巴士"红胖子"，"郎朗音乐主题巴士"车身以醒目的红色为主色，巴士的二层被装饰成一个迷你音乐厅，前方架设了一台面向乘客的橘红色钢琴，座椅也设计成与音乐厅类似的软垫木椅。在这辆车里不但可以听着郎朗的钢琴曲、坐着国家大剧院的椅子，还引入了全息沉浸式投影技术，搭载360°全景摄像、5G+VR等科技设备。普通的交通工具成了吸引游客争相体验的旅游吸引物，也成了一道城市中游走的靓丽风景线。

拓展材料

"交通+主题文化"这类独特性旅游产品以创新的综合体验形式让旅行者感受到了轻松愉快的生活方式。堪称高端"移动星级酒店"的熊猫专列由普速列车改装而成，是集旅游观光、休闲度假、研学旅行为一体的旅游列车。专列车身采用整体涂装，全列整体内外装饰均按照"熊猫"主题元素统一设计，有酒吧、KTV、舞池、淋浴系统以及主题文化餐厅。

"知行1号""知行2号"是2020年新造的全通透型观光游船，游船采取全通透的设计，天窗向两侧打开，游客即可全景观赏到赣州阳明湖的自然美景。除了美观大方的外形，游船的舱内还配备了沙发、吧台、空调及多媒体视听设备等，为游客提供了舒适、优质的乘坐环境。在观赏美丽自然风光的同时，游客还可在舱内欣赏吉他、古筝、茶艺等表演。

"黄金5号"邮轮从重庆渝中区朝天门码头启航，除了餐厅、客房外，还配有电影院、酒吧、购物街、棋牌室、剧院、健身房、儿童游乐场以及直升机停机坪。

2018年8月，阿里巴巴集团与日本九州旅客铁道公司（JR九州）达成战略合作，双方联手打造聚合旅行、支付、跨境电商在内的商业新生态。此次飞猪九州目的地IP主打火车之旅，在主题列车上下足功夫，预订飞猪九州专线的游客，将搭乘飞猪专列，如JR九州特意启动的具有250年历史的"梦幻黄金列车"，穿越百年时光。此外，游客还可以选择其他独具特色的主题列车，例如可看见海天一色胜景的沿海新干线、回味童趣的"阿苏男孩"号、使用温馨木质内饰充满怀旧气息的"由布院之森"号等。

3. 旅游服务创新

如果说旅行社在旅游供应商产品以及产品组织方式等方面的创新还受到很多客观条件的制约，那么旅行社在服务方面的创新几乎是无限的，即通过对旅行社产品提供人性化服务实现服务创新。人性化的旅游服务，具体来说，就是以游客为本，针对游客的具体特点，配以人文关怀，全心全意地为游客提供优质的旅游服务，使游客获得愉悦，最终达到提高旅行社效益的目的。人性化服务是构建和谐旅游关系的重要内容之一，做好人性化服务可以帮助旅行社赢得更加广阔的市场，树立良好的品牌形象。

视频资料：湖南·伍欣·旅行社产品设计原则·下

飞猪启动大西北奇妙之旅

瞄准大西北旅游热度高涨的趋势，飞猪在暑假初期就启动大西北目的地IP项目，并宣布要在宁夏中卫沙坡头的沙漠上"造海"，打造一个集音乐、野营、集市、艺术于一体的"大西北奇妙旅行节"。这种以"造节"打造目的地IP的新模式，为消费者定制全新旅游体验，也为年轻人提供更多关于旅行和生活的可能性，传达了一种"大胆设想，大胆出发，去陌生的地方探索未知"的生活态度。

①在宁夏中卫沙坡头景区举办"大漠赫兹音乐节"。这是大西北奇妙旅行节的重要活动之一，集结新生代追捧的毛不易、后海大鲨鱼、五条人等音乐人，把一望无际的荒野大漠化作奇妙海洋，以沙漠"造海"的噱头刺激年轻游客的兴趣，利用音乐节和大西北旅游的碰撞，强势撬动年轻群体兴趣，提升年轻人的参与感和沉浸感。

②除了表演之外，还增加了帐篷美食、野奢露营、国潮集市等活动。现场有巨型吊车改造成的安康鱼酒馆、海神三叉戟造型的装置、"告别海螺"造型的活动空间、非遗文化展览等，这使得奇妙旅行节本身变成值得打卡传播的目的地，把"到大西北去"变成"高品质""年轻""个性"的代名词。飞猪把年轻人喜爱的休闲场景与旅行体验结合，刺激年轻人新需求的同时，也打破传统旅游产品的局限，丰富目的地IP的旅行内容。

③飞猪融合当地文化推出大西北六大明星度假产品，以房车之旅、观星之旅、亲子研学之旅等新鲜线路设计契合不同的需求场景。比如，房车之旅以独家定制房车为亮点，强调大空间、私密性的网红旅拍体验。暑期研学之旅则专注于亲子共同体验世界文化遗产，感受大西北的人文历史。观星之旅则深入沙漠荒野，使游客享受徒步穿越、露营的自在感。飞猪注重为年轻消费者提供差异化旅游体验，在以更好、更匹配需求的产品和服务打动消费者的同时，也以主题化、IP化的文旅消费体验给目的地商家和文旅产业带来无限商机。

④飞猪与宁夏文旅厅联合打造"星星故乡"数字文旅项目，建设观星特色的旅游主题产品体系。飞猪在App、支付宝、淘宝、微信部署"多端一码"，便捷用户购票体验，还打造宁夏旅游官方旗舰店、宁夏目的地小程序等为宁夏构建数字文旅运营阵地。飞猪在合作中致力于为伙伴提供数字化经营的解决方案，进行数字化转型升级，让目的地IP的流量被充分激活，获得长远发展的机会。

（资料来源：根据中国旅游协会《为打造大西北目的地，飞猪在沙漠里为年轻人造了一个奇妙旅行节》整理，2021-07-17）

思考讨论题：飞猪的奇妙旅行节在娱乐产品设计上的创意思路是什么？与其他的音乐节相比有什么特色？你是否还可以围绕该产品的主题在其他单项产品设计上提出自己的创意想法？

本 章 小 结

本章介绍了旅行社产品的概念与类型，旅游线路和行程设计要遵循的原则，即市场导向、突出特色、旅游点结构合理和时效性的原则。介绍了旅行社产品设计的具体内容，包括旅游线路和行程设计以及食、住、行、游、购、娱等单项旅游产品设计。对旅行社产品设计开发的流程作了详细说明，介绍了旅行社产品创新的种类和方法，可以对旅游目的地内容进行创新、对食宿和交通设施的形式进行创新、对旅游服务进行创新。最后介绍了旅行社产品的几种评估分析方法和旅行社产品组合的概念与原则，通过产品组合使旅行社获得更好的发展。

 关键术语

包价旅游服务（package tour service）
单项旅游服务（the travel principal-agent service）
自由行（independent travel）
团队旅游产品（group travel products）
散客旅游产品（individual travel products）
观光旅游产品（sightseeing products）
产品创新（product innovation）
产品组合（product mix）
产品生命周期（product life cycle）
市场成长率（market growth rate）
市场相对份额（relative market share）

 复习题

1. 简答旅行社产品的概念和主要类型。
2. 简答旅行社产品设计的原则。
3. 单项旅游产品设计有什么要求？如何突出特色？
4. 简述旅行社产品设计开发的流程。
5. 简答旅行社产品线的概念和产品组合的原则。

实践题

1. 设计一组富有特色的亲子游产品线，包括完整的产品线和产品品目（品类）。
2. 根据波士顿矩阵法，分析讨论在现阶段旅游经济形势下，各象限可能分布的旅游产品类型。

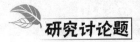 **研究讨论题**

查阅资料举例说明如何开展旅行社的服务创新，分析旅行社产品创新的趋势。

参考资料

[1] 张俐俐. 旅游市场营销[M]. 北京：清华大学出版社，2005.

[2] 纪俊超. 旅行社经营管理[M]. 广州：华南理工大学出版社，2004.

[3] 董正秀，朱晔. 旅行社管理实务[M]. 南京：东南大学出版社，2007：7.

[4] 张冬冬. 旅行社经营管理[M]. 北京：清华大学出版社，2012.

[5] 陈道山. 旅行社经营管理[M]. 北京：化学工业出版社，2009.

[6] 曹华盛. 旅行社经营与管理[M]. 上海：格致出版社，2010.

[7] 韩勇. 旅行社经营管理[M]. 北京：北京大学出版社，2006.

[8] 张勤. 基于游客需求的旅行社产品开发分析[J]. 当代旅游，2020，18(33)：40-41.

[9] 李晓标. 浅谈旅行社产品设计与开发[J]. 现代营销（下旬刊），2014(8)：50-51.

[10] 董红梅. 旅游产品开发存在的问题及改进[J]. 商业时代，2006(9)：80-81.

[11] 彭文静，丁欢欢，凡金琨，黄小娟. 新技术条件下旅行社业新业态及创业路径研究[J]. 经济研究导刊，2018(35)：113-114.

[12] 王毅菲. 旅行社创新型旅游产品研究[J]. 中外企业家，2016(11)：254.

[13] 龚魏魏. 传统旅行社服务产品开发创新研究[J]. 旅游纵览（下半月），2016(4)：24.

[14] 刘晓杰，杜娟. 黑龙江省旅行社产品组合发展对策研究[J]. 知与行，2016(10)：127-132.

第五章 旅行社营销组合管理

学习目标

- 了解旅行社营销环境分析、营销管理组合的定义及特点和旅行社品牌管理
- 了解旅行社目标市场选择的因素、步骤以及目标市场的营销策略
- 掌握旅行社产品定价的方法和策略、促销方法及销售渠道策略

思政目标

- 培养学生至诚服务、游客至上的服务意识和理念
- 培养学生国际化视野和灵活敏锐的市场理念
- 鼓励学生展开想象、大胆创新，培养学生创新思维

案例引导

主题游产品创造"情绪交游"

某旅行社公司是国内一家针对旅行者的"社交网络＋旅游电子商务"平台，业务包括旅行、摄影、体育、教育及旅游线路开发，以"旅游＋交友"的模式，在跟团游和自助游之间，创建出全新的出游方式。该公司以前的定位是旅游社交，现在的定位是好玩的主题旅行平台。公司的市场总监预测："用户新的要求里也孕育了新的机遇，首先我们要做主题与市场匹配分析，寻找目标用户。然后是反向定制，即根据反馈需求设置产品。现在一些轻奢小团产品就是由三五成行或者私家团的定制需求慢慢衍生出来的。最后，创造性地发现用户需求。如用户需要自驾游时，可以通过了解需求匹配一个司导，既解决随走随停，又省去用户自己做攻略的麻烦。"

如何让游客在千篇一律的产品中找到新鲜感，让主题游产品创造"情绪高潮"，该公司将注意力转向以下两个方面。

第一，创造差异化体验性产品。在看似没有需求的地方，创造了别人看不到，但消费者认可的价值，这就是通过洞察和创新发掘潜在需求机会。在产品设计方面，首先要做到主题与市场匹配分析，寻找目标用户；之后是反向定制，即根据反馈需求设置产品；最后是创造性地发现用户需求，提升产品的附加值。旅行要素的重新组合是产品设计中非常重要的节点，要通过要素的创新或者升级，实现主题凸显。正常景点体验很难做出差异化，因此吃住行游购娱每一个小的环节上的体验都值得去做差异化的服务。如果企业想要做好一个产品，就要找到匹配的资源。在公共资源面前，除了靠拼抢作风做到人无我有，更多的是要靠技巧做到人有我优，人优我专，人专我独。

第二，创造有销售力的产品包装。创造品牌优势，要把每一个品类灌输在用户的视野里，通过外化的品牌个性彰显用户的个人属性。所谓外化的品牌个性指的就是旅游产品包装。优秀的产品包装设计表达都是善于攻心的，通过了解分析用户，准确挖掘到内在需求点；同时，通过与目标用户的人格相结合，逐渐由产品升级为一种价值观和生活态度的认同。一个具有目标个性色彩的设计，更容易满足用户的需求，即从用户角度出发，而不是从美工、产品经理角度出发。如果定位是亲子类产品，买单的多数是妈妈，就要围绕妈妈的定位去做产品包装。

（资料来源：根据旅行社资讯网《主题游风口下，躬身入局的旅行社都是怎么玩的？》整理，2020-04-07.）

思考： 该旅行社是如何开发主题旅游产品，采取的营销特色是什么？

旅行社市场营销与产品策划设计息息相关，产品在研发之初就要考虑到营销对象和市场反应。如果没有营销策划，旅行社的一切生产活动就是盲目的、无效的。旅行社的营销管理是经营管理的重要组成部分，是企业为了实现市场的财务指标而对目标购买者做出分析、计划、实施与控制的过程。

视频资料：旅行社全网营销下的内功

第一节　旅行社营销管理概述

一、旅行社营销环境分析

SWOT 分析法是目前广为应用的一种战略分析方法，是指通过对企业内外部条件的各方面内容进行归纳和概括，进而对企业发展进行全面评估的一种方法。SWOT 分别代表了优势（strengths）、劣势（weaknesses）、机会（opportunities）和威胁（threats）。其中，优劣与劣势的分析主要着眼于企业自身的实力，而机会和威胁的分析将注意力放在外部环境变化可能对企业的影响。运用 SWOT 分析法，有利于企业对变化的营销环境做出适当的判断，从而更好地把握市场机会。以中国旅行社为例，分析其营销环境，如表 5-1 所示。

（一）内部环境分析

中国旅行社的主要内部优势是其规模实力、品牌知名度和信用度、行业的地位及管理网络系统等，劣势是管理制度落后、人才短缺、内部机制不完善等问题。

（二）外部环境分析

中国旅行社的外部机会主要来自于行业大环境的发展机遇，包括旅游需求和国际客源的增加、政策支持等。外部威胁主要是竞争者增多，如在线 OTA、互联网技术发展等。

综合以上分析，要应对挑战和机遇，中国旅行社业必须进一步拓展网络、强化优势、打造品牌、固本强身，进一步强化产品设计、强化营销组织、强化人员培训，在确保服务质量的基础上苦练内功，并积极寻求合作伙伴，发展旅行社之间的联合、旅行社与景区的联合、旅行社与交通的联合、旅行社与酒店的联合。

目前，我国旅行社规模性实施网络营销，在软硬件设施的配备、技术应用水平、整体人员素质、战略和变革的准备方面都不够充分，实施难度较大，其优势的充分发挥还有待时日。然而，无论从现实还是长远看，网络营销由于适应了全球经济一体化和数字化经济的要求而成为发展的大势所趋。我国旅行社必须努力克服自身的不足，改变传统经营理念，加快企业的信息化进程，提高技术应用水平，才能跟上时代发展的潮流。

表 5-1　中国旅行社营销环境分析

内部环境 外部环境	优势（strengths） ○ 国内规模最大、实力最强的旅行社企业集团 ○ 企业品牌知名度和信誉度高 ○ 中国旅行社是旅游行业内公认的领导者 ○ 历史悠久，具有丰富的旅游行业经验 ○ 有丰富的经营意识和管理经验 ○ 有一套完整的旅游网络	劣势（weaknesses） ○ 企业制度相对保守，经验管理和方式相对落后 ○ 旅行社高素质人才短缺 ○ 旅游产品管理体制不完善 ○ 旅行社内部产权不太明晰
机会（opportunities）	SO	WO
○ 旅游需求日益增多 ○ 国际客源增多 ○ 政府政策支持	○ 进行扩张，成立分社或办事处 ○ 旅游人口的增长，可以借此机会进一步提升知名度 ○ 加大营销，更进一步提升信誉质量 ○ 充分利用历史悠久、丰富的旅游行业经验等优势 ○ 提高服务质量保持原有的优势 ○ 充分利用加入世贸组织后带来的机遇，扩大影响力	○ 改善旅行社相对保守的企业制度 ○ 政府进一步培养高素质人才 ○ 建设小康社会带来的机遇 ○ 部分小型的旅行社由于投入过高，导致破产，也给中国旅行社带来机遇 ○ 旅游需求多样化 ○ 旅行社对旅游带来的污染问题提出解决的措施
威胁（threats）	ST	WT
○ 外国旅行社进入中国市场，竞争者增加 ○ 管理经验相对西方旅行社较为落后 ○ 旅行社面临着网络技术的挑战 ○ 旅行社企业人才外流	○ 及时应对旅行社负面新闻和影响声誉的突发事件，如顾客投诉、受伤等，淡化恶性影响 ○ 深入考察市场，对潜在市场进行细分，满足不同旅游者的旅游需求 ○ 向优秀的旅行社学习其管理理念、操作方式，引进人才	○ 不盲目扩张，追求数量增长 ○ 将更多的人力、物力、财力集中在能给公司带来利润的产品上 ○ 加强管理，严格控制成本，提高员工的工作效率，降低冗员率

二、旅行社营销管理组合的定义与特点

（一）定义

旅行社营销管理组合指的是旅行社在选定的目标市场上，综合考虑环境、能力、竞争状况和自身可控制的各种营销因素，以满足和创造旅游者需求为中心，进行优化组合和综合运用，合理组合产品（product）、价格（price）、分销（place）以及促销（promotion）等活动（简称4Ps），充分发挥整体优势和效果，以便更好地实现营销目标。

旅行社营销管理不是采用单一手段从事经营活动，而是强调在产品设计、品牌形象、

商标、定价、财务、销售、服务、公关、分销渠道等各个方面都要制定相应的营销策略，以综合性的营销策略组合进行整体营销。这些策略和手段包括产品策略、定价策略、分销渠道策略、促销策略，以及公共关系策略、财务控制策略、服务营销策略、信息化营销策略等。旅行社整体组合这些策略，相互联系，共同作用，形成营销手段和方法的动态组合。

（二）特点

1. 动态性

营销组合是一个变量组合，构成旅行社营销管理组合的各个因素就是自变量（即 4Ps 中每一个项目的内容），是最终影响和决定市场营销效益的决定性要素。营销管理组合的最终结果就是这些变量的函数，即因变量。从这个关系看，营销管理组合是一个动态组合，只要改变其中的一个要素，就会出现一个新的组合，产生不同的营销效果。

2. 层次性

旅行社营销管理组合由许多层次组成，就整体而言是一个大组合，每个层次又包括若干的要素。因此，旅行社在确定营销管理组合时，不仅更为具体和实用，而且相当灵活，不但可以选择各个要素之间的最佳组合，而且可以恰当安排每个要素内部的组合。

3. 整体性

旅行社必须在准确地分析、判断特定的市场营销环境、资源及目标市场需求特点的基础上，才能制定出最佳的营销管理组合。因此，最佳的市场营销组合的作用，绝不是产品、价格、渠道、促销四个营销要素的简单相加，而是各个因素相互配合的作用，整体协同效果超过每一个因素单独产生的效果的总和。

4. 可控性

旅行社市场营销管理组合因素都属于企业内部可以控制的因素。旅行社可以根据自己的调研分析决定和设计旅游产品的结构、质量、数量及价格，自由选择广告宣传手段、销售渠道和方式、制定促销预算等。

5. 灵活性

旅行社营销管理组合必然会受到不可控制的外部因素的影响，对可控制内部因素产生直接或间接的制约作用。因此，旅行社必须预测外部环境的变化，具有充分的应变能力，能根据市场竞争和顾客需求特点及外界环境的变化，适时调整内部可控因素，合理组合营销策略，适应外部不可控因素的变化。

 拓展材料

迪拜亚特兰蒂斯酒店与旅行社合作调整产品，延长中国客人住宿时间

迪拜棕榈岛亚特兰蒂斯度假酒店在深耕多年的中国市场虽从一线到二、三线城市都不乏认知度和市场需求，但仍面对客人停留时间过短的瓶颈。自免签政策落实起，在旅游局营销力量的助推下，迪拜的中国市场呈现了井喷式的增长，当地的地标性酒店自然也受惠

不少。以迪拜棕榈岛亚特兰蒂斯度假酒店为例，中国市场已连续两年作为该酒店的第二大客源国（仅次于英国），且增长持续强劲。然而，去年该酒店虽接待了约 10 万中国客人，却只达到约 4.9 万间夜。这反映了亚特兰蒂斯现应克服的主要瓶颈：中国客人停留时间未突破两晚，无法充分理解这家酒店如何"贵得有道理"。为改变现况，亚特兰蒂斯同时采取 B2C 和 B2B 两种解决方案。

在 B2C 方面，亚特兰蒂斯正在强化其价值主张向消费者的传递（即其综合性度假体验除了客房之外，还涵盖水上乐园、水族馆、购物和各项餐饮和娱乐设施等），利用《花儿与少年》等真人秀节目、《功夫瑜伽》等电影以及邀请 KOL 探访等方式，让酒店设施曝光，建立潜在客户"一天可能不够"的心理预期。亚特兰蒂斯也希望一百多名中文员工、24 小时中文服务热线、400 电话中文预订等能向客人植入"一天玩不够"的想法，并在停留更久的客人间产生口碑效应，从而达到更广阔的自媒体传播。在 B2B 方面，亚特兰蒂斯从源头去控制一晚产品的报价，利用合作批发商的销售人员去影响下游的旅行社，使旅行社增加客人在亚特兰蒂斯的自主时间。通过与旅行社合作，从源头调整产品，迪拜亚特兰蒂斯期盼吸引客人连住两晚，真正感受其物有所值的原因。

（资料来源：东方头条.迪拜亚特兰蒂斯酒店与旅行社合作调整产品，延长中国客人住宿）

三、旅行社品牌管理

旅行社品牌是指用来识别一个（或一群）旅行社企业的产品或服务的名称、术语、标记、符号、图案或其组合。它是旅游产品或服务的质量、价值以及满足旅游者效用的可靠程度的综合体现。旅行社品牌属于服务品牌的范畴，其首要任务是通过强调与众不同的、对顾客具有特殊价值的服务，来确定旅游目的地或旅游企业的市场优势。

（一）旅行社品牌管理的意义

随着旅游业的飞速发展，旅游市场竞争不断加剧，旅游者消费心理日益成熟，旅行社品牌对于旅游者购买产品和服务起着重要的决定作用。品牌所蕴含的高额利润、竞争优势和产品扩张的可能性等因素，使品牌资产成为成熟企业的普遍追求。未来旅游业的竞争实际上就是品牌的竞争，旅行社走品牌经营之路是适应旅游业发展趋势的必然要求，因此旅行社进行品牌管理有重要的意义。

1. 强化旅游产品差异

旅游产品的差异化程度越高，旅行社制定高价的可能性就越大，排斥竞争者进入的壁垒就越高，竞争优势与获利能力就越强。鉴于旅游产品具有无形性的特点，其本身物质性的差异较小，并且随着竞争不断加剧，旅行社产品同质化现象日益严重。因此通过强化品牌个性来体现旅游产品的差异性，凸显竞争优势的空间很大。旅行社一旦在旅游者心中树立品牌，旅游者对旅游产品的认知度就会大大提升，企业会获得独特的销售点，赢得市场的竞争优势。

2. 降低购买风险

在纷繁复杂的旅游市场中，旅行社品牌是降低旅游者购买风险的法宝。优秀的旅游品牌本身就是一种信用，是对旅游者的承诺。对于旅游者来说，购买优质旅游品牌就意味着旅游行程会放心和舒心，大大降低了购买到不满意产品的风险。

3. 提高旅游产品附加值

品牌提高旅游产品的附加值主要表现在以下几个方面。

①消费者购买品牌产品时可以获得一种心理满足。

②品牌意味着市场，旅游企业拥有著名品牌就能增强对市场的感召力，获得较高的市场占有率。

③品牌是企业的无形资产，优秀的品牌不仅有强大的增值功能，其本身也具有很高的价值。

4. 有利于开展国际化经营

旅行社开展国际化经营需要品牌开路，如今国际旅游市场竞争日趋白热化，焦点就表现为品牌的竞争。因此，我国旅行社企业只有打造品牌，才能获得竞争优势、赢得市场份额，进而提高我国旅行社的竞争力，最终实现世界旅游强国的目标。

（二）旅行社品牌管理内容

1. 旅行社企业品牌

旅行社企业品牌也称为旅行社组织品牌，是指旅行社在公众心目中建立的一种名称、标记或者视觉图案等。它可以使旅行社区别于其他市场上的竞争对手，使旅游者更倾向于选择本旅行社的产品，例如众信旅游、康辉、春秋等。一般提到旅行社组织品牌时是以整体的形象概念出现的，而非企业的属性、包装等个体因素。

2. 旅行社产品品牌

旅行社产品所涉及的旅游资源、配套设施等属于公共资源，旅行社不能排他性使用。一个旅行社经营的某类产品，其他旅行社也可以经营，产品的物质部分其实没有太大区别。真正使旅游产品显得不同的只有旅游服务，旅行社必须通过市场营销方式向游客展现本旅行社的产品服务具有与众不同的品质，打造产品品牌可以让游客产生正面积极的联想，强化游客的购买意愿。

旅行社产品的品牌不适合以旅游线路的名称命名，因为线路名称是旅行社产品的通用名称。使用这样的名称作为产品品牌，很难使本旅行社的产品与其他旅行社的产品区分开来，因而起不到区分产品品牌这一最基本的作用。

（三）旅行社的品牌建设

旅行社在良好的企业品牌之下，可以进行产品品牌的建设。旅行社的品牌建设是指通过品牌建设、品牌推广、品牌质量管理、品牌维护和品牌创新等活动，提高客人的满意度、忠诚度和旅行社的知名度、美誉度。旅行社的品牌建设主要包括以下五个方面。

（1）确立适当的品牌名称

品牌名称是品牌的核心，旅行社的名称应具有独特性、恰当性、可记性和灵活性。例如"众信旅游"，其命名为"大众信任的旅行社"之意。

（2）赋予品牌独特的内涵

一般来说，旅行社在确定其特定品牌的内涵时，应通过企业目标把握企业所拥有的机遇和资源，制定合理的企业战略，确认目标市场，提供相对应的产品或服务，剖析其特征，从而确立产品形象，进而确定品牌内涵。例如，驴妈妈旅游网通过确立女性目标市场，采用相应的粉色卡通形象，设计一系列符合女性出游需求的产品，从而确立其品牌内涵。

（3）设计品牌标志

旅行社应设计与品牌名称、内涵相一致的品牌标志，并连同品牌名称一同注册，取得合法的排他性使用权。例如，去哪儿旅行的品牌标志是一只骆驼，骆驼有着坚韧持久、令人信赖的游伴形象，它的不离不弃、默默奉献，陪伴人们度过旅行中的每一刻，传达了旅行社保驾护航的理念。

（4）促成购买行为

旅行社通过品牌内涵的营销沟通唤起消费者对品牌的注意，强化消费者的态度，促成消费者的购买行为。例如，"旅游之前，先上马蜂窝""携程在手，说走就走"，这些营销口号加深了消费者对品牌的记忆，获得消费者的信赖，有助于促成消费者的购买决策和购买行为。

（5）培育品牌忠诚度

服务产品的无形性决定了对既有顾客的优良服务，无论是对吸引回头客，还是对口碑宣传都具有至关重要的作用。因此旅行社可通过产品更新、提升品牌文化辐射力、完善价值链体系及数据库营销等方法，提升服务质量，不断吸引游客，培育其品牌忠诚度。

第二节　旅行社目标市场的选择

旅行社的一切营销活动都是围绕目标市场进行的、具有共同需要或特征的购买者的集合。在市场细分的基础上，旅行社根据自己的优势条件确定目标市场，明确具体的服务对象，实施相应的目标市场营销策略，是实现满足消费者的需求、企业良性运作、提高经济效益的重要途径和手段。市场细分是旅行社选择目标市场的基础，目标市场的选择则是旅行社市场细分的结果。

一、选择目标市场的步骤

1. 预测市场需求

旅行社选择目标市场，必须对其现有和未来的市场容量做出客观的分析、预测，包括当前其他旅行社的市场份额、旅行社可达到的市场份额等。由于未来市场增长与经济发展、收入水平、人口等宏观因素有着密切的关系，因此旅行社还要分析这些因素的发展变化是否有利于市场需求的发展，最后决定是否进入这一市场。

2. 细分市场

为了适应旅游者多样化、个性化的需求，旅行社需要根据地理、人口、心理、行为等因素，将整个市场划分成不同类别的细分市场，辨别具有不同需求的旅游者群体。消费行为细分变量包括消费者进入市场的程度、购买或使用某种产品的时机、消费者的数量、规模和对品牌忠诚度等。心理细分变量根据购买者的社会阶层、生活方式、个性、偏好划分不同群体。例如，按照年龄细分可以划分为银发市场、青少年市场等，按照地理细分可以划分为东南沿海市场、西北地区市场等，按照行为动机细分可以划分为康养休闲游市场、购物观光游市场、研学游市场等。

**拓展材料**

旅游需求的差异性是旅行社市场细分的基础。然而，旅游需求的差异性按什么标准去细分，却没有一个统一的规定。各个不同的旅行社可以根据旅行社的具体情况，以及经营的市场范围来确定细分的标准。一般情况下，旅行社市场细分的标准有以下三大类。

①地理标准。市场细分的地理标准是指旅行社根据地理因素将客源市场分为不同的地理区域，一般包括地理单元、城市规模、自然气候、人口密度、城乡分布等因素。

②人口统计标准。旅行社的市场细分是与人口的自然状态和社会构成密切相关的，人口统计标准一般包括年龄、性别、家庭人数、经济收入、教育程度、职业、宗教、国别、社会阶层、身体状况等因素。

③心理行为标准。在地理与人口统计因素相同的旅游者群体当中，由于人们的旅游动机、生活方式和个性特征的差异，他们对于旅游产品的爱好以及态度是不同的。这就为旅行社利用人们的心理行为标准细分市场创造了条件，一般包括旅游动机、旅游类型、旅游方式、旅游频率、消费的敏感程度、品牌依赖程度等因素。

（资料来源：https://baike.baidu.com/item/旅行社市场细分/12804324?fr=aladdin）

3. 确定目标市场

旅行社在市场细分的基础上，根据各细分市场的吸引力评估旅行社的营销机会，从中选定一个或若干个细分市场作为自己的目标市场，然后制定适当的营销策略，满足目标市场的独特需求。

例如，驴妈妈旅行网主要针对的女性自助旅游市场。如今随着经济收入与购买力的提高，女性正在逐渐成为消费市场的主导者，围绕女性产生的"她经济"正在崛起。女性消费者更注重旅游产品的品质，追求精神和物质的双重享受，愿意为更好的产品和服务买单。但女性消费者也是最谨慎的群体，她们在旅行前更会精打细算，做好十足的准备工作。因此驴妈妈在思考如何整合旅游资源、提升旅游产品和综合服务能力的同时，更关注女性游客的人身安全与权益问题，做更懂"她"的旅行。飞猪旅行把目标客群锁定为互联网下成长起来个性化的一代，结合阿里大数据生态资源优势，通过互联网手段，让年轻消费者获得更自由、更具想象力的旅程。马蜂窝旅游网以"自由行"为核心，提供旅游攻略、旅游问答、旅游点评等资讯，以及酒店、交通、当地游等自由行产品及服务。

4. 市场定位

市场定位是根据竞争者现有的产品在市场上所处的位置，针对旅游者对该产品某种属性的重视程度，进行设计、包装、宣传促销，塑造出旅行社与众不同的、个性鲜明的、符合旅游者需求的市场形象。旅行社的市场定位策略可以强调产品特征方面的差别，如旅行社的线路、服务、旅行社规模等，也可以强调服务对象、服务水平、价格、价值等方面的差别，以便旅游者能够将该旅行社及其产品和服务与竞争对手区别开来。市场定位的本质是通过突出企业及产品的特色，使消费者明显感觉和认识到这种差别，在消费者心目中占有特殊位置，给消费者留下良好印象，取得目标市场的竞争优势。

二、目标市场营销策略

企业通过市场细分，从众多的细分市场中，选择出一个或几个具有吸引力、有利于发挥企业优势的细分市场作为自己的目标市场，然后综合考虑产品特性、竞争状况和自身实力，针对不同的目标市场选择营销策略。

1. 无差异市场营销策略

无差异市场营销策略（undifferentiated targeting strategy）即旅行社不考虑细分市场的差异性，在整个市场上只提供一种旅游产品，采用单一市场营销组合的目标市场营销策略。无差异市场营销策略适用于消费者需求同质的产品，即消费者需求广泛、能够大量生产、大量销售的产品。旅行社能以低成本取得市场竞争优势，但是由于不能满足消费者需求的多样性和差异性，企业难以长期采用。一旦竞争者采取差异化或集中化的营销策略，企业必须放弃无差异营销，否则，顾客会大量流失。

2. 差异化市场营销策略

差异化市场营销策略（differentiated targeting strategy）即旅行社在细分市场的基础上，从中选择两个以上的细分市场作为自己的目标市场，针对不同的子市场，采取差异化的产品营销组合，最大限度地满足不同市场的需要的目标市场营销策略。例如，旅行社针对老年人的"夕阳红"产品系列，针对家庭的亲子游产品系列，针对商务客人的会展产品系列等。差异化市场营销策略适用于大多数异质的产品。旅行社在产品设计、推销宣传等营销策略方面能针对不同的子市场，有的放矢，有利于获取最大的销售量，提高市场占有率。但是，由于多品种设计和生产，增加了生产、管理和营销成本，因此，该策略多为技术和资金实力雄厚的大旅行社所采用。

3. 集中性市场营销策略

该策略也称为聚焦营销策略（concentrated targeting strategy），即旅行社以一个细分市场作为旅游目标市场，集中力量，实行高度的专业化经营，力图在一个或少数几个性质相似的子市场上获得较大市场占有率的目标市场营销策略。例如，驴妈妈主要针对女性自助旅游市场，满足女性游客的自由行出行需求。集中性市场营销策略主要适用于资源有限的中小旅行社或者初次进入新市场的大旅行社，优点是目标市场集中，能快速开发适销对路的产品，提高企业和产品在市场上的知名度，有利于集中企业资源，降低生产成本，节省营销费用，增加企业盈利。但是，由于目标市场狭小，经营风险较大，一旦市场需求突然发生变化或出现更强的竞争对手，旅行社就可能陷入困境。

三、影响目标市场选择的因素

1. 旅行社自身发展情况

旅行社若生产能力、技术能力和销售能力十分强大，有能力占领更大的市场，就可以采用市场全面覆盖模式。反之，旅行社如果资源有限，实力不强，无力兼顾整体市场或者更多的细分市场，就应考虑采用单一市场集中化模式或者市场专门化模式。

2. 旅游产品特征

如果旅行社提供的产品与其他旅行社提供的产品具有较强的类似性，则应采取无差异性外联销售模式。反之，如果旅行社产品是多样化的，与其他旅行社的产品相比差异性显著，则应该考虑采用市场全面覆盖模式或者专门化模式。

3. 市场特性

市场特性主要是指市场的同质性，即细分市场之间旅游消费者需求特征的相似程度。若旅游消费者需求比较相近，对产品的兴趣爱好大致相同，旅行社则应采取无差异性模式；反之则应考虑差异性模式。

4. 旅游产品生命周期

旅游产品所处生命周期不同，旅行社采取的销售模式也不相同。旅行社推出新产品时，因竞争者相对较少，旅游消费者对该产品了解程度有限，故宜采用无差异性模式。当旅游产品进入生命周期中的成长后期和成熟期时，投入市场品种增加，市场竞争加剧，旅行社为了在角逐中战胜竞争对手，需要延长产品的生命周期，宜采用差异性模式。当旅游产品进入衰退期时，旅行社为了维持一定的市场份额，常常采用市场专门化模式。

5. 市场竞争情况

考察市场竞争情况，旅行社应从两方面入手。一方面是考察竞争者的数量和市场竞争的激烈程度。当竞争者众多时，为了在不同的旅游者消费群体中树立旅行社形象、增强旅游产品的竞争力，旅行社往往采用市场专门化模式。反之，竞争者数量不多时，旅行社可以采用无差异性模式。另一方面是考察竞争者的目标市场策略。当竞争者采用无差异性模式，该旅行社若同时采用该种方式则势必处于弱势，而如果采用差异性模式则有可能取得胜利。此外，旅行社在选择目标市场时，应与其自身规模、现有主客观条件相适应，注重不断开拓新市场。

第三节　旅行社产品定价的方法和策略

制定产品的销售价格也是旅行社市场营销管理的一个重要内容。旅行社产品价格是旅游者参加由旅行社组织的旅游活动或委托旅行社为其提供某项服务所需付出费用的总和，反映了旅行社对其产品在旅游市场上需求状况的理解。

一、影响旅行社定价的因素

根据商品价值决定商品价格的基本原理，旅行社提供的旅游产品的价格是由旅游产品本身内含价值决定的。在现实的经济活动中，由于受多种因素变动的影响，旅游产品的价格总是围绕价值上下波动的。旅行社产品的销售是一种预约性交易，即旅行社销售产品在先，提供服务在后，这之间间隔的时间较长，报价往往需要提前半年或更长时间。根据国际惯例，价格一旦报出，在执行年度内要保持相对稳定，以维护旅行社的声誉，保持稳定的合作关系。因此，旅行社在制定产品价格以前要注重研究影响价格变化的因素。这些因素主要有供求关系、产品成本、汇率等。

（一）供求关系变化

市场供给量和市场需求量之间的数量对比关系，在很大程度影响着旅游价格的变动。

在某一时期内，某一旅游市场在旅游产品的供给规模既定的前提下，对某一旅游产品的需求量的增加会导致该产品供给的短缺，旅行社为了赚取更多的利润，会提高该产品的价格，形成卖方市场。反之，需求量的减少会导致旅游产品供给的剩余，旅行社为出售产品而压价，使产品价格下降，形成买方市场。

在某一时期内，某一旅游市场在旅游产品的需求规模既定的前提下，某一旅游产品供给量的增加会导致旅游产品供给的剩余，旅行社为出售产品而压价，导致产品价格下跌。反之，供给量的减少将导致旅游产品的短缺，旅游者若争相购买，则会使旅游产品的价格上涨。

如果旅游市场的需求量和供给量达到平衡状态，旅游产品的价格就会趋于稳定，但这种稳定只是暂时的，很快又会产生新的波动。

（二）产品成本变动

产品成本是影响旅游价格的最直接因素。旅行社产品的成本，在许多情况下，并不是旅行社单方面所能控制的。旅行社的产品具有较强的综合性，其中大部分项目和服务内容都是从旅游服务供应部门采购而来的。如果协作企业根据自身经营情况进行了价格调整，旅行社产品的成本就会发生相应的变化，这就必然会影响到旅行社产品的价格。

（三）汇率变化

汇率是两种不同货币之间的比价，也是一国货币单位用另一国货币单位所表示的价格。旅行社在国际旅游市场的产品售价，一方面取决于产品本身的价值，另一方面取决于本国货币与外国货币之间的比率。在旅行社产品价值不变的情况下，产品售价应与汇率变化呈反比例关系。例如，当人民币升值时，我国旅游产品国际市场价格实际上涨了，为避免由此失去客源，旅行社应适当降低产品的售价，同时，组团出境旅游的价格较之前更便宜。当人民币贬值时，我国旅游产品国际市场价格实际降低了，为避免由此带来的经济损失，旅行社应适当提高产品的售价，同时，组团入境旅游的价格较之前更便宜。

（四）竞争者行为

在竞争激烈的旅行社业中，产品的定价常常不得不考虑竞争对手的因素。旅行社之间是一种博弈的关系，旅行社产品的降价和提价都要考虑竞争对手的反应，在此基础上确定最终的价格。目前旅行社业供过于求，且产品雷同、低质，旅行社企业之间的竞争非常激烈。多数旅行社都采用价格这一最直观、有效的竞争手段来吸引旅游者，使得削价竞争长期盛行。

（五）产品价值的认知

需求价格是指在一定时期内消费者对一定量产品所愿意和能够支付的价格，它决定了价格的上限。旅游消费者对旅游产品价值的理解和认知决定了他愿意支付的价格。如果旅游产品的价格超过了旅游消费者所理解的产品价值，旅游消费者就会认为不值而放弃购买，从而影响旅游产品价值的实现。这种情况下，旅行社倾向于以较低的价格获取旅游消费者的认同。

此外，产品生命周期、国家的法律法规、经营目标等也会对旅行社产品的定价产生影响。

二、旅行社产品的定价目标

旅行社在定价之前必须首先确定定价目标。旅行社产品的定价目标是旅行社营销目标的基础，是旅行社选择定价方法和制定价格策略的依据。一般情况下，旅行社产品的定价目标有以下四种。

（一）以获得最大利润为目标

此种定价目标就是通过制定高价格，以期在较短的时间内获取最大利润。采取这种定价目标的旅行社，其产品在市场上必须处于绝对有利的地位。在这种定价目标下，旅行社往往要采取高价策略，但如果价格过高，超过了市场可以接受的价格，就可能失去争夺市场的机会，并为竞争者提供有利的市场进入机会。

（二）以获取投资报酬为目标

任何企业对于营销过程中投放的资金，都希望获得一定的预期报酬，且投资报酬率一般应当不低于银行存款利率，否则，人们就不会愿意进行投资了。由于预期投资报酬是通过销售产品来实现的，因此，产品的价格水平应努力确保预期投资报酬的实现。

（三）以维持或提高市场占有率为目标

市场占有率是指企业产品销售量在同类产品市场销售总量中所占的比重，它反映了一个企业的经营状况和产品在市场上的竞争能力。维持或提高市场占有率，对企业来说有时比获取投资报酬更为重要。旅行社必须在具备一定的生产能力、有较高的管理水平、能使总成本的增长速度低于总产量的增长速度的前提下，才能考虑选择这一目标。否则，盲目降价促销，不但不能增加总利润，还可能影响旅行社扩大再生产。

（四）以稳定价格为目标

为了长期稳定地占领目标市场并获得适当的利润，企业采取保持价格稳定的方法，可避免不必要的价格竞争或价格骤然波动所带来的经营风险，这是获得一定的投资收益和长期稳定利润的一条重要途径。以稳定价格为营销目标对大旅行社而言是一种稳妥的保护政策，而中小旅行社一般也愿意追随大旅行社制定价格。

三、旅行社产品的定价方法

（一）成本导向定价法

成本导向定价法是在对所涉及的旅游产品的成本做出核算后，再加上利润而最终形成产品的价格。通常在旅游产品的定价中，由于整个行业已经形成了比较固定的利润率，因此旅行社可根据通行的利润率来定价。

1. 完全成本定价法

完全成本定价法也称为成本加成定价法，即首先确定单位变动成本再加上平均分摊的固定成本组成单位完全成本，在此基础上加上一定比例的利润，作为单位产品价格。在计算时，旅行社应先统计出总的产销量，在每个单位产品成本的基础上加上应缴纳的税金和预期利润率。

2. 目标利润法

目标利润法也称为投资收益定价法，即根据旅行社的总成本和计划的总销售量加上按投资收益率确定的目标利润额作为定价基础的一种方法。

3. 盈亏临界点定价法

盈亏临界点定价法也称为损益平衡定价法，即旅行社按照某条旅游线路总成本等于总销售收入条件下的保本价格的一种方法。这种方法在市场不景气的情况下采用比较合适，因为保本经营总比停业的损失要小。

4. 边际贡献定价法

边际贡献定价法也称为高于变动成本定价法。所谓边际贡献，即预计的销售收入减去变动成本后的收益，也就是旅行社只计算变动成本，不计算固定成本，而以预期的边际贡献来适当补偿固定成本的定价方法。当边际贡献等于固定成本时可以实现保本，当边际贡献大于固定成本时可有盈利，当边际贡献小于固定成本就会出现一定程度的亏损。这种定价方法比较灵活，适用于市场供过于求、卖方竞争激烈的市场环境。

（二）竞争导向定价法

竞争导向定价法是指旅行社为了应对竞争，依据竞争对手的产品价格来确定自己产品的价格。

1. 随行就市定价法

随行就市定价法也称为竞争定价法，指旅行社将应对竞争者作为定价目标，参照市场上同类竞争产品的价格来制定本社产品的价格。这是比较常见的定价方法，也是旅行社为了对抗竞争者采取的一种被动的定价方式。

2. 追随大户定价法

追随大户定价法是指当行业中实力雄厚的领先旅行社推出新价格时，其他旅行社追随并仿效其产品价格的定价法，是一种盲目的被动的定价方法。

（三）需求导向定价法

1. 认知价值定价法

认知价值定价法也称为理解价值定价法，是指旅行社以旅游者对产品价值的认知和理解程度为定价依据的定价方法。旅行社利用营销组合中的非价格变量来建立购买者心目中的感知价值，并确定适当的价格与这种价值相匹配。因此，这种定价法的关键在于旅行社要正确评估旅游者对产品的感知价值，过高或过低都会影响价格的合理性。

2. 需求差别定价法

需求差别定价法是指旅行社为了适应旅游者的需求差异，根据市场需求的测定，通常是对需求的价格弹性进行分析，测得目标市场的需求数量及需求强度，分析旅游者对价格的接受度，为一种产品制定出两种或两种以上的价格。例如，旅行社推出有价格差异的三亚一日游经济型与豪华型线路，以满足不同消费需求的旅游者。

四、旅行社产品的定价策略

定价策略是旅行社制定价格的指导思想和行动方针，旅行社应根据不同的产品和市场情况，以及旅游者心理特点，采取适当的定价策略，实现产品定价目标。旅行社产品的定价策略一般分为新产品定价策略、心理定价策略和折扣定价策略。

（一）新产品定价策略

1. 撇脂定价策略

这是一种高价进入市场的策略，在新产品上市之初，需求弹性小，以高价格打入市场，可以获取厚利，短期内收回投资，然后根据市场供求情况，逐步降低价格，赚头蚀尾。这就像从鲜奶上层撇取乳酪一样，故称撇脂定价。

在新产品投入市场初期，竞争对手尚未推出与之竞争的同类产品，开发出新产品的旅行社在市场上暂时处于一种产品垄断的地位。由于新产品投放市场的数量有限，容易造成一时供不应求的局面，迫切需求这种产品的旅游者愿意付出较高的价格，开发和生产该产品的旅行社可乘此机会以较高的价格售卖，以便在短期内收回成本，获得较大利润。一旦竞争对手向市场推出类似产品时，旅行社便可以将产品价格降低，以保护其所占有的市场份额。由于旅游线路、旅游服务技术含量不高、易于模仿，新产品推出后，竞争者很容易效仿，因此，旅行社采取这种策略要相当谨慎。

2. 渗透定价策略

与撇脂定价相反，这是一种低价进入市场的策略，即在新产品进入市场初期，把价格定得较低，借以打开产品销路，扩大市场占有率，挤掉竞争对手，谋求较长时期的市场领先地位，然后再将价格提高到一定的高度，即"蚀头赚尾"。渗透价格通常既低于竞争者的同类产品价格，又低于消费者的预期价格。撇指定价策略和渗透定价策略的区别如表5-2所示。

表 5-2 旅行社定价策略的选择标准

选 择 标 准	撇脂定价策略	渗透定价策略
市场需求	高	低
与竞争产品的差异性	大	不大
价格需求弹性	小	大
生产能力扩大的可能性	小	大
旅游者购买力水平	高	低
仿制难易程度	难	易
市场潜力	不大	大
投资回收方式	迅速	逐渐

实际上，渗透定价策略是一种颇具竞争力的薄利多销的策略，有利于旅行社占领市场、挫伤竞争者进入的积极性、阻止对手进入市场。这一策略适用于需求弹性大、潜在市场广的产品，但是不利于垫付资本的及时回收。

3. 温和定价策略

该策略是旅行社新产品上市后，按照旅行社的正常成本、国家税金和一般利润，定出中等价格。这种定价策略介于高价和低价之间，旅行社既能获取一般利润，又能吸引普通游客购买。这种定价策略使新产品在市场上难以形成卖点和价格优势，如果其他营销手段没有跟进，往往会遭到市场冷落。

（二）心理定价策略

心理定价策略是旅行社利用旅游者对价格的心理反应，刺激旅游者购买产品的定价策略。常见的心理定价策略有尾数定价策略、整数定价策略和声望定价策略。

1. 尾数定价策略

这种定价策略也称为非整数定价策略，它是利用旅游者认为小数较整数真实、准确的心理而采取的产品定价策略。旅游线路虽然一般采用整数定价，但近些年旅游者在购买旅行社产品，尤其是单项服务产品时，乐于接受尾数价格而不喜欢整数价格，认为尾数定价使其获得了一种折扣优惠。所以，不少旅行社也在尝试采用尾数定价策略。

2. 整数定价策略

这种定价方法是指旅行社把原本可以定为尾数的商品价格定为高于或偏低于这个尾数价格的整数。例如，它常常以偶数，特别是"0"作尾数。这种策略适用于价格较高的旅行社产品，如豪华旅游等。整数定价策略满足了旅游者认为价格就是质量的指示灯、"一分钱一分货"的购买心理，促使旅游者从价格来判断产品性能的高低、质量的好坏，有利于提高产品的形象。

3. 声望定价策略

这是根据旅游产品在旅游者心中的声誉、信任度和产品社会地位采取的高定价策略。部分旅游者购买旅行社产品，仅仅是借助产品的高价格来显示身份、地位和名望，价格太低难以满足他们的心理需要，从而使他们放弃购买。因此，旅行社可通过为产品定高价，提升品牌地位，塑造高品质、高价值、高品位的品牌形象。

（三）折扣定价策略

这种策略是指旅行社在出售产品或服务时，通过让价给旅行代理商或旅游者以达到吸引购买、稳住老顾客、吸引新顾客的目的，从而加快旅行社资金周转。折扣定价策略主要有数量折扣、现金折扣、季节折扣、地区折扣。

1. 数量折扣

这种策略也可称为批量折扣策略，这种折扣方式以购买金额或购买数量为基础，累计达到一定的数量，在价格上给予一定的折扣，折扣幅度会随购买数量或购买金额的增加而增大。

2. 现金折扣

这种策略是旅行社对及时付清账款的客户给予的一种折扣方式，目的是为了加快旅行社的资金周转率，减少因赊欠造成的利息损失和坏账损失。

3. 季节和地区折扣

这种策略是旅行社对旅行代理商或旅游者购买淡季旅游产品或冷门旅游线路的一种折扣方式，又称之为季节差价或地区差价，这样可以使旅行社全年保持较稳定的业务量。旅游业的一个普遍规律是客流量在不同季节和地区呈不均衡状态，再加上旅游产品具有不可储存和不可转移的特性，因而使得旅行社要用灵活的价格政策，刺激消费欲望，鼓励购买，增加旅游收入，促使旅行社均衡客源。

 应用实训

春秋航空一直以来差别定位低成本航空业务模式，差异化的市场定位使春秋航空相比同行的成本优势更为突出。

无餐食费用：春秋航空无餐食费用，省去了餐食成本。

单一舱位：只设置单一的经济舱位，可以有效摊薄单位成本。

单一机型：单一机型可通过集中采购降低飞机购买和租赁成本，降低航材日常采购、送修、仓储的管理等成本。

飞机日利用率（小时）高：公司通过单一机型、更加紧凑合理的航线编排以及较少的货运业务获得更高的运行效率。此外，公司利用差异化客户定位更多地利用延长时段（8点前或21点后起飞）飞行，从而增加日均航班班次，提升飞机日利用率，从而降低运营成本。高日利用率为公司带来成本优势。

春秋航空的低价策略提高了航班客座率，提高了飞机的利用率，降低了营销费用和管理费用，减少了非必要成本以及日常费用。春秋航空凭借价格优势吸引了大量对价格较为敏感的旅客，但公司也面临着不少竞争对手。

思考：春秋航空公司采用的低价策略可能会产生什么影响？

五、旅游产品生命周期不同阶段的价格策略

旅游产品从开始投入市场起，到最后衰退甚至淘汰为止，经历了投入期、发展期、成熟期和衰退期四个不同阶段。根据旅游产品生命周期各个阶段的特征，旅行社应采取不同的价格策略，如图5-1所示。

1. 旅游产品投入期的高价策略

旅游产品的投入期是指产品刚进入市场的阶段。在这个阶段，产品销售量小而且增长缓慢，产品的单位成本高，一般没有利润。在这一阶段里进行旅游消费的游客是少数的改革开拓革新者，如名人、高收入者或具有特殊偏好者，这些人需求稳定，对价格敏感性较低。此时的产品还属于独创产品，因此，旅行社可采用垄断竞争市场的新产品定价法，即高价政策。

2. 旅游产品成长期的市场渗透策略

处于成长期中的旅游产品，逐渐被人们所熟悉、接受，销量的增加使单位成本下降，利润显著增加。这一阶段的旅游消费者受革新者的影响而跟随其后模仿消费的。旅行社在这一阶段的重点工作是扩大市场占有率。与此同时，市场上会出现许多生产销售模仿该产品的旅游企业，竞争激烈。所以，旅行社应采用市场渗透，扩大市场销售量的低价策略，或者用低价打垮竞争对手，保持自己在市场上的垄断地位，然后继续运用高价政策。高价销售所增加的收入除补偿低价时的损失外还有盈余。

3. 旅游产品成熟期的随行就市策略

旅游产品的成熟期是指一种产品已被大多数旅游消费者接受，产品销售量增长减缓，游客数量激增。此时，旅游产品已经成熟，与其他旅游企业同类产品之间的差别很小，所以旅行社应采用富有竞争性的价格策略，即随行就市定价法。

4. 旅游产品衰退期的削价策略

旅游产品的衰退期是指一种旅游产品的销售量、利润大幅度下降，旅游消费不强烈、消费人数不断下降。此阶段竞争对手数量虽然下降，但竞争程度还很激烈，加之产品成本已大幅度降低，预期利润已经取得，所以旅行社一般可采用削价策略。与此同时，旅行社要推出新的旅游产品，而新的旅游产品应该在前一个产品的成长期就开始设计。当前一个旅游产品处于成熟期时，新的旅游产品已经处于投入期；当前一个产品处于衰退期时，新的产品已经进入成长期，从而进入良性循环。

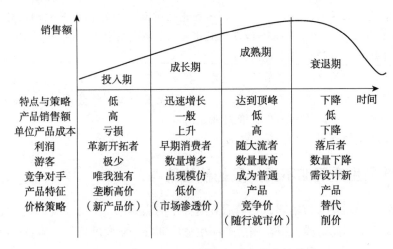

图 5-1　旅游产品生命周期各阶段的价格策略

第四节　旅行社产品的促销方法及效果评估

一、旅行社产品的促销方法

旅行社产品的促销方法是指旅行社通过各种方式和渠道向旅游者和从事旅游业务的旅

行社介绍本旅行社的产品信息，影响和说服他们购买或推销这些产品的策略和方法。旅行社常常采用多种方法组合起来促销产品，形成较大的市场影响力和宣传效果。

（一）广告

广告因其媒体不同可以划分为电视广告、报纸广告、杂志广告、广播广告、户外广告和网络广告等。每种媒体又存在为数众多的载体，如特定的电视节目、杂志等。不同的媒体具有各不相同的特点，如表 5-3 所示。

表 5-3　广告媒体的特点

广告媒体	优　点	缺　点
电视	综合视觉、听觉和动作，传播范围广泛，及时、灵活	费用高，时间短，缺乏选择性
报纸	覆盖全面，灵活性强，费用较低	保存性差，内容繁杂，缺少形象表达手段
杂志	对象明确，选择性强，保存时间长	传播范围有限，价格偏高
广播	传播空间广泛，速度快	选择性差
户外	可针对目标市场，展示时间长	时间性差
网络	覆盖面广，传播迅速，费用低廉，信息反馈及时	广告点击率低

目前，随着互联网技术的不断发展，以及智能手机的普及，我国大部分旅行社已经由传统的纸媒广告向新媒体转变，例如利用大型的门户网站或者专业的旅游网站、微信公众号等，直接发布企业和产品信息的广告。

（二）直接营销

直接营销是指旅行社通过直接接触旅游者或客户来推动产品销售的一种促销方法。所谓客户是指所有可以为推销主体的旅行社提供客源的机构和组织。直接营销包括三种主要形式。

1. 人员推销

人员推销是指旅行社委派销售人员直接上门向旅游者或客户推销产品。人员推销是成本最高的推销形式，必须有限度地使用。旅行社的人员推销的方法包括人员接触、会议促销和讲座促销。

2. 直接邮寄

直接邮寄是指旅行社通过直接向旅游者或客户寄送产品目录或宣传品推销产品。直接邮寄是各种直接营销形式中成本最低的，但它从对方所得到的反馈率较低。

3. 电话营销

电话营销是指旅行社通过电话直接与旅游者或客户联系的推销方式。电话营销有两种形式：一种是通过免费电话系统，吸引旅游者或客户使用电话查询或预订产品，但不直接回答对方提出的问题；另一种是由旅行社销售人员在电话里向旅游者介绍旅行社的产品，同时还回答对方提出的问题，引导对方选购旅行社的某些产品。

（三）营销公关

营销公关是旅行社开展的以具体旅行社产品品牌为中心的公共关系活动，目的在于建立和加深旅游者与客户对所推销的旅行社产品的良好印象。旅行社营销公关活动主要包括三个方面。

1. 针对新闻界的公关活动

旅行社充分利用新闻媒体的优势开展宣传促销活动，不断地向新闻媒体提供新闻通稿，通报有关的特殊旅游产品及其他旅游方面的消息，以及邀请新闻记者进行线路考察和全程报道等。

2. 针对公众的公关活动

通常采用资助公益事业、赞助社区活动、出版杂志刊物等方式与公众沟通，以加强旅行社与社会交往，提高知名度、扩大影响、开拓市场。

3. 针对旅游中间商的公关活动

旅行社邀请中间商对旅行社的有关产品进行实地考察，以促进旅行社与旅游中间商的合作关系，加深中间商对旅行社产品的认识，便于旅行社产品的宣传与促销。

（四）销售推广

销售推广是旅行社在一定条件下，通过举办竞赛、短期内降价和赠送特殊纪念品等非常规的优惠性促销方式，广泛吸引旅游者的注意、刺激旅游者的购买欲望、提高旅游中间商的产品推销效果，以扩大销售为目的的活动。它包括面向旅游中间商的销售推广和面向旅游者的销售推广两类。

销售推广与其他促销方式相比，具有自身的优点：推销效果快而强，可依据产品特点、旅游者心理、营销环境等因素，通过各种方式向旅游者提供特殊的购买机会，具有强烈的吸引力，能及时促成购买行为。但由于旅行社急于推销产品，往往给人以急功近利之感，使旅游者对产品质量、价格等产生怀疑，给旅行社声誉带来消极影响。因此，旅行社应力争避免对同类产品在同一市场环境中频繁使用销售推广的促销方法，应与其他促销方式相互配合、补充使用。

（五）新媒体营销

随着新型传播媒体互联网的出现以及互联网新技术的发展与应用，企业的营销渠道更加丰富，营销活动也更为复杂，营销手段则更为多样。

1. 网站

网站有很多类别，在实际工作中，很多企业网站同时兼具多类网站的功能。小型企业可以只考虑单一类别网站，而大型企业根据需要往往建立门类齐全的众多网站或网站群。网站的重点不在建设，而在于内容和栏目导航，难点则在于推广、营销网站本身。只有网站营销成功了，企业才可能利用自己的这些网站，宣传自己的理念、价值、品牌和形象，营销自己的产品和服务。

（1）B2B 网站

B2B 网站是指从事企业与企业之间交易的网站。企业可以利用 B2B 平台发展内部销售终端、同业委托代理销售终端、跨业委托代理销售终端、甚至个人代理销售终端。

（2）官方形象网站

官方形象网站更多地用于展示企业形象、企业文化等，传递企业行政、管理、战略方面的信息等，一般不涉及业务、产品和服务的具体事务展示，是 B2C 的初级形式。很多企业搭建了系列业务展示网站群，以增加企业信息在网络世界的曝光率。它只起着展示企业业务、产品和服务的作用，不具备在线即时交易、销售、支付等功能。

（3）业务交易网站

即典型的电子商务网站，是 B2C 的高级形式之一，可以实现即时在线交易、销售、支付、退货等功能。电子商务网站又可以分为开放平台型网站和企业产品型网站。

（4）C2C 网站

C2C 网站是电子商务网站的一种形式，是指专为个人用户提供交易的电子交易平台，买卖双方都是个人，比较典型的如淘宝网。

（5）C2G 网站

C2G 网站是电子商务网站的一种特例，它不以营利为目的，是从事政府与企业/个人之间 "交易" 的网站，包括采购、缴费、报税、福利发放等功能。C2G 网站更可以细分为 G2B（政府对企业）和 G2G（政府对政府）网站。

（6）O2O 网站

O2O 网站是电子商务网站的又一种形式，O2O 即 Online To Offline，通过网站线上进行推广、筛选、预订，线下完成比较、消费、交易。

（7）WAP 网站

以上所有网站，其编辑程序、编辑语言都适合通过宽带、电脑上网浏览，而对于移动性能较强的手机等消费电子终端，则开发了移动电子商务网站——WAP 网站，主要是专为手机等移动设备而设计的。

（8）微信网站（微站）

微信网站即微信可浏览的网站，它和手机 WAP 网站的不同点在于在手机安装微信的时候就已经安装了微信浏览器，可以调用微信功能。

如果是一个大型旅游企业，就有实力、有资金建设上述各种各样的网站进行推广和营销。但是如果是一个小型企业，或者实力、资金有限的情况下，通过挖掘、合理利用互联网也能够实现低成本网络营销，比如 BBS 论坛、电子邮件、手机短信平台、电子问答、400电话、社交互动媒体（QQ 群）、电子百科、电子商店/商场、短视频、博客、微博、微信、微网站、微视、微电影、直播平台等。

2. App 应用

这类应用是在移动端（手机和平板电脑等终端）的应用软件或应用商店，植入于用户手机中，可持续与用户保持联系，带给用户前所未有的体验，其功能类似于手机移动网站。App 适于手机的随时随身性、互动性特点，容易通过微博、SNS 等方式分享和传播，实现裂变式增长。App 的用户增长速度快，经济能力强，思维活跃。企业 App 的传播，多采用自愿下载和购机预装的方式，一旦有效应用，其黏性极强，订单转化率较高。随着智能手机的普及和旅游预订 App 的不断完善，线下用户和潜在旅游用户已经开始逐渐向手机在线旅游预订用户转化。比起网络预订，App 最大的优势在于可实现随时预订，并且"与位置相关""当即决策"，这既是用户需求，也渐渐成为用户习惯。例如抖音、快手的出现，为更多的人推送旅游信息，大部分景点因此迅速成为"网红景点"，吸引许多游客去当地打卡。

3. 企业微信开发

旅游企业实现微信开发，首先应该申请订阅号、视频号和服务号，并经过认证，以推送大量的企业营销信息；其次，进一步利用微信资源搭建微信店铺、微网站，并申请微信支付功能，这样就可以将营销转化成有效的订单。

4. 微博开发

旅行社可通过微博发布产品知识、搜索关键词、开展话题讨论，找到对一些特定关键词和话题有兴趣的受众，积极与用户互动。

5. 手机短信开发

现有专门的手机短信发布平台因为垃圾短信问题发展受阻。旅游企业可以建立自己的客户管理系统，在后台做好基于大数据理论的客户深度开发和细分应用，通过对客户进行分类、分级整理，利用一定的技术手段，来完成与潜在客户、旅游者的经常交流，实行不同的营销和信息推送策略。

6. 其他网络平台

如信息发布平台 BBS、百科知识/词典、问答平台、企业名录网站、电子邮件投送、事件投票系统等，都是旅行社可以利用的互联网资源，并且很多都是免费的。

 **应用实训**

2020 年 12 月 23 日，以"安逸四川·冬游甘孜"为主题的四川省海螺沟冰川温泉旅游季启动暨大贡嘎文旅发展联盟成立仪式在甘孜州磨西镇举行。这是继"全域景区免门票"和"甜野男孩"两大网络爆红事件后，丁真的家乡首次举办全域冬游主题活动。

甘孜州大美天成的自然馈赠、璀璨多元的历史人文和多姿多彩的民族风情，吸引着各地游客。藏族网红姑娘央措用视频展示和现场演说相结合的方式展开了"安逸四川·冬游甘孜"旅游推介。甘孜州政府与携程集团签订了政企战略合作协议，将在旅游资源开发、旅游品牌推广、旅游市场集成、旅游大数据运用等多领域开展广泛合作，与近 50 名携程平台优质民宿投资人开展投资洽谈。

视频资料：旅行社全网营销下的内功

（资料来源：丁真家乡怎么玩？四川海螺沟冰川温泉旅游季等你来"撩"！四川日报，https://epaper.scdaily.cn/2020-12-19.）

思考：甘孜州旅游产品促销采用了哪些方法？你还可以再创新促销方法吗？

二、旅行社产品促销效果评估

旅行社产品促销效果的评估主要是通过获取促销反馈信息，衡量某种促销组合或具体促销方案的效果。评估的目的在于总结经验，发现和分析存在的问题，并为改进促销组合或制定下一次促销方案提供客观的依据。旅行社产品的促销效果衡量的标准是促销实施之后旅行社产品销售量的增减幅度。衡量的方法主要有以下两种。

（一）比值法

这种方法以促销产品销售量的变化为主进行额定，由于简便易行，较为通用。其公式为

$$R = S_2 - S_1/P$$

式中：R 表示促销效益，S_2 表示本期促销后的平均销售量（一月或一年），S_1 表示未促销前的平均销售量（一月或一年），P 表示促销费用。

由于促销效益和销售量之间并非绝对成正比关系，因而运用这种方法评价促销效果时，要注意排斥促销以外其他因素的作用，如市场变化、竞争对手的促销活动、突发性事件等。

（二）增长速度比较法

这种方法是将几个时期的销售额与促销费用的平均增长速度相比较，观察促销活动在一个较长时期内的销售效果。如果销售额增长的速度大于促销费用的增长速度，则说明促销效果比较好。

由于促销主体是一个长期行为，有些效果未必在短期内出现。所以，旅行社还可以用其他方法全面了解促销效果，如以促销活动的视听率、记忆度、理解度、知名度、注意度等指标来测定旅行社产品的促销效果。

第五节　旅行社产品的销售渠道策略

一、销售渠道的类型

旅行社产品的销售渠道又称流通渠道，是指旅行社通过各种直接或间接方式将产品转移到旅游者手中的途径或环节，是旅行社市场营销组合的一个重要因素。它的作用在于方便旅游者及时、便利地购买旅行社产品，也有利于旅行社迅速、大量地将产品投放市场。

按照旅行社是否涉及中间环节，销售渠道可分为直接销售渠道和间接销售渠道。

（一）直接销售渠道

直接销售渠道是指旅行社直接将产品销售给旅游者，又称为零层次渠道，是一种产销结合的销售方式，是最短最简单的销售渠道。直接销售的方式有：人员推销、门市或销售网点销售、电话或网络预订销售、以旅游展销会等形式与顾客直接签售。

1. 优点

①操作简单。旅行社在主要客源地区建立销售点、分支机构、门市柜台，直接向旅游者销售其产品，手续简便，易于操作。

②信息及时。旅行社通过直接向旅游者销售产品，可以在最短的时间内将最新的产品信息推介给旅游者，而且可以迅速根据旅游者个性化需求组合适销对路的产品线路，有利于迅速占领市场。

③面对面服务的高附加值。旅行社向旅游者面对面直接销售产品，可以加强情感上的联系和心理上的信任，加快旅游者的预订和购买决策，增加产品的附加值。

④利润大。直接销售避开了中间环节，节省了中间商的流通费用，增加了旅行社的利润。在旅游者看来，直接销售意味着价格更加便宜。

2. 缺点

由于受财力、人力等因素的限制，中小旅行社难以在所有客源地区建立分支机构和销售点，限制了市场的覆盖面。旅行社在国外设立分支机构还要受到其他国家政策的约束，所以直接销售渠道一般只适合在本地或其他主要客源地使用。旅行社单纯依靠自身力量影响力相对较小，在招徕客源方面难免力不从心。

（二）间接销售渠道

间接销售渠道是指旅行社借助中间商将产品出售给最终消费者，介入中间环节的流通途径。

1. 间接销售的形式

（1）单层次渠道

单层次渠道是指旅行社与旅游者之间只存在一个中间环节。通常是旅行社将其产品出售给中间商，一般是由旅游零售商作为销售代理将产品销售给旅游者。一般情况下，通过零售商或专业媒介向旅游者销售的产品均为包价旅游产品，这类产品既适合零散旅游者，也适合团体旅游者。

（2）双层次渠道

双层次渠道是指旅行社与旅游者之间存在着两个中间环节。这种销售渠道多用于入境旅游产品的销售，旅行社将其产品提供给境外旅游批发商或旅游经营商，然后再通过客源地旅游代理商或零售商出售给终端消费者。

（3）多环节销售渠道

多环节销售渠道是指旅行社与旅游者之间存在三个或三个以上的中间环节。例如，有的渠道中间比双层次渠道多一个地区产品销售总代理。通过批发商、经营商或专业媒介向旅游者销售产品，虽然介入了另一个中间环节，价格并未增加，因经营商或批发商实力较大，通常可以获得较理想的批量折扣。批发商还可以根据自己的经验，在相关旅行社产品基础上进行加工和组合，或加上其他地区和国家的产品，经过这样加工后的产品往往更适合当地旅游者的需求。

2. 优点

（1）节省费用

借助于中间商在当地的资源优势，旅行社可以节省在许多主要客源国和地区建立销售网点的费用。国外大旅游批发商可以在一定时期内大量购买，扩大产品的销量。

（2）广泛渗透到客源地市场

旅行社通过与多家中间商合作，能形成纵横交错的销售渠道网络，使产品广泛地渗透到客源地，增强旅行社招徕游客的能力。由当地旅游中间商进行的促销宣传，能使当地旅游者放心购买，增加产品购买的安全感，有利于市场销售。

（3）开发有针对性的产品

旅行社通过销售网络系统，可以广泛收集中间商反馈的需求信息，对其所在地的旅游消费者开发有针对性的适销对路的产品。旅游中间商拥有自己的目标市场，了解当地旅游者的消费心理和需求特点，也可以有针对性地组合产品。

3. 缺点

（1）直观价格高

间接销售渠道中销售环节越多，旅行社控制渠道所需解决的问题就越多，中间商的加价或佣金等会直接导致直观价格的提高，从而降低了市场竞争力。

（2）利润降低

旅游中间商是独立的经济实体，会千方百计争取更多的佣金，而旅行社为了保持与中间商的合作关系，不得不让利中间商而导致潜在利润流失。

（3）丧失部分市场控制权

旅行社利用间接渠道大批量销售产品的同时，必然将销售产品的权力部分甚至全部让渡给旅游中间商，意味着旅行社将部分丧失对目标市场的控制权。

二、影响销售渠道选择的因素

直接销售渠道和间接销售渠道各有其优缺点，旅行社可以从以下几个方面考虑选择合适的销售渠道。

（一）目标市场的距离

旅行社与目标市场的距离是影响旅行社采用何种销售渠道的一个重要因素。如果旅行社所选定的目标市场距离较近，甚至与旅行社同在一个城市或地区，那么旅行社一般应采取直接销售渠道。如果距离目标市场较远，且对当地情况不十分了解，旅行社则应采取间接销售渠道。

（二）客源市场的集中程度

客源市场的集中程度是指某一区域内潜在旅游者的集中程度。对于那些范围小而潜在旅游者又很集中的旅游市场，旅行社可以采取直销渠道。在客源比较集中的地方设立一两个销售机构，就可以覆盖大部分市场，销售成本低、客源多、销售利润高。对于那些范围广、潜在旅游者分散的客源市场，旅行社一般应充分发挥间接销售渠道的作用，广泛招揽旅游者，也可以节省人力和财力。

（三）旅行社自身的条件

旅行社自身的条件包括旅行社的声誉、财务能力、管理经验和能力、对销售渠道的控制能力等。如果旅行社拥有良好的声誉和较高的财务能力，可以组织自己的销售网点直接分销。如果旅行社及其产品的声誉尚未在旅游市场上树立，或旅行社缺乏资金，最好采用间接分销渠道销售产品。如果旅行社在市场营销管理方面具有较强的能力和较多的经验，可以直接向旅游市场推销其产品。如果旅行社缺乏这方面的经验或管理能力较弱，则应选择有能力的旅游中间商帮助销售产品。

三、旅行社销售渠道的策略

销售渠道策略是指旅行社根据渠道选择原则和有关影响因素进行销售渠道决策的考虑，对销售结果有直接影响。

（一）直接销售渠道策略

直接销售渠道中间没有间接的销售环节，它的优点是所有利润一概归己，不需要与其他旅行社分享利润。但是，直接销售的弊端是销售范围与销售量有限，销售成本高，旅行社一般需在客源地设立办事处或销售网点，会耗费较多的人力、物力。直接销售方式常用于新产品投放市场之时，或新市场开辟之初，但也有一些限制因素。例如，某国际旅行社的国内渠道主要以直销渠道为主，在深圳市内有30家直营网点，在广东省内的大部分城市都设有营业点，网点分布广泛，有利于吸收各地客源。但这种宽渠道策略不易于控制，管理难度大。

（二）专营性销售渠道策略

专营性销售渠道即销售总代理制，是指在一个客源市场（国家或地区内）只找一家旅游批发商作为旅行社在那里的独家代理或总代理。通常情况下，作为旅行社总代理的中间商不能同时代理其他竞争对手的产品。

这种销售策略的优点是比较稳定，彼此间的利害关系比较一致，旅行社与中间商的关系单一，可以建立起比较好的合作关系，降低销售成本。其缺点是只靠一家批发商销售产品，销售面和销售量都可能受到限制。一旦中间商经营失误，就可能失去一部分市场；或者中间商选择不当，甚至可能完全失去该市场，市场风险较大。这种策略一般用于旅行社开辟新市场之初，或用于某些客源层不广泛以及品牌知名度和美誉度高的豪华型或某些特殊旅游产品的销售，也适用于客源量大且合作的旅游中间商有较完备的零售系统。

（三）广泛性销售渠道策略

广泛性销售渠道策略也称密集性销售渠道策略，是一种通过旅游批发商把产品广泛分派给各个零售商销售以满足旅游者需求的渠道策略。它的优点是可以广泛委托各地旅行社销售产品、招揽客源，方便旅游者的购买。旅行社还可以从销售业绩中发现理想的中间商。通常这种策略适用于客源比较分散以及机票、火车票、大众化观光旅游等常规类产品的销售。缺点是成本较高，而且由于产品销售过于分散，增加了旅行社对销售管理的控制难度。

（四）选择性销售渠道策略

选择性销售渠道策略，是指旅行社在一个市场上从众多的旅游批发商中选择几家信誉较好、推销能力较强、经营范围对口的批发商，设法同他们建立比较稳定的合作关系。这种策略的优点是目的地集中,选择少数有销售能力的中间商进行产品推销,有利于渠道控制,降低渠道费用和销售成本。缺点是如果中间商选择不当,则有可能影响相关市场的产品销售。我国入境旅游的包价旅游产品大多采用这种策略。

视频资料:旅行社直播带货实操经验分享

广之旅整合营销唤起家庭旅游

2018年5月下旬,广之旅针对家庭旅游,包括亲子游、陪父母以及携伴侣三类客群,正式开启以"收获满途"为主题的家庭旅游季整合营销传播,持续宣传暑期优质家庭旅游产品,加强与家庭用户的沟通与连接,真正倡导家庭旅游的价值。

广之旅"收获满途"的整合传播分为五个部分。一是根据《中国家庭旅游市场需求报告 2018》,站在行业高度,通过联合中国旅游研究院,依托广之旅大数据平台及团队旅游全维度服务评价体系,开展市场专项研究。二是制作暖心品牌故事视频,通过改编用户真实故事,共同探讨旅游对每个家庭,关于爱、亲密、成长的作用。三是与线上 H5 手账游戏联动,开设落地沉浸式体验"旅行时光馆"。以"旅行手账"为核心内容、"沙漏"为元素,将广之旅门店进行改造,通过沉浸式的体验勾起旅游消费者每次家庭旅行中的美好回忆和对下一个旅游目的地的憧憬。四是提供优质家庭旅游清单,根据亲子游、陪父母、携伴侣三类客群十大出游痛点,匹配三类产品系列"亲子探索成长家""经典侣程保鲜爱""带上父母一起玩",以及十个产品方向,全面升级优质家庭旅游产品与服务。五是全渠道渗透,精准覆盖线上朋友圈,线下户外地铁 10 组 5 连封灯箱,1000 块高档社区电梯内梯牌、电台轮播、电影院映前广告等渠道,有效覆盖人群超过 5000 万人。同时,广之旅把每年的 5月 26 日定为该品牌的优质家庭旅游日,提供家庭旅游基金,提倡每年至少与家人旅游 2 次。各促销环节层层相扣,力图将旅游营销效果达到最大化。

(资料来源:根据广告门《传统旅行社如何做营销?广之旅这波"收获满满"告诉你》整理,2018-07-01.)

思考讨论题: 广之旅如何针对目标市场采取营销策略?可以采取什么价格策略吸引游客?

本 章 小 结

本章介绍了旅行社的营销组合及品牌管理,对我国旅行社的营销环境做了分析,通过SWOT 分析发现我国旅行社实施网络营销是机遇与挑战并存,优势与不足同在。本章介绍了旅行社营销管理组合的定义和特点,以及旅行社品牌管理的意义、内容以及策略。旅行社目标市场的营销策略,包括无差异策略、差异化策略以及集中性策略。针对旅游产品生命周期各个不同阶段,要有不同的价格策略。旅行社产品的促销方法主要有广告、直接营销、营销公关、销售推广以及新媒体营销。旅行社的直接销售渠道和间接销售渠道两种销售渠道策略的优缺点。

 关键术语

旅行社营销管理组合（travel agency marketing management portfolio）

旅行社品牌管理（travel agency brand management）

目标市场（target market）

无差异策略（indifference strategy）

差异化策略（differentiation strategy）

撇脂定价策略（skimming pricing）

渗透定价策略（penetration pricing strategy）

比值法（ratio method）

直接销售渠道（direct sales channel）

间接销售渠道（indirect sales channel）

 复习题

1. 旅行社品牌管理的意义是什么？

2. 影响旅行社目标市场选择的因素有哪些？

3. 旅行社产品的定价策略有哪些？

4. 旅行社产品的促销方法和销售渠道有哪些？

 **实践题**

1. 对大学生旅游做一个市场调查分析，根据大学生旅游者的需求和行为特征，设计开发大学生周末研学游，采用合适的定价、促销策略和渠道开展旅游营销。

2. 查找资料介绍一个富有吸引力的旅游营销方案，分析该案例采用的 4Ps 策略。

 **研究讨论题**

新冠肺炎疫情防控期间，旅行社纷纷开启网红直播带货走量模式，这与一般的互联网营销相比有什么优势，可能对旅游市场产生什么影响？

参考资料

[1]　张俐俐. 旅游市场营销[M]. 北京：清华大学出版社，2005.

[2]　纪俊超. 21 世纪高等院校旅游管理专业联编教材，旅行社经营管理[M]. 广州：华南理工大学出

版社，2004.

[3]　张冬冬. 旅行社经营管理[M]. 北京：清华大学出版社，2012.

[4]　陈道山. 旅行社经营管理[M]. 北京：化学工业出版社，2009.

[5]　戴斌，杜江. 旅行社管理[M]. 2 版. 北京：高等教育出版社，2006.

[6]　曹华盛. 旅行社经营与管理[M]. 上海：格致出版社，2010.

[7]　纪俊超. 旅行社经营管理[M]. 广州：华南理工大学出版社，2004.

[8]　陈道山. 旅行社经营管理实务[M]. 北京：中国发展出版社，2009.

[9]　楼嘉军. 旅行社经营管理[M]. 上海：立信会计出版社，2003.

第六章

旅行社计调管理

- 准确理解旅行社计调部门的职能、类型及操作流程
- 掌握旅游服务采购协作网络及旅行社如何处理集中采购和分散采购的关系
- 掌握旅行社采购服务信息化策略

- 培养学生吃苦耐劳、认真严谨的敬业精神
- 培养学生对旅游服务的职业认同，强化学生爱岗敬业的职业操守
- 强化学生对旅游事业的责任感、使命感

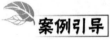

携程整合碎片化玩乐产品和服务供应链

《新京报》：玩乐产品与服务因碎片化特点使得供应链非常复杂，携程是如何进行产品与服务对接的？

喻晓江：目前我们通过三种方式来保障。第一种方式是开放平台，供应商可以通过携程自有的玩乐后台，随时随地维护库存和价格。这套系统之前只有中文版本，现在已更新有英文版本，后期还会上线日文、韩文和泰文版本。第二种方式是与很多大型平台对接，如与 TripAdvisror 旗下的玩乐平台 Viator、欧洲旅行集团途易等的对接合作。第三种方式就是与每个国家和地区小型平台或软件公司合作，它们背后又会有相对规模数量小一点且本地化的供应商。目前，携程玩乐的库存大概是几十万。

《新京报》：对接众多供应商，携程如何做品控以保证上线产品的质量？

喻晓江：旅游产品都有一定的同质化或质量不可控的问题，携程从三个部分着手处理，一部分是靠机器，另一部分是靠人工，还有就是平台规则。靠机器的方式，携程内部又称算法，主要用来鉴别产品的好坏，判断是否符合上线要求。过了上线门槛后，携程有不同的露出规则，这些规则的背后代表的是携程对质量的一种掌控。除露出规则，携程还针对供应商制定了一系列的奖惩规则，其中包括供应商要有保证金、符合法律要求的合同等。

《新京报》：携程玩乐板块在 2018 年从直采转向平台，在保证品控方面，携程是如何平衡直采与平台关系的？

喻晓江：直采比较常见于供应链较为集中的行业，如机票业务。对于拥有上百万个供应商的玩乐业务而言，直采是非常困难的。目前，携程玩乐板块的直采主要集中在景区门票方面。相对于其他玩乐产品，景区门票属于简单标品，也没有太多库存的概念，价格稳定，虽然碎片化但服务质量相对可控，是较为适合直采的品类。除景区门票，对于一些一日游产品携程也会做一些"准直采"，类似于 OEM（代工），即在当地寻找可靠的合作伙伴，与它们联合开发一日游等玩乐产品，然后由合作伙伴具体落地执行。目前，携程玩乐板块的直采与平台比例为各占 50%。未来携程玩乐还会加大直采比例。

（资料来源：根据《新京报》《携程副总裁喻晓江：碎片化是玩乐业务一大挑战》整理. 2020-01-19.）

思考：携程旅游产品的采购方式有哪些？如何处理不同产品的采购方式？

计调管理在旅行社的整体运作中发挥着重要的作用，是旅行社为旅游团（散）客安排旅游活动计划，协调旅游行程中的各项衔接工作，承担与旅游接待相关的旅游服务采购、信息统计等工作。计调部在旅行社中处于中枢地位，在旅游行业中一直有"外联买菜、计调做菜、导游带游客吃大餐"的说法。在旅行社运作中，通常从外联部接到旅游团（散）客旅游合同后，计调人员开始操作，进行行程安排、导游人员选派、旅游预算编制、用车调配和饭店住宿、票务、餐食的预订、景点确认等，然后交给接待部门执行。行程结束后，计调人员还要及时对旅游团队资料整理归档，做好信息统计工作。

第一节　旅行社计调管理业务

一、计调部的职能和类型

（一）计调部的职能

1. 计划职能

计调部是旅行社接待任务的计划部门，需要编制科学的接待计划，然后下发到接待部门做好接待工作。

2. 联络职能

计调部要加强同外联人员的联系，及时了解、掌握、分析反馈的信息，然后进行消化、吸收、落实。

3. 参谋职能

计调部是旅行社决策层搞好计划管理的参谋部门，要掌握全面科学的统计资料，为编制中长期发展计划进行统筹安排，包括旅游产品特色和优势产品规划等。

4. 结算职能

旅行社与饭店、餐厅、交通部门等接待单位经济结算，是通过接待计划和合同来完成的。计调人员要根据旅游团运作的需要编制旅游支出预算单，在旅游团结束后，根据行程的实际支出结算报给财务部门核销。

5. 预订职能

计调部根据旅行活动计划所需要的酒店、交通、门票等项目，为旅游者提前预订并确认相关服务。

6. 采购职能

计调部要以较合理有优势的价格向其他旅游企业及与旅游业相关的其他行业和部门购买相关服务项目，为本旅行社提供旅游服务项目。

7. 团控职能

计调部要对旅游团队的整个行程进行质量监控，根据团队在外的具体情况及时调整、灵活应对衔接环节，确保旅游行程圆满完成。

（二）按业务范畴划分计调业务的类型

1. 组团计调

组团计调是指旅行社将客人需求的目的地旅行社的价格及行程安排告知客人。组团计调并不需将所有要素都了解得十分清楚，但对于各地行程的大体安排、景点的概况要有简要的了解。组团类计调按照游客的出行目的地划分，有国内游计调和出境游计调两类。

2. 接待计调

接待计调是指旅行社掌握当地的旅游六大要素的价格、状况等，并根据各要素的情况安排好行程，然后把行程与价格传送至组团社的计调或业务人员手中。

3. 批发计调

批发计调是指不直接招徕游客，主要与同行打交道、与同行沟通联系的工作岗位，有时也称同业批发计调。批发计调一般属于旅游批发商，当旅游产品设计完成后，批发商把这些产品批发给同行，即旅游代理商。旅游代理商把招徕的客人统一交给批发商来运作。

4. 专项计调

专项计调是指为了一些特殊的旅行者而做出特殊服务的计调，如商务会展计调、学生游计调、老年游计调等。

 **拓展材料**

计调工作常用的表单。

①计划类表单：团队计划确认书、团队接待通知书、团队接待计划。

②操作类表单：订房单、订餐单、订车单、订票单。

③控团类表单：陪同报告书、团队质量反馈书。

④核算类表单：团队报价单、单团概算单、团队费用结算单、组团决算单、接团决算单、团队费用小结单。

⑤统计类表单：团队动态表、团队账目明细表、费用核算表、内部核算表、合作单位往来账、导游借款表、对账单。

（三）计调人员的主要职责

①对内服务接待旅行团，对外计划、协调旅行团活动。

②搜集旅游市场信息、同行相关信息，力推本社特色旅行方案与旅游产品。

③协助旅游活动中交通服务、导游服务等方面，周全而有质量地保证好消费者的食、住、行等活动。

④加强同外联人员的联系，及时了解、掌握、分析反馈的信息，然后进行消化、吸收、落实，进而提出合适的线路和市场报价。

⑤及时整理团队资料并做好归档工作，以便今后做线路时查找方便快捷。

二、计调管理业务操作流程

（一）计调业务的一般流程

1. 向地接社预报和确认旅游计划

外联人员与旅游者签订了旅游合同并交付团费后，计调人员向地接社以传真或电传形式预报计划。预报内容有团号、人数、抵离时间、旅游线路、交通工具要求、食宿标准及其他要求等，特别应标明离开的交通工具、车次、航班及其他内容，并要求地接社在 3 天内书面确认行程和价格。计调人员应逐条确认并且落实机、车、船票和酒店房间情况。如果旅游行程或旅游人数有变化，计调人员应及时书面告知地接社，并要求对方书面确认。

2. 发出正式计划

团队预报计划经过双方多次更改确认后，组团社应在团队抵达第一站 10~15 天前给地接社发出两份完整而详细的正式计划，内容包括：发团确认书；团队行程、地点，各项服务的标准、等级及特殊要求；团队人员情况，包括人数、性别、姓名、职业、宗教信仰、证件号码；各地接社名称、联系人与联系电话、交通工具状况和交通票据要求等。团队出发前 24 小时以内，计调人员还应对计划进行一次最后的确认，以防接团社疏忽和遗漏，发现问题可及时补救。

3. 监督控制旅游活动的全过程

组团社对旅游活动的监督控制主要是通过委派全程陪同导游人员（全陪）来实现的。全陪是组团社为国内旅游团派出的导游人员，负责所率领的旅游团队在旅游活动中的全程陪同，负责监督和督促地接社按照约定向旅游团提供服务，同时做好各地之间的衔接工作和各类突发事件的处理工作。在旅游活动进行过程中，计调部门应和地接社、全陪保持联系，掌握团队行程，发现问题及时沟通和解决。

拓展材料

旅行社计调部门应从以下几个方面选派全陪。

①熟悉业务，知识丰富。旅游团队运行过程中涉及的业务部门繁多，各方面关系都需要协调，各种情况都可能发生。知识丰富并熟悉业务的全陪人员善于处理各种关系，善于预测可能发生的各种变故，并能采取恰当的应对措施，从而使游客满意，让旅行社放心。

②有良好的职业道德，职业心强。全陪是旅游者合法利益的维护者，是保证旅游行程圆满完成的责任人。其工作十分辛苦，且不容出一点差错。只有爱岗敬业、责任心强的导

游，才能胜任全陪工作。

③有较强的独立工作能力。全陪必须具有较强的亲和力和语言表达能力，能与游客充分沟通交流，并有熟练处理各种突发事件的能力。

④要有优秀的道德品质。从接待旅游者的角度说，旅行社和各接待单位实际上组成了一个大的接待集体，全陪人员则是这个集体中的一员。因此，全陪人员在工作中应从这个大集体的利益出发，从旅游业的发展出发，依靠集体的力量和支持，关心集体的生存和发展。全陪人员要发扬全心全意为游客服务的精神，并把这一精神与"宾客至上"的旅游服务宗旨紧密结合起来，热情地为国内外旅游者服务。

4. 账单审核、报账和信息统计归档

计调人员根据旅游团队实际运作的需要编制旅游支出预算单，标明给付旅游服务供应部门的方式为签单或者现金支付。在导游人员带团结束后，计调人员要对单据和费用审核并交由财务部门报账，按协议准时付清款项。旅游活动结束后，计调人员应依据每个团队的情况编制、整理旅游活动资料，建立好客户档案，并对参团客人进行回访。

（二）组团计调业务的操作环节

组团计调即旅行社将客人需求的目的地旅行社的价格及行程安排告知客人，如图 6-1所示。

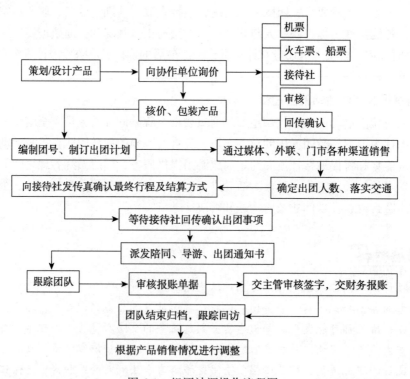

图 6-1　组团计调操作流程图

①策划设计产品。

②对线路行程的整体价格进行核算、调整和包装。

③计调要将产品和出团计划通过媒体、外联、门市等各种渠道销售出去，将计划落到实处。

④旅游团队活动结束后，接待社（除个别先付团队外）均会很快传来团队催款账单，组团计调人员应根据团队实际运行情况进行单据和费用的审核及结算。

⑤计调人员将审核无误的单据报账单交由主管再度审核、签字，并交由财务部门报账，请其按协议准时付清款项。

⑥团队结束后需要归档、跟踪回访。

⑦根据产品销售情况、出团量、团队质量对产品进行适当调整。

（三）接待计调业务的操作环节

接待计调主要是完成对方组团社的地接要求，对地接目的地的资源进行安排，如图6-2所示。

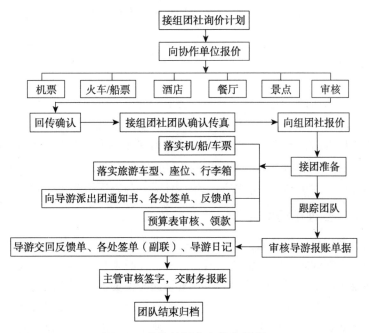

图6-2　接待计调业务操作流程

①制订接团计划。当接待社接到组团社发来的预报计划时，计调人员要向协作单位核实和询价，包括飞机、火车、轮船票的时间、班次、价格，车队的旅游用车、酒店、餐厅、景点等，审核并与协作单位达成协议。

②做好接团准备。当组团社发来团队确认件后，要与协作单位一一确认落实。

③编制概算。对团队接待费用作预算表，注明现付费用、用途，报财务部门审核，填写借款单，向财务部门领取预支款项。

④全程跟踪团队，团队结束归档。选择合适的导游接团，全程关注团队行程，团队结束后，将导游的报账单据审核并交财务核账，团队资料归档存放。

入境计调的操作流程和国内接待计调的操作流程大致一样，只是团队在入境前要准备好相关手续，如邀请函、中转机票、入境客人的资料登记等，在接团准备时应更严谨。

第二节　旅游服务采购业务

旅行社服务采购是指旅行社为组合旅游产品，以一定的价格向其他旅游企业及与旅游业相关的其他行业和部门购买相关服务项目的行为。采购对象涉及饭店、餐馆、航空、铁路、车船公司、景点及娱乐场所等。

旅行社产品是一种特殊的产品，除了导游服务、代办服务等少数单项服务是由旅行社直接提供，其他的大多数服务都采购自旅游产品供应商。旅行社再按照市场需求和产品设计原则，把采购的产品组合包装，投放到市场销售。有的小型旅行社直接代理销售旅游批发商的产品，不参与单项产品的直接采购。

一、旅游服务采购协作网络

为了达到保证供应的目的，旅行社与有关的旅游服务供应企业，如饭店、餐馆、车船公司等建立起广泛而相对稳定的协作关系。在出现供过于求的情况时，采购工作的重点应转向取得优惠价格方面，而为了得到最便宜的价格同样需要一个广泛的协作网络。旅行社要建立和维持广泛的协作网络，一要善于运用经济规律，与协作企业建立起互利的协作关系；二要善于开展公关工作。一般来说，旅行社需要与以下协作单位建立网络关系。

（一）与旅游交通部门的合作

与旅游活动密切相关的交通服务主要包括客源地与各旅游目的地之间的中长途交通服务和旅游目的地内部的短途交通服务。所以，旅行社必须与包括航空公司、铁路部门、水上客运公司和旅游汽车公司等交通部门建立密切的合作关系，并争取与有关的交通部门建立服务代理关系，经营联网代售业务。例如，旅行社可以与航空公司直接谈判，也可以经过中间商，或者从另一个旅行社购买机位。有一些旅行社本身就有自己的航空公司。旅行社与航空公司的合作通常采取包机的方式。在与航空公司签订采购合同时，旅行社一般采用以下三种包机方式。

（1）分时包机（time-series charter）

分时包机是指拥有足够实力的旅行社在某一特定的时期包下整架飞机。这一时期可能是每周的某一天或是某一季节、某一年。分时包机的风险往往较大。

（2）半包机（part charter）

半包机是一些中小旅行社广泛采取的形式。半包机是指旅游经营商在特定的一段时间内包租某架飞机上特定数量的机位。在半包机形式下，旅行社只需负责销售包机上特定数量的机位即可，而不必承担全部机位的销售。

（3）特别包机（ad-hoc charter）

一些中小旅行社由于其接待量有限，与航空公司按预先商定的特定价格在特定时期内购买特定航线上的机位。在这种包机形式下，旅行社不必事先预测需求量，他们可以随时按照商定好的价格向航空公司订购机票。对一些采用半包机形式的旅行社来说，当需求量超出他们的预测时，也可以采用特别包机的形式购买额外所需的机位。

旅行社与交通部门的合作对双方都有利。旅行社可以为交通部门带来大量的稳定客源，这对于交通运输部门这样的高固定成本的企业具有至关重要的意义。与此同时，旅行社可以凭借与交通部门的长期合作以及大批量购买获得优惠的市场价格，降低旅行社产品的经营成本。

（二）与旅游住宿部门的合作

饭店清洁舒适的环境和热情周到的服务能使旅游者获得宾至如归的感受。旅行社如果不能依照原先的承诺安排饭店住宿，或者安排的饭店服务不符合旅游者的要求，将会直接影响旅游产品的质量。从这一意义上讲，旅行社必须与饭店建立长久、稳定的合作关系，以保障旅行社服务产品的稳定性。当旅行社与饭店缔结床位购买合约时，通常可以使用以下三种不同的采购方式。在这三种不同的方式中，旅行社承担的风险不同，因此适用的市场也有所不同。

（1）包销制（commitment）

包销也称独家经销，是指供应商通过协议商定在一定期限内和地域内将商品的经营权单独给予某经营商独家销售，经营商买断商品并自负盈亏销售商品。在包销制方式下，旅行社享有某饭店在一定期限和地域内的独家销售权，在价格上拥有垄断协议。旅游经营商承诺购买的客房数量越多，承担的风险越大，也越有可能从饭店处获得较高的房价折扣。

（2）配给制（allocation）

在配给制方式下，旅行社在某一日期之前可以凭优惠价格从饭店处获得一定数量的客房进行销售。在到达规定日期之后，旅行社将未售出的客房返还饭店，由饭店进行销售。一般来说，旅行社将未售出客房返还给饭店的最后期限定在度假高峰期到来的2~3个星期之前。

（3）特别购买制（ad-hoc rooms）

特别购买制是指当旅行社需要客房时，临时和饭店协商购买。从操作角度讲，这是最昂贵的一种采购方式，但是，这种采购方式使旅游经营商得以免除由于客源不足而带来的超额预订饭店客房的风险。过去这种随购随买的方式由于受到旅游经营商和饭店之间手续繁杂的影响，应用不是很普遍。现在，随着网络应用的普及和计算机预订系统的使用，这种合作方式正在获得更多的推广。

（三）与餐饮部门的合作

在现代旅游活动中，餐饮服务不只是作为辅助性的旅游服务项目，有时甚至是旅游服务的主题项目。美食旅游主题线路一直都是旅游目的地的热销产品。在与餐饮部门进行合作时，旅行社应高度重视餐馆环境卫生，关注餐饮的品质以及客人口味，关注服务人员的举止与装束。2015 年携程布局的"美食林"业务上线，在两年时间里在线餐厅数量超过 1.5 万家，点评数量超过 3500 万条。此后，携程又推出全球餐厅预订业务，并将服务重点转向国内。此举让携程从提供单纯餐饮点评信息更进一步深化了餐饮体验的差异化扩张。消费者通过优先预订特权可以体验最新、最受好评的菜品。

（四）与参观游览部门的合作

具有特色的人文旅游资源、自然旅游资源以及其他各种旅游吸引物构成了旅游者购买旅行社产品的重要动因。旅行社应该将旅游目的地最具特色、最新开发的各种旅游资源组合进自己的产品中去。2017 年，广之旅全面启动"全网服务升级计划"，与当地景区进行联动，通过"一店一主题"对目的地深度展示的方式，提升线下用户的行前体验，助力收客。

（五）与购物场所的合作

旅行者购物兴趣的加大，已使原来的"旅游购物活动"发展为当今时尚的"购物旅游活动"。在现代旅游活动中，旅游者的购物支出普遍达到消费总支出的 40% 左右，购物在旅游活动中的重要性可见一斑。对旅行社而言，在与购物场所建立合作关系中需要注意以下几个方面：第一，选择合适的购物场所，以节省旅游者的时间；第二，选择具有良好信誉的购物场所，以使旅游者免受经济损失；第三，严防旅行社服务人员与不法商人串通一气，将购物作为坑害旅游者的陷阱。

（六）与娱乐部门的合作

在旅行社安排的旅游活动中，娱乐活动具有以下两大作用。首先，在现代旅游中，增长知识、了解旅游目的地文化艺术已成为旅游者日益普遍的需求，而娱乐活动正是旅游者了解和认知异质文化的一个重要途径。其次，旅游途中的娱乐活动通常被安排在晚间，与白天旅游者到处奔波的动态参观游览活动相比，具有相对的静态活动特点。从旅游活动的形态组合上看，一静一动相得益彰。从旅游者的生理和心理角度讲，晚间观看文艺演出活动，不仅可以消除白天参观游览的疲劳，而且丰富多彩的艺术类型和精湛的表演技艺，可以使旅游者获得赏心悦目的感受。当然，旅行社既要与娱乐部门保持良好的业务合作关系，也应要求娱乐演出部门适度调整演出节目的生命周期，以增加节目的持续吸引力和娱乐性。此外，旅行社在安排娱乐活动时，要及时了解新演出节目上演的时间、价格、节目内容等，以使活动的编排更适合旅游者的需要。

（七）与保险公司的合作

所谓旅游保险是指对旅游者在旅游过程中因发生各种意外事故，造成旅游者人身伤害或财务损失时，给予旅游者一定的经济补偿的制度。根据我国《旅行社管理条例》的有关规定，旅行社组织旅游活动时，必须为旅游者办理旅游意外保险。旅行社与保险公司进行的业务合作，不仅成为旅行社顺利开展旅游活动、使旅游者免受不必要利益损失的重要保障条件，而且也有利于旅行社减少因灾害、事故造成的经济损失。

（八）与相关旅行社的合作

在旅行社业务活动中，自组团和地接团是互为补充的两项重要内容。组团旅行社为了安排旅游团（者）在各地的旅程，需要各地接团旅行社提供相关的接待服务项目。从旅游市场的运作规律看，这就是一种旅游服务项目的采购行为。任何旅行社无法也不可能安排好旅游者的一切旅游活动，满足旅游者的所有需求。因此，组团社必须与各旅游目的地的相关地接社建立有效的业务合作关系，作为旅行社自身业务的必要组成部分。

二、正确处理对外服务采购的关系

（一）保证供应与降低成本的关系

1. 旅游旺季保证供应

在旅游旺季时，大量游客蜂拥而至，给旅游目的地的旅游服务供应商造成巨大压力，出现酒店、交通工具等旅游服务设施一时性短缺，旅游服务供应市场变成了卖方市场。旅行社应该把保证供应作为采购的首要任务，而降低成本则成了次要的。在必要时，旅行社还应该不惜牺牲眼前的部分利润，以较高的价格获得迫切需要的旅游服务项目，确保旅游者满意。

2. 旅游淡季低价采购

在旅游淡季时，旅游服务设施过剩，供应商市场变成了买方市场。旅行社应该把降低所采购的旅游服务价格和采购成本放在首位，在与供应商谈判中应尽量设法获得更多的优惠条件。旅行社通过淡季低价采购，降低全年的营业成本，弥补在旅游旺季时为确保旅游服务供应而付出较高价格的损失，从而增加旅行社的经营利润。

（二）集中采购与分散采购的关系

旅行社是旅游中介组织而不是消费者，它把旅游者的需求集中起来向旅游服务供应企业采购，这种采购是批发而不是零买。旅行社可以集中购买力以增强在采购方面的还价能力。具体来说，集中采购和分散采购在旅行社中的应用如下。

1. 渠道或者供应商集中采购

集中采购是旅行社在采购中经常使用的一种采购策略。集中包括两个方面的含义：一是旅行社将各个部门的采购活动都集中起来，即渠道集中，统一由一个部门对外采购。二是旅行社将其在一个时期（如一个星期、一个月、三个月、半年，甚至一年）营业中所需的某种旅游服务集中起来，全部或大部分投向经过精心挑选的某一个或少数几个旅游服务供应部门或企业，即供应商相对集中，旅行社以最大的购买量获得最优惠的价格和供应条件。

旅游集中采购的主要目的是通过扩大批量、减少采购批次，可以获得较好的交易条件，从而降低采购价格和采购成本。一般来说，集中采购策略主要适用于旅游温、冷点地区和旅游淡季。

2. 旺季或近期分散采购

分散采购也是旅行社采购活动中经常使用的一种旅行社采购策略。分散采购主要适用于两种情况。

当旅游市场上出现供过于求的现象时，旅行社通常采取近期分散采购的策略。所谓近期分散采购，是指旅行社在旅游团队或旅游者即将抵达本地时，利用旅游服务供应部门或企业无法在近期内通过其他渠道获得旅游服务大量的购买者，而旅游服务又不能够加以贮存或转移，迫切需要将其大量空闲的旅游服务项目售出以获得急需的现金收入，采取一团一购的方式，尽量将采购价格压低，以最小的代价获得所需的旅游服务供给。

当旅游服务因旅游旺季的到来而出现供不应求的情况时，旅行社无法从一个或少数几个旅游服务供应部门或企业那里获得其所需的大量旅游服务，通常采取分散采购的策略，设法从许多同类型旅游服务供应部门或企业获得所需的旅游服务。

（三）直接采购与平台采购的关系

直接采购（或称直接支出、直接成本）是指旅行社直接向旅游供应商购买所需的产品和服务，通过经营能力和运作效率的提升赚取零售利润，利润来自于买卖之间的价差。直接采购一般适用于供应链比较集中、旅游供应商数量有限的机票或车票采购，或者用于价格简单的标准产品，如景点门票和酒店客房的采购。

平台采购是指 OTA 旅行社在网络平台上汇集了大量供应商的产品和旅游消费者，通过向供应商收取网络广告费和从成交销售中返利等方式获取经营利润，本质是出售消费者的网络流量获利。平台采购一般适用于供应商数量众多且规模很小、价格复杂多样灵活、碎片化服务的采购，如各类玩乐产品。

（四）预订和退订的关系

旅行社产品的销售是一种预约性的交易。与其他商品不同，旅游者只有在购买了该种旅游产品之后，随旅游团前往目的地实地消费，才能实现价值与使用价值之间的转换。在实际经营过程中，由于旅游行业目前法规尚不健全，旅游从业人员的法律意识不强，旅行社因各种原因和理由要求临时增加或取消旅游计划的现象屡见不鲜。因此，旅行社一般在年底根据其制订的采购计划与旅游服务供应企业洽谈来年的业务合作事宜。

计划采购量一般是由旅行社参照前几年的实际客流量，并根据对来年的市场预测来确定的。一旦出现临时增加旅游计划或临时取消旅游计划，旅行社就须向有关的旅游服务供应商或企业提出临时增订或退订旅游服务项目的要求。这种临时的增订或退订会给这些企业或部门造成一定的压力或产生一定的经济损失，所以旅游服务供应商往往会制定一个增订或退订的时间限制，超越这一时间限制旅行社需缴纳一定的违约金或罚款，有时金额会高达售价的 100%。

由于买卖双方的增订、退订要求截然相反，这就要求双方通过协商，达成一致意见。双方协商的结果一般受市场供求状况和旅行社采购信誉的影响。无论如何，增订或退订对旅行社都有损失，旅行社应该设法通过友好的协商尽量使对方降低提价的幅度或减少退订损失费用。

视频资料：如何制定采购数量管理制度

第三节　旅行社采购服务信息化

一、与供应商信息共享提高沟通效率

在高速发展的信息经济时代，企业对信息的把握是决定其经营成败的重要因素，信息的来源、信息的沟通渠道、信息的掌握速度等在合作经营中发挥着重要的作用。旅游产品虽然不是直接源自旅行社，但旅行社将提供旅游产品的各个相关产业紧密连接，从而成为旅游服务过程中的核心企业。传统的沟通方式是以旅行社为中心的单向沟通方式，旅行社和供应商之间缺乏互相信任，限制了信息的多维共享，极易导致供需失衡。因此，旅行社通过建立信息中心，将需求与供给信息及时更新，供应链上的各个企业通过内部系统及时有效地分享产品信息、行业信息、相关行业政策等。同时，企业之间相互监督供给和消费情况，真正实现信息的多元化立体式沟通，从而有效地提高沟通效率，达到利益共赢。

（一）建立供应商数据库

在信息化时代运用数据库技术创建供应商档案是旅行社管理供应商的重要一步，它为建立二者之间的供需合作关系决策提供了重要依据。供应商的资料包括供应商的产品种类、价格、协议，供应商的信誉和级别，以及供应商的合作历史记录等，通过数据库建档可以及时查询、更新。旅行社要为曾经合作和正在合作的供应商建立档案，通过不同渠道收集完善供应商资料，及时更新供应商档案，以便于旅行社随时应对供应商市场的各种动态变化。另外，供应商档案管理的重点不仅应放在现有供应商上，还应更多地关注其他意向供应商，不定期寻找质高价优的酒店、餐厅、运输公司等企业逐步建立长期稳定的合作关系。在旅行社扩大选择供应商范围的同时，也应加强已准入供应商的竞争和服务意识。

（二）加强供应链管理

旅游产品供应链上各个节点之间的信息共享是影响供应链整体效益的关键，强调通过企业采购管理增强供应链的系统性和集成性的供应链管理（supply chain management，SCM）模式，为旅行社有机整合内外部资源、迅速响应旅游者需求、提升旅行社的采购能力和运作效率提供了新的战略思路。

供应链管理（SCM）模式是指以市场和客户需求为导向，本着共赢的原则，以提高竞争力、市场占有率、客户满意度和获取最大利润为目标，以协同商务、协同竞争为商业运作模式，通过运用现代企业管理技术、信息技术和集成技术，对整个供应链上的信息流、物流、资金流、业务流和价值流有效规划和控制。

互联网技术的发展，特别是应用服务供应商（application service provider，ASP）的兴起，为大多数不具备资金和人才优势的旅行社实现信息化采购提供了契机。ASP 的本质是集中式的资源分享，简单来说，ASP 就是原来外包服务概念的延伸。不同的是，在互联网时代，ASP 公司以"月费"取代集中的支出，采取由第三方的公司以月费均摊的方式，通过广域网为客户提供各种软硬件应用服务的新型经营方式。通过 ASP 服务商，旅行社可以在不必投入大量设备、资金、人力等资源的条件下，充分利用网络通信设施，旅行社可以很方便地与旅游供应商进行沟通、洽谈、交易，降低了旅游产品交易的周期，减少了服务和产品提供的准备时间，提高了旅行社快速响应旅游者需求变化的手段和能力。对旅游供应商来说，能够快速从网络中获得旅行社的需求信息甚至是旅游者的直接需求信息，通过这种虚拟运作平台及时地与旅行社进行交流沟通，与旅行社及同行协作。

在供应链管理模式下，旅行社在网上的 B2B 的单一采购行为转向从旅游者到旅行社、从供应商到旅行社的协同商务（collaboration commerce）过程。供应链集成管理将供需双方之间静态的、事后的信息传递环境变为动态、实时的信息共享环境。具体的 SCM 模式下供需双方之间的信息交流系统，如图 6-3 所示。

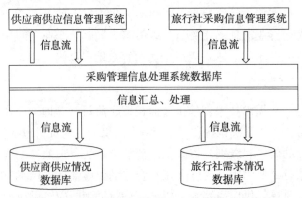

图 6-3　SCM 模式下供需双方的信息交流系统

二、旅行社 B2B 网络采购模式

旅行社传统的采购目标的信息源主要是在各种旅游博览会及其他媒体上的信息搜集，这种信息搜索获取方法成本较高、信息不完全、静态滞后。随着旅游者需求的日趋主题化、个性化、多样化，信息技术与互联网的飞速发展，旅行社与旅游供应商简单合作的传统采购模式已不能适应旅行社经营环境的变化。

互联网和旅行社的采购管理相结合，可以建立起强大的供应商及原材料数据库。旅游供应商通过一定方式将其可供资源放在网上，旅行社在网上采购时，应用搜索技术可获得全面的、最新的供应商及资源信息。网上采购不仅可以降低采购的差旅办公等费用，而且还可以降低买价。采购管理中的货比三家的比价系统，消除了由于信息隔绝带来的市场不完全性，具有快速、低成本、高效率、少差错等特点。

旅行社网络采购是集计算机管理信息技术、互联网技术、旅行社业务于一体，面向旅游行业的信息化集成 B2B 电子商务系统。目前，大多数旅行社的网上采购属于 B2B 的电子商务模式。旅行社网络采购模式由两部分构成：一个是旅游产品交易场，另一个是作为旅行社 ERP 子系统的旅行社资源采购中心系统[①]。

---

① ERP（enterprise resource planning），是指企业资源计划系统。它是以现代信息技术为依托的一种先进管理思想和管理模式，最终旨在让人员与资源的分配完全吻合，是企业实现管理信息系统的重要组成部分。

（一）旅游产品交易场

1. 基本功能

旅游产品交易场是一个可供旅游企业在互联网上买卖旅游产品的 B2B 交易场，不参与具体的旅游业务，也不从属于任何一家旅行社、酒店或景点，只是旅游企业互相交流信息的实时在线交易平台。它支持各种旅游产品的交易，包括团队名额、机票、客房、餐饮、景点、旅游商品及其他所有旅游产品原材料。旅游产品交易场的主要功能有以下几类。

①查询功能：会员单位发布及维护产品的信息，会员单位所需查询的供求信息，会员单位基本情况等。

②认证功能：合同认证、资质认证等。

③交易功能：预订、结算服务等。

④共享信息：市场供求分析，宏观经济环境、相关行业的发展动态，政府政策法规等。

2. 降低结算风险

旅游产品交易场的结算服务是保证旅游企业最终能获得电子商务效益的必不可少的环节。旅游产品交易场与国内外金融机构合作，建立有效和安全的网上付款系统，提供会员单位作为网上交易时的财政担保。特别是在国际业务结算中建立信用证系统，可以降低旅游企业在电子商务中的结算风险和成本。

（二）旅行社资源采购中心系统

1. 基本功能

旅行社资源采购中心系统通过与旅游产品交易场接口，将这一模块由原先对旅游资源的静态管理变成了动态实时管理。这一系统具备以下主要功能。

①从旅行社 ERP 的销售子系统获得消费者的旅游需求信息。

②根据消费者的需求到旅游产品交易场上查询所需信息。

③通过旅游产品交易场与供应商进行洽谈。

④根据消费者的需求进行产品组合及报价。

⑤借助旅游产品交易场完成与供应商之间的结算。

供应商的信息管理贯穿了从线路设计、团队计划、团队报账到财务结算等整个业务过程。资源采购信息管理就是对供应商的基本资料、供应价格、供应合同等进行全面管理，还有供应商管理的一些基本业务功能，如添加新供应商、查询供应商资料、评价供应商等级等。

2. 降低成本优势

在网络采购模式下，旅行社与旅游供应商信息高度共享，双方实时进行交流，可以根据旅游者的需求快速组合旅游产品，降低旅行社管理企业资源的成本。通过旅行社资源采购中心系统获得较完全且及时的市场信息，旅行社能方便、快速、安全地完成经营中繁

视频资料：如何制定供应商管理制度

杂的结算业务，提高工作效率和产品透明度，减少采购产品的差价空间，提高旅行社的市场竞争力。

案例讨论

携程旅游赋能平台采购

在"2018携程全球合作伙伴峰会"上，携程旅游度假板块宣布深化平台战略，开放供应、运营和销售端，由此可以赋能旅游业中的小微企业和个人创业者。这一战略背后，无不彰显携程在度假领域乃至旅游全产业链上布局的野心。

目前携程旅游平台拥有三大类15条产品线：一是包价类，提供完整的出行方案，包括跟团游、定制游、自由行套餐、邮轮、主题游、高端游；二是单项类，提供全面的目的地体验，包括门票、玩乐、专车、向导、购物；三是其他支持业务与服务，包括签证、保险、外币兑换、微领队。这些业务均已成长为携程具有优势的产品线。以跟团游为例，携程已发展成为国内最大的跟团游预订服务平台，2万多家旅行社和供应商提供了175万个各地出发的产品。

携程将全面开放所有业务，升级加盟入口，并在平台规则等方面进一步"透明化"。开放的目标用户将扩展到三大类：一是旅行社；二是目的地碎片化要素供应商；三是个人服务提供者。值得关注的是，随着户外运动、体育、摄影、婚礼等主题化旅游市场越来越大，携程主题游平台将进一步开放加盟，意在扶持某个垂直领域的创业公司做大做强。

"平台的价值更体现在赋能上。"携程联合创始人、执行董事局主席梁建章坦言，携程正在进一步提升平台赋予产业链整体成长的能力。重点开发的旅游新系统包括共享资源系统、后台管理运营系统、客户服务系统、全渠道销售系统等。

以共享资源上的赋能为例，携程平台上的产品库向商家开放采购。例如，当地参团产品、系统机票、定制游、导游、车等不同产品之间互补采购。在新系统中，合作商家将在运营上获得更大的自主权和支持，包括商品管理、定价、营销等。携程的客户服务系统也可以向商家开放，包括售前咨询、订单处理、售后服务等。在分发系统方面，商家还可以获得国际化支持，例如Trip.com、SKY scanner。用车、玩乐等业务已经在海外上线售卖。在线下，随着携程门店的布局，合作伙伴也将获得更多的渠道。业界人士分析，之所以要进一步强化平台的"赋能"功能，核心要义是供应链整合，进一步强化供应端，从而掌握旅游产业链的上游资源。

（资料来源：根据《开放加盟采购携程全面深化平台战略》资料整理，2018-12-20.）

思考讨论题：携程将如何深化平台战略？在共享资源的采购业务赋能上的做法和优势是什么？

本 章 小 结

本章介绍了计调部的职能和类型，计调管理业务的操作流程。计调部门在旅游服务采购业务方面需要与旅游交通部门、旅游住宿部门、餐饮部门、参观游览部门、购物场所、娱乐部门、保险公司及相关旅行社合作。旅行社要正确处理好保证供应和降低成本的关系、集中采购和分散采购的关系、直接采购和平台采购的关系、预订和退订的关系。旅行社采购服务信息化要与供应商信息共享提高沟通效率，采取 B2B 网络采购模式。

 **关键术语**

计调（operator）
旅行社产品（travel agency product）
旅行社采购（travel agency procurement）
集中采购（centralized purchasing）
分散采购（decentralized purchasing）
旅行社采购协作网络（travel agency procurement collaboration network）
供应链管理（supply chain management，SCM）
ERP（enterprise resource planning）

 复习题

1. 简答旅行社计调部的职能和计调人员的职责。
2. 组团计调业务与散客接待计调业务的操作流程有什么区别？
3. 简答旅行社应该与哪些单位建立旅游服务采购协作网络。
4. 旅行社的网络采购模式有哪些？

 实践题

组织本班同学开展周末一日游，尝试通过网络平台为此次旅游行程集中采购全程旅游产品和服务（包括网上购买保险服务）。请比较旅游团队集中采购价格与散客购买价格的差异，思考如何以团队旅游的价格优势开发更多的增值服务。

 **研究讨论题**

讨论如何运用网络平台（如小程序、App 等）加强计调业务、采购业务和接待业务的有效衔接。

 **参考资料**

[1] 刘芳，杨凤影. 供应链管理模式下的旅行社采购策略[J]. 商业时代，2007（28）：59-60.
[2] 杨路明，陈昱. 电子商务对旅游市场中间商大影响分析[J]. 思想连线，2004，40（2）：152-156.
[3] 包欣. 关于政府购买旅行社服务的问题研究[J]. 河北企业，2018（3）：25-26.

[4] 高尚. 不同销售策略下的旅游供应链决策模型研究[D]. 哈尔滨理工大学，2016.

[5] 高玉娟. 浅谈旅行社采购业务的内控管理[J]. 中国集体经济，2016（4）：42-43.

[6] 杜丽卿. 旅行社计调工作中常见的服务质量问题及解决对策[J]. 旅游纵览（下半月），2012（22）：54-55.

[7] 张云霞，吉瑞红. 计调工作在旅行社接待中的重要作用[J]. 旅游纵览（下半月），2012（16）：61.

[8] 殷秋君. 互联网时代旅行社供应链的解构与重构[D]. 江西师范大学，2016.

[9] 杨荫稚，钱枫. 旅行社产品需求个性化和网络化采购[J]. 旅游科学，2002（2）：31-32.

[10] 戴斌，杜江. 旅行社管理[M]. 北京：高等教育出版社，2002.7.

[11] 陈道山，阮跃东. 旅行社经营管理实务[M]. 北京：中国发展出版社，2009.7.

第七章

旅行社接待管理

学习目标

- 了解旅行社团队旅游接待业务类型与特点
- 了解组团社和地接社的作用和功能
- 掌握各类团队旅游接待与散客接待的程序和特点
- 掌握旅行社接待业务的过程管理

思政目标

- 培养学生礼貌、热情、周到的服务沟通能力
- 培养学生勤于思考学习、尊重他人习俗和他国文化的服务意识
- 培养学生自觉充当民间外交大使的政治觉悟和使命担当

案例引导

高质量接待服务让游客变留客

某年春天，上海的导游顾先生接待了一个30多人的英国旅游团。在接待过程中，他发现英国客人十分讲礼貌，总是请女士先上车，吃饭敬酒的时候也总是为女士先斟，但每天在饭店集合出发的时候却总有人晚到片刻。在游览过程中，客人们比较遵守纪律，没有发现有掉队或活动超时的游客。开始时，只有领队代表大家问些问题，大部分客人显得拘谨、寡言。经过接触，大家的话多了起来，经常询问一些上海当地人生活的基本问题。顾先生告诉他们，上海已经发生了很大的变化，地铁、高架立交桥、高层建筑、广场、宽阔的马路、经济开发区等现代化的标志与日俱增，特别是城市经济的发展和人民生活水平的提高，都充分体现出上海作为中国的第一大城市的风采。客人们听了顾先生的介绍，看到城市内欣欣向荣的状况，无不点头称赞。

客人们虽然循规蹈矩，但有时却显得有些固执。本来第一天安排了客人观看京剧节目，但由于剧场的变动，改为歌舞节目。顾先生将此变动告诉领队。经征求意见，大多数客人仍坚持要看京剧，顾先生只好第二天为他们安排了京剧节目。

在语言方面，大家对顾先生的讲解表示满意，都说顾先生的英语说得不错。顾先生深知英国英语与美国英语的区别，故而很少用美国的俚语。谈论的话题也尽量不涉及政治，多以风土人情和娱乐、消遣性的内容为主，有时也以文化和体育为话题，如提到英国的莎

士比亚、拜伦，询问他们是否喜爱足球等。客人见他问到了他们的强项，情绪非常高涨，与顾先生热烈地讨论了起来。

由于顾先生经常接待英国客人，了解他们的习惯和爱好，因此他深得领队和客人们的信任，大家对他的工作也表示赞赏。临别前，领队希望以后还找他合作，客人们也依依不舍地与他握手道别，很多人表示回国后要给他写信。

评析：英国是我国欧洲市场的重要客源地之一，英国人大多文化素质较高，很讲礼貌。在游览方面，他们中的很多人比较喜欢东方的文化，对我国的古建筑、传统文化和风土人情都感兴趣。根据这些特点，导游在接待英国旅游者时应注意以下几点。①注意英式的礼貌礼节，尽量避免触动其忌讳的颜色和图案，用礼貌热情的态度为其服务。②用地道的英国英语为其讲解，这样容易得到客人的尊重和信任。③在导游接待中，不要随意改变日程和活动项目，更不能对他们带有轻视和敷衍的表示。④大多数英国客人对东方文化感兴趣，愿意听导游员的讲解，但也有人更愿意谈论一些专题。导游在与客人交流时一定要及时了解对方的观点，如支持哪个党派、喜欢哪个足球队等，不要首先发表意见，以免引起误会。⑤大多数英国人不愿过多地购物，因此不要频繁地带他们到商店购物，以免引起他们的反感和抵触情绪。⑥尊重客人的选择。当客人提出诸如增加项目、放弃吃午饭（因早餐吃得很多）、延长参观时间等要求时，导游应在不损害旅行社利益的前提下，尽量满足他们的选择，不要一口回绝，也不要过多地催促延时的客人。

（资料来源：https://wenku.baidu.com/view/d9c7e4a8cf22bcd126fff705cc17552707225e05.html）

接待工作的开始，往往是旅游者真正意义上旅游活动的开始。在旅游接待过程中，旅游业从业人员的服务素质不断提升，从标准服务到细微服务，从大众化服务到个性化服务，从传统服务到创新服务。旅游业从业人员要严格按照服务流程进行业务接待和管理，确保顺利完成接待任务。

第一节　旅行社团队接待业务

团队旅游（group inclusive tour，简称 GIT）也称集体综合旅游，通常是指 10 人以上组成的团体，以旅行社为主体组织的集体共同旅游方式。团队成员遵从旅行社统一安排的旅游线路行程和计划，采用包价方式一次性提前支付旅费并享受团队折扣优惠，在导游的陪同下，按照规定的线路完成食、住、行、游、购、娱等旅游过程。

一、组团社的接待业务

（一）地接社的选择

组团社的接待业务是团队的输送，即将团队发送到异地或境外的地接社接待，其业务主要包括地接社的选择和接待计划的落实。组团社在团队输送时，首先面临的问题就是地接社的选择，地接社就是旅游目的地负责接待服务的旅行社。可以说，接待质量的优劣在很大程度上取决于地接社的工作质量，因此，组团社在地接社的选择上必须慎重。组团社选择地接旅行社应考虑的因素包括以下三方面。

（1）地接社基本情况

地接社基本情况包括人力资源、财力情况与接待能力等，以及地接社的成立年限、发展史、等级、注册资本、员工人数、管理人员、业务人员情况、组织机构形式、车辆配备与票务能力等。

（2）地接社报价方式

价格问题直接关系到旅游者切身利益以及旅行社收益。因此组团社在选择地接社时，必须考虑到地接社的报价方式，要根据实际情况选择报价方式合理的地接社。旅行社的报价方式可分为：总报价式、分项报价式、开账式。

（3）地接社服务质量

组团社应对地接社的接待能力和资质等情况考察，综合考虑各项因素，选择信誉良好的旅行社作为地接社，以保证接待质量。地接社应能信守接团合同，提供优质服务且作业规范。

因组团社和地接社在价值链上地位不同，渠道建设也不尽相同。组团社对地接社的纵向控制及地接社摆脱组团社的反纵向控制，存在以下两种博弈。

（1）资产纽带股权关系

组团社在旅游目的地设立分社作为自己的地接社，或者通过兼并、控股或者品牌特许经营等方式，将地接社作为旅游集团内部的成员公司，称为股权控制。这种情况下，地接社被纵向控制最深，合作也最深。这样双方可以大大降低交易成本，形成人员、资源、信息的充分交流沟通。

（2）契约关系

组团社与地接社有两种制约与反制约的关系。一种是双方签约合同形成利益共同体。如果组团社处于供应商垄断地位，即地接社的客源来自单一组团社，那么组团社处于优势地位，地接社处于劣势地位。此时，组团社可以向多家地接社提供客源。组团社可以在对旅游目的地地区的旅行社经过一番考察后，选择某家报价低、信誉良好、实力较强的旅行社作为自己的定点地接社。双方签订合同，形成产业链结盟，共享利益，共担风险。如果一方违约，就得向另一方支付数额巨大的违约金。地接社在得到了稳定的组团社的同时，自己也被组团社牢牢控制。另一种是地接社形成联盟以防止恶性竞争。地接社要发展必须实行价格公开，实现操作透明，形成旅行社联盟，制止价格的恶性竞争，以自己的服务、品牌、信誉等软性竞争力，赢得组团社的青睐。同时，地接社可以接受多家上游组团社的客源，让组团社之间也存在竞争关系，变被动为主动。

（二）接待计划的落实

接待计划是指旅游团队（者）在整个旅游活动过程或在某一地的旅游活动中所涉及的吃、住、行、游、购、娱的线路、地点和时间安排计划。组团社根据旅游者的需求制定接待计划，并要求地接社按照计划要求及相应的标准执行。对于组团社来说，接待计划是同旅游者之间的契约，也是与各地地接社之间的契约性文件，因此接待计划的落实是组团接待工作中的重要一环。组团社接待计划的落实主要包括以下两方面。

①旅游团的基本情况和要求，包括旅行团团名、人数、接待标准及所需何种语言的导游等。

②旅游日程表，包括旅游活动日常安排的旅游线路，所经过城市的先后顺序，要求抵离地接社地区的机、车、航班号、车次、时间及去向，交通工具，住房及早餐等，以及下一站的接待单位、联系人。

二、团队旅游接待的服务流程

旅行社的团队接待服务工作，大体分为接团前的准备阶段、接团中的服务阶段、接团后的总结阶段三大部分。具体流程如图 7-1 所示。

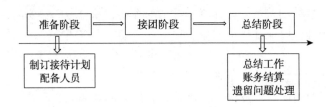

图 7-1　团队旅游接待的服务流程

（一）准备阶段

1. 落实接待计划

旅行社接待部门承接旅游团接待任务后，首先应及时安排并落实接待计划，核实各项服务项目，确认旅游团的接待等级和服务范围。其次，接待部门要了解用车情况并与司机取得联系，确认细节问题，落实行李车、行李员，确认接团的日期防止漏接、错接及行李遗失。另外，接待部门应与机场、车站、码头联系，核实飞机、火车、轮船抵达的确切时间。

2. 配备合适的接待人员

根据旅游团性质，旅行社选择适当的导游人员上岗。导游人员要做好接待服务的一切准备工作，主要包括研究旅游接待计划，安排和落实旅游活动日程，了解熟悉旅游团的情况，做好知识准备、心理准备、物质准备。其中，物品准备主要包括有关票证、资料（如团队接待计划、意见反馈单）、接待导游中使用的设备（如导游旗、扩音器）、陪同日志和适量的现金等。

（1）全陪导游

全陪导游是组团社派出的旅游团接待人员，负责按照合同约定实施组团旅行社的接待计划，监督各地接待社的履约情况和接待质量，负责旅游活动过程中与旅行社的联络协调，做好各站交接工作，处理旅游活动中的协作关系，应有较强的承上启下、连接内外、左右协调的组织能力。

（2）地陪导游

地陪导游是指由目的地地接社派出的导游，负责旅游接待和景区讲解，要求具备较好的语言表达能力和沟通能力，掌握当地人文、历史、地理知识，能组织协调团队在行程中的吃、住、行、游、购、娱等当地基础旅游服务活动。

（3）领队[①]

领队是组团社派出全程随团的导游，一般是指带客人出境旅游的全陪，要求有相关的资格及相应的语言能力，要与境外旅行社协调处理旅游中的一切事物，全权代表该旅行社带领旅游团从事旅游活动的工作人员。从素质要求上来说，领队的要求更高。领队应具备一定的英语或目的地国家/地区语言的能力，部分省份还要求领队上岗前应具备一年以上、带团五个以上的导游工作经验，并能履行领队职责、严格遵守外事纪律，具有较强的应急处理能力。

（二）接团阶段

1. 迎接工作

迎接团队是接待服务工作的开端，也是导游与旅游团队交流的开始。导游须给旅游者留下良好的第一印象，着装应得体、大方。出发接站前，导游应再次核实旅游团所乘交通工具抵达当地的确切时间，应在飞机（火车或汽车、轮船）抵达前半小时到达机场（车站、码头），并与司机商定停车等候位置，做好迎接准备。

导游应该佩戴标牌，手举导游旗，携带导游证书，在机场（车站，码头）出口处迎接，并主动辨认所接旅游团。接到旅游团后，导游应主动上前热情欢迎，进行自我介绍，并确认团队名称、领队、人数，及时引导旅游者上车，协助旅游者就座并清点人数，待全部人员到齐后，请司机发车。

2. 初次导游

初次导游是由机场（车站、码头）到下榻饭店的路途中向旅游者进行的讲解，主要包括致欢迎词、沿途导游和饭店介绍等内容。

3. 入住饭店服务

导游员带领团队达到住宿饭店后，协助领队、全陪及旅游者办理住宿登记手续，入住房间并提取行李，介绍饭店各项服务设施及其位置与营业时间，介绍用餐时间与就餐形式，安排第二天叫早服务。

4. 确认旅游活动日程

旅游团开始参观游览之前，地陪应与领队、全陪商定本地活动安排，并及时告知游客在本地旅游活动的行程安排与内容。商定、核对日程是旅游团抵达后的一项重要工作，是两地导游人员合作的开始。

旅游计划是组团社、地接社与游客共同约定的，除非特殊情况，如交通故障等，一般不能随便更改。在核对、商定日程时，对出现的不同情况，导游人员要采取相应的措施，一般分为以下三种情况。

①当领队（或全陪）或游客提出小的修改意见或要求增加新的游览项目时，导游人员

---

① 2016 年 11 月，根据修改后的《中华人民共和国旅游法》，我国实施了近十年的领队证审批正式被取消。从事领队业务的从业者，应当取得导游证，具有相应的学历、语言能力和旅游从业经历，并与委派其从事领队业务的取得出境旅游业务经营许可的旅行社订立劳动合同。

应及时向旅行社有关部门反映，对合理又可能满足的项目应尽量安排。需要加收费用的项目，导游要事先向领队或游客讲明，按有关规定收取费用。对确有困难无法满足的要求，导游应向领队或游客说明原因并耐心解释。

②当领队（或全陪）或游客提出的要求与原日程不符且又涉及接待规格时，导游一般应给予婉言拒绝，并说明乙方不便单方面不执行合同。如果确有特殊理由，并且由领队提出时，导游人员必须请示旅行社有关部门，视情况而定。

③当领队（或全陪）手中的旅行计划与地陪导游的接待计划有部分出入时，导游人员应及时报地接社查明原因，分清责任，若是地接社方面责任，应实事求是地说明情况并赔礼道歉。

5. 安排游览与娱乐活动

游程主要由白天游览活动与晚间娱乐活动两部分构成。白天的游览、购物等活动是旅游团队游程中最重要的部分，也是导游人员最主要的接待内容，应严格按照合同规定的日程安排提供服务。晚间活动应积极组织丰富多彩、文明健康的项目，充实旅游者的夜生活。

一般来说，地陪应在每次活动之前的 10 分钟到达预定集合地点，督促司机做好出发前准备工作。旅游者上车后，地陪应及时清点人数，向旅游者报告当日重要新闻、天气情况、活动安排与就餐时间及地点。当全部旅游者到齐后，地陪请司机发车，并开始介绍沿途风景、建筑物等。到达景点后，地陪应介绍景点的历史背景、风格特点、地理位置与欣赏价值，并告知旅游者在景点的停留时间，集合地点与游览注意事项。在游览过程中，地陪应始终同旅游者在一起活动，注意旅游者人身安全，随时清点人数，以防旅游者走失。与此同时，地陪还应使用生动形象的语言向旅游者讲解景点。

除游览讲解外，地陪还须在游客就餐、购物和观看文娱节目时提供相应的服务，如介绍餐馆、菜肴特色、酒水类别、餐馆设施、当地商品特色、节目内容及特点，回答旅游者各种问题。

6. 送行

接待服务应善始善终，切忌虎头蛇尾。团队在当地旅游活动结束时，地陪导游应对游客的通力合作表示感谢，并向游客发放征求意见表，诚恳征求旅游者对当地接待工作的意见，并祝愿旅游者旅途愉快。

（三）总结阶段

1. 总结工作

团队接待工作结束后，导游应认真做好陪团小结，实事求是地汇报接团情况。导游人员应将接待计划等有关函件整理妥当后存档。涉及游客的意见和建议，力求引用原话，并注明游客身份。旅游中若发生重大事故，导游人员应整理成文字材料向地接社和组团社汇报，进行专题总结。

2. 结账

地陪导游按旅行社的具体要求并在规定时间内，清楚填写有关接待和财务结算表格，连同保留的各种单据、接待计划、活动日程表等按规定上交有关人员，并到财务部门结清账目，并归还所借物品。

3. 处理遗留问题

旅游结束后，导游人员应妥善、认真处理好旅游团的遗留问题，按有关规定办理游客临行前托办的事宜，必要时请示领导后再进行办理。旅游者的意见或建议要及时答复并表示感谢。发现旅游者遗忘的物品，导游人员应尽快与有关方面联系，及时归还客人。

三、特殊团队旅游接待要领

特殊旅游团队是指该团队成员具有同一体质特征或同一特殊旅游目的的旅游团。游客来自不同的国家和地区，他们在年龄、职业、宗教信仰、社会地位等方面存在较大的差异，有些游客甚至非同一般、特点尤为突出，导游人员必须给予特别重视和关照，因此称为特殊游客或重点游客。虽然他们以普通游客身份而来，但接待方法有别于一般游客。

（一）接待儿童团队

出于增长见识、健身益智的目的，越来越多的游客喜欢携带子女一同到目的地旅游。导游人员应在做好旅游团中成年游客旅游工作的同时，根据儿童的生理和心理特点，做好专门接待工作。具体应该注意以下几个方面。

①注意儿童安全。儿童游客活泼好动，因此要特别注意他们的安全，可酌情讲解一些有趣的童话和小故事吸引他们，既活跃了气氛，又使他们不到处乱跑，保证了安全。

②掌握"四不宜"原则。对有儿童的旅游团，导游人员应掌握"四不宜"的原则：不宜为讨好儿童而给其买食物、玩具；不宜在旅游活动中突出儿童，而冷落其他游客；即使家长同意也不宜单独把儿童带出活动；儿童生病，应及时建议家长请医生诊治，而不宜建议家长自行给孩子服药，更不能提供药品给儿童服用。

③对儿童的饮食起居要特别关心多给予关照。

④应该特别注意一些有关儿童的收费标准和规定，如机票、车票、门票、住房及用餐等。

（二）接待老年游客团队

在我国入境旅游和国内旅游市场，老年游客均占有较大的比例。尊敬老人是我们中华民族的传统美德，因此，导游人员应保持谦恭尊敬的态度、体贴入微的关怀、不辞辛苦的服务做好老年游客的接待工作。具体应注意以下几个方面。

①活动日程不宜太紧。导游人员应根据老年游客的生理特点和身体情况，妥善安排好日程。首先，日程安排不要太紧，活动量不宜过大，项目不宜过多，在不减少项目的情况下应尽量选择便捷路线和有代表性的景观，以细看、慢讲为宜。其次，适当增加休息时间。此外，导游人员带领老年游客团不能用激将法和诱导法，以免消耗游客的体力，发生危险。

②做好提醒工作。老年游客由于年龄大、记忆力减退，导游人员应每天重复讲解第二天的活动日程并提醒注意事项。例如预报天气情况，提醒游客增减衣服，带好雨具，穿上旅游鞋等。进入游人多的景点时，导游人员要反复提醒老年游客提高警惕，带好自己的随

身物品。

③注意放慢速度。老年游客大多数腿脚不太灵活，有时甚至力不从心。导游在带团游览时，一定要注意放慢行走速度，照顾走得慢或落在后面的老年游客，选择台阶少、较平坦的地方行走，以防游客摔倒碰伤。

④耐心解答问题。老年游客在旅游过程中喜欢提问题，好刨根问底，再加上年纪大、记忆力变差，一个问题经常重复问几遍。遇到这种情况，导游人员不应表示反感，要耐心、不厌其烦地给予解答。

⑤预防游客走失。每到一个景点，导游人员要重复多次地告诉老年游客旅游路线及旅游车停车的地点，尤其是上下车地点不同的景点。另外，导游人员还要提前嘱咐老年游客，一旦找不到团队，千万不要着急，不要到处乱走，要在原地等待导游人员的到来。

（三）接待残疾游客团队

在外国旅游团队中，有时会有聋哑、截瘫、视力障碍（盲人）等残疾游客，他们克服了许多常人难以想象的困难来到中国旅游。这既表明他们有着比常人更加强烈的旅游欲望，也说明他们对中国有着特殊的感情，对中国悠久的历史文化有着浓厚的兴趣。从另一方面来看，他们之所以在众多的旅游目的地中选择了中国，就是相信在中国不会受到歧视。因此，我们在任何时候任何场合都不应讥笑和歧视他们，而应表示尊重和友好。导游人员关照残疾游客要把握好"度"，要特别注意方式方法，既要热情周到，尽可能地为他们提供方便，又要不给他们带来压力或伤害他们的自尊心。具体应注意以下两个方面。

1. 适时恰当的关心照顾

接到残疾游客后，导游人员首先应适时地询问他们需要什么帮助，但不宜问候过多，如果过多关心照顾，反而会使他们反感。其次，如果残疾游客不主动介绍，导游人员不要打听其残疾的原因，以免引起不快。此外，导游人员在行程中要时刻关注残疾游客，注意他们的行踪，并给予恰当的照顾。

2. 具体周到的服务

对不同类型的残疾游客，导游服务应具有针对性。

①接待聋哑游客。应安排他们在车前排就座，让他们通过导游人员的口形来了解讲解内容。为了让他们获得更多的信息，导游人员还应适当地放慢讲解速度。

②接待截瘫游客。根据接待计划分析游客是否需要轮椅，如需要应提前做好准备。接团时还应该请计调部安排有行李箱的车，以便放置轮椅。

③接待有视力障碍的游客。应安排他们在前排就座，能用手触摸的地方、物品尽量让他们触摸。导游人员讲解时可主动站在他们的身边，讲解内容要力求细致生动，口语表达更加准确、清晰，讲解速度也应适当放慢。

（四）接待宗教人士团队

来中国旅游的外国游客中，常常会有一些宗教界人士，他们以游客的身份来华旅游，同时进行宗教交流活动。导游人员要掌握他们身份特殊、要求较多的特点，做好接待工作。具体应注意以下几个方面。

1. 注意掌握宗教政策

导游人员平时应加强对宗教知识和我国宗教政策的学习，接待宗教旅游团时，既要注意把握政策界线，又要注意宗教游客的特点。导游人员要尽量避免和游客发生有关宗教问题的争论，更不要把宗教、政治、国家之间的问题混为一谈，随意评论。

2. 提前做好准备工作

导游人员在接到宗教旅游团的计划后，要认真分析接待计划，了解接待对象的宗教信仰及其职位，对接待对象的宗教教义、教规等情况要有所了解和准备，以免在接待中发生差错。

3. 尊重游客信仰习惯

在接待过程中，导游人员要特别注意宗教旅游团客人的宗教习惯和戒律，尊重他们的宗教信仰和习惯。宗教界人士在生活上一般都有些特殊的要求和禁忌，导游人员应按旅游协议书中的规定，不折不扣地兑现，尽量予以满足。

四、出入境团队旅游接待管理

（一）出入境旅游管理制度

1. 总量控制制度

国家旅游局根据发展旅游业的基本方针和每年创汇情况、接待海外旅游者总量，并考虑我国基本国情和公民的外汇支付能力，对组团社组织团队出国旅游，按其经营入境旅游的业绩核定组织出国旅游的人数，并统一印制、编号发放《中国公民出国旅游团队名单表》。中国公民的出境行为除了边民以外，总体上是两个"三三式"结构。一个是"大三三"，即在出境总量中包括三个部分，因公出境、因私出境和出境旅游；另一个是"小三三"，即在出境旅游中又包括三个部分，边境游、港澳游和出国游。在实际操作中要根据两个"三三式"结构制定区别性的政策，实行针对性管理。

2. 出国旅游目的地审批制度

被批准的旅游的目的地国家和地区（approved destination status，简称 ADS），是由国家旅游局提出，经外交部、公安部同意后报国务院批准，允许旅行社组织团队前往的国家和地区。ADS 签证是指与我国签署了旅游目的地国家协议的签证，一般是团队旅游签证，需要 6 人以上成团，而且必须由旅行社统一办理团队签证，个人无须出示旅游邀请。

 **拓展资料**

团队出境旅游常见的资料清单

①护照。由于每个国家办理签证的要求不同，所以出境计调在检查护照时，主要应关注护照是否在有效期内。除个别国家外，大部分国家要求从出发之日起要有 6 个月以上的有效期。

②港澳通行证。游客返回之日在有效期内即可。

③签证。如果客人自备签证参团旅游，出境计调要确认签证是否有效，如无签证则需填写《申请个人签证资料表》。

④申请人所在单位的营业执照复印件。出境计调要确认营业执照是否在有效期内、当年是否年检、是否盖有公章。

⑤游客的白底2寸护照专用照片，背面需用圆珠笔写上名字以方便查找。

计调审核完资料后，如果发现问题应立即与游客取得联系，及时将旅游团队进行分类，建立团队文件包（贴上标签，注明线路和出团日期），在团队文件包中还要备有准确的行程单、收客名单（标明此团几人、收集资料情况）等。

3. 整团出入的出国旅游制度

为保障出境旅游人员的人身安全及合法权益，便于旅游质量监督管理，防止旅游者非法滞留、涉足"三禁（黄、赌、毒）"，我国规定公民自费出国旅游主要以团队形式，应整团从国家开放口岸出入境。

4. 领队制度

海外领队主要从事出国出境游的带团任务，工作重点在于带领团队、督促境外社和办理出入境手续，起到旅游团在境外与接待方旅行社、旅游者和旅游目的地国家（或地区）导游之间的桥梁作用。海外领队主要任务是：维护旅游团成员间的团结，协调旅游团同境外接待方旅行社导游人员之间的关系；监督接待方旅行社全面执行旅游合同规定的内容，协助各地导游人员落实旅游团食、住、行、游、购、娱等各项服务；维护旅游团成员的正当权益；负责处理旅游团在境外所遇到的各种紧急事宜，保证旅游团在境外旅游安全和顺利。

（二）出入境流程

游客出、入境必须接受检查，主要办理海关检查、边防检查、安全检查及卫生检疫等检查手续。离境流程如图7-2所示。

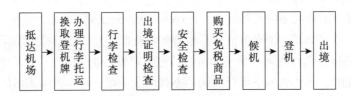

图7-2　国外离境流程

游客出、入境程序主要包括以下内容。

①严格遵守国家法律不得携带违禁品、管制品和未经检疫的水果入境。

②进入检查大厅后，按《旅游团队名单》上的顺序排队，依次到边检审验护照。

③到行李旋转台领取托运行李，进入海关接受检查。

④出境时，有申报"携带行李"的则应出示《携带行李申报单》并按海关规定接受检查。

实例解析7-1

王刚参加某旅行社组织的出境旅游团，七天的行程走了两天后，王刚向旅行社提出要离团。旅行社建议王刚不要临时离团，如果坚持离团的话，不但要收取800元一天的离团费，还要写一堆保证书、免责书。

为什么出国跟团游中途离团那么难呢？

问题1：我中途离团为什么还要收费？我自愿放弃行程，不要求退费已经很好了！

答：如果你报名参加的出境团是纯玩团（无购物无自费，团费也是正常的），中途自愿离团，需要由领队与游客签订《客人离团确认书》后方可离团。如果报名的是购物（低价）团，以泰国游为例，上海起止的泰国常规七天团，不含签证费的团费为2000多元，中途要求离团，导游肯定不同意，原因是团费低于实际成本太多。泰国往返上海机票都要2000多元，还不算用车、用房、用餐、景点门票等费用。团费之所以便宜是因为导游事先垫付了你的部分团款，然后通过你在当地的自费消费和购物再把差价赚回来。你消费多，旅行社才能赚钱。当你提出要离团时，旅行社无法从你的消费中赚钱了，要么你把导游垫付的钱付出来（俗称离团费），要么就不允许你离团。因此根本谈不上"放弃行程要求退费"这个说法，因为无费可退。团费价格决定了团队品质，因此，不建议游客报名低价团。

问题2：我中途离团我付了离团费，为什么还要签一堆免责书？

答：如果你参加了旅游团，那么旅行社自你出国之日起一直到你回国之日，需要负责你的安全以及保证你及时回国。在此期间，你有任何的人身财产安全问题，旅行社都是有责任和义务承担的。如果放你离团自由活动，旅行社将承担更大的风险，更多未知和不可控的风险。如果你没有签订任何免责书，只要你出事，不管是否是你自愿离团，旅行社都无法免责。因此，即便你同意付离团费，仍需签订相关文件。这也是一种双方约定的准则，以保障双方权益。

问题3：收"离团费"合不合法？

答：出游都应该签订正规的旅游合同，对于离团问题双方可以做出约定。如果双方约定离团行为属于违约，则可以约定违约赔偿，但是违约赔偿的约定应该合理、对等。如果游客离团给对方（旅行社）造成了损失，应该赔偿；否则，可以按照有失公平和违约金过高的理由申请法院改正。

视频资料：小品：疯狂旅行团

五、团队接待业务的特点

（一）计划性强

旅游团的旅游计划往往是一个相互连接的整体，旅行过程中上下站之间的衔接十分重要。旅游计划中出现的任何纰漏都可能给整个旅游活动造成严重影响，并且会给旅行社和旅游者带来经济损失和心理挫伤。因此，严格按照旅游计划接待团体旅游者是每一个提供接待服务的旅行社的职责。团体旅游一般均在旅游活动开始前由旅行社同旅游者或旅游中间商签订旅游合同或旅游接待协议。除了人力不可抗拒的原因外，旅行社不得擅自改变旅游团的旅游线路、旅行时间、服务等级等。如果确需对旅游计划进行修改，必须事先征得旅游者的同意。

（二）技能要求高

团体旅游由于人数多、旅游者之间关系比较复杂，因此，对旅行社接待人员的技能要求较高。旅行社在安排团队旅游接待时，要选派责任心强、带团水平高的导游担任领队，全程陪同或地方陪同。

（三）协调工作多

团体旅游接待是一项综合性很强的旅行社业务，需要旅行社接待人员在接待过程中及接待工作开始前和结束后进行大量的沟通和协调工作。

（1）接待工作涉及面广

团体旅游的人数比较多，在旅游目的地停留的时间一般也比较长，通常需要旅行社同许多其他旅游服务企业共同协作才能够完成接待工作。因此，团体旅游接待涉及各个有关方面，做好各方面的沟通和协调工作是旅行社圆满完成团体旅游接待工作的重要条件。

（2）各方利益冲突、分歧明显

在团体旅游的接待集体中，往往存在着代表客源地组团旅行社的旅游团领队、代表旅游目的地组团旅行社的全程陪同和代表当地地接旅行社的地方陪同。他们既要维护各自旅行社的利益，又要共同维护旅游者的利益，因此需要频繁地就接待中出现的问题进行磋商，相互协调。

（3）团队成员来源广

旅游团内的旅游者来自五湖四海，具有不同的生活经历和习惯，所受的教育程度也不同，他们之间往往存在着不同的价值观，对事物的看法也常会出现分歧。因此，旅行社的接待人员在旅游过程中必须随时注意旅游团内的动向，一旦团内出现分歧或矛盾，应及时设法加以协调，保持旅游团内的和谐气氛。

第二节　旅行社散客接待业务

散客旅游（full independent tour）又称自助旅游或半自助旅游，在国外也称为自主旅游，是由旅游者根据自己的兴趣爱好，自行安排旅游线路和行程、零星现付各项旅游费用的旅游形式。散客并非只是单个游客，可以是一个家庭、几个朋友，或是临时组织起来的散客旅游团，一般人数在 9 人以下。散客旅游不意味着全部的旅游事务都由游客自己办理而完全不依靠旅行社，不少散客会向旅行社做出游前咨询、委托旅行社提供单项服务（委托代办业务），如提供导游服务、代订交通票据和文娱票据、代订、客房餐饮、代办出国签证和入境签证等单项服务。一些旅行社会针对散客开发设计"机+酒""航+游"或者"游+景"套餐价格的自由行产品，除了套餐产品由旅行社代办，其他由旅游者自行安排。

一、旅行社散客接待业务类型

（一）单项委托服务

散客自助游并不意味着完全不依靠旅行社，全部旅游事务都由游客自己办理，实际上不少散客的旅游活动会借助旅行社的咨询服务，帮助其选定旅游日程、线路等，或选择由旅行社代订机票、参观门票、特色餐座位、提供导游服务等为散客提供的单项委托服务。单项委托服务是指旅行社为散客提供的各种按照单项计价的可供选择的服务，主要包括：抵离接送，行李提取和托运，代订饭店、交通票据、门票等，代租汽车，代办旅游护照、签证，提供导游服务，代办海关申报检验手续等。

单项委托服务根据旅游者的旅游目的地分为三种类型。

1. 受理散客旅游者来当地旅游的委托业务

外地散客旅游者委托其所在地旅行社，办理其前往旅游目的地旅游时所需的有关接待或其他旅游服务的业务。旅游目的地旅行社有关工作人员，在接到外地旅行社的委托通知后，立即按照通知的要求，办理旅游者所委托的有关服务项目。目的地旅行社如果认为无法提供旅游者所委托的服务项目，应在接到委托后 24 小时内通知外地旅行社。

2. 办理散客旅游者赴外地旅游的委托业务

散客旅游者应在离开当地前三天到旅行社办理赴外地旅游的委托申请手续。旅行社散客部在接到旅游者提出的委托申请后，须耐心询问旅游者的旅游要求、认真检查旅游者的身份证件。如果旅游者委托他人代办委托手续，受托人必须在办理委托手续时出示委托人和自己的身份证件。旅游者在旅行社办理旅游委托后要求取消或变更旅游委托时，应至少在出发前一日到旅行社办理取消或变更手续，并承担可能由此造成的损失。

3. 受理散客旅游者在当地的单项旅游委托业务

有些散客在到达当地前未办理任何旅游委托手续，但到了当地后，需要到旅行社申请办理在当地的单项旅游委托手续，如代订演出门票、代订特色餐座位等。旅行社在接待这类旅游者时，应首先问清旅游者的要求，说明旅行社所能提供的服务项目及收费标准，再根据旅游者的要求向其提供相应的服务。

（二）旅游咨询业务

旅行社的咨询服务范围很广，主要有旅游交通、饭店住宿、餐饮设施、旅游景点、各种旅游产品价格、旅行社产品种类等。旅行社提供咨询服务可以有效地帮助游客选择最佳出游方案，尽快做出旅游决策。散客旅游者可以通过旅行社客服或者呼叫中心咨询相关产品和服务，还可以通过旅行社的微信公众号平台或者 QQ 客服等工具在网上咨询，或向门店柜台销售人员面询等。散客接待服务人员应抓住时机大力推荐本旅行社的产品，扩大销售量。

旅行社应通过网络、电话、门店等线上线下平台向散客热情提供各种旅游信息，推荐灵活多样的服务项目，及时追踪散客市场动态，做好信息反馈工作，给予散客高质量、多样化、个性化的服务，使旅行社的咨询平台成为散客旅游者值得信赖的出游参谋。

（三）散客拼团旅游业务

散客拼团也称为选择性旅游服务，是指旅行社将赴同一旅游地或旅游线路的散客组织起来进行短期旅游活动，并按照单项价格出售的旅游形式。散客一般由来自各地的旅游者（1人或多人）在目的地参加当地旅行社组织安排的旅游行程，是一种普通标准形式的旅游团队。由于航空公司以及酒店需要10人以上才能以团队价格对旅行社销售，散客旅游成本较高。旅行社通常会将同一时期、同一线路的散客旅游者拼成团队，在游览景点用车、用餐、导游服务、购物等方面可享受团队价格的优惠，以降低成本。

散客拼团的形式有：小包价旅游，散客市内一日游、半日游和购物游，近郊或邻近城市旅游景点短期游览，晚间文娱活动和风味餐品尝等。

二、散客旅游接待业务的承接方式

（一）设立门市柜台

门市柜台是旅行社的窗口，应设在人流集散地，如机场、车站、码头、商业中心、酒店、景区出入口等；或者设在旅行社聚集地，如旅行社一条街，方便来往的散客咨询购买。旅行社在散客旅游者相对集中地段设立"旅游问讯中心"（tourism information center），为散客提供咨询帮助以及代购交通票、代订客房等服务。

门市柜台可以开展的主要业务如下。

（1）开展选择性旅游销售

旅行社可以提供两种可供选择的方式：一是组织安排旅游者参加旅行社根据当地的旅游资源编排设计的常规旅游线路，实行明码标价。二是根据旅游者的特殊要求，灵活安排个性化游览项目，如果产品销售成功，则订立购买合同，按照单项委托代办业务收取相应费用。

（2）组织散客拼团旅游

门市柜台是组织散客拼团的主要途径。主要有两种形式：一是组织散客拼团赴外地或外国游览，二是组织散客旅游者在本地游览。

（二）接受同行委托

1. 接受外地或外国旅行社的委托

外地或外国旅行社接受当地散客委托，具体的接待事宜由旅游目的地旅行社完成。目的地旅行社根据委托要求落实接待计划，并收取一定的服务费。

2. 接受旅行社联合体的委托

旅行社联合体是中小旅行社之间按照一定的协议自愿组成的业务联合体，旨在实现旅行社资源共享，提高市场竞争能力。

3. 接受旅游饭店委托

旅游饭店尤其是高星级饭店散客的居住率高，他们对旅行线路方面的要求往往求助于饭店销售部或商务中心，许多饭店会把客人的旅游服务项目委托给旅行社，从中收取一定的佣金。

（三）建立销售代理网络

散客旅游者常常喜欢在网上选择服务项目，进行网上旅行服务交易，虽然数量少但是频次多，比较容易接受网络销售推荐的产品服务。旅行社还可以开通旅游信息咨询专线电话或者网络咨询服务，根据散客的不同需要，提供规划旅游线路的服务，接受散客的咨询和预订。

三、散客接待业务的特点

（一）批量小

散客旅游者大多是旅游者本人单独外出或与其家属、亲友结伴而行，人数少。与团体旅游相比，散客旅游的批量一般比较小。

（二）批次多

散客旅游的批量虽然比较小，但是采取散客旅游方式的旅游者日趋增加，加上许多旅行社大力开展散客旅游业务，更促进了散客旅游的发展，所以散客的总人数在迅速增加。散客旅游市场规模的日益扩大及其批量小的特征，使得散客旅游形式呈现批次多的特点。

（三）预订期短

散客旅游者的旅游决策大多具有临时性，往往要求旅行社能够在较短的时间内为其安排好旅游线路并办好各种旅行手续。有的旅行社为散客设计的"说走就走的旅行"产品，刺激了很多年轻人参加这场无计划、临时起意、充满期待的旅游行程。开设在飞机场、火车站、长途汽车站及旅游饭店的门市柜台可以招揽到很多临时性消费的客人。随时拼团，天天出团，旅游者可以根据自己在旅游目的地的停留时间灵活安排自己的行程。散客旅游者一般提前一天或两天与旅行社联系，在指定的地点集合出发或者在指定的时间由旅游车到酒店接送，按照约定的旅游成团的线路完成旅行活动。

（四）渠道广

旅行社接收散客的渠道很多，比较庞杂，包括：门店柜台和销售网点，各大酒店，旅游景点，繁华的商业中心，还有机场、车站、码头等客流量大的交通枢纽中心，网络预订系统，同行委托等。旅行社通过不同的渠道承接散客接待业务，集结成团队旅游。

（五）价格经济实惠

参加散客拼团的旅游人数不多，多以一日游的形式为主，当天成团，游程结束当天解散。个人可享受团队价格，经济实惠，适合普通大众旅游。

（六）要求多

大多数散客旅游者需求多样化、个性化，热衷于自己制定路线和旅行方案，兴趣和爱好比较广泛。这就需要旅行社对散客旅游者提供满足他们多样化需求的产品和服务，灵活多样的价格和产品组合有助于散客的选择。

（七）变化多

散客在旅行前常常缺少周密的安排，很可能在旅行过程中临时变更旅行计划，或是在旅行前突然由于某种原因而临时取消旅行计划，由此使得散客旅游业务的接待计划变更比较频繁。

视频资料：两个人的旅行

第三节　旅行社接待业务的过程管理

团体旅游接待业务按照流程顺序可以分为准备阶段、接待阶段和总结阶段三个部分。旅游团抵达前的准备、旅游团抵达后的实际接待过程和旅游团离开后的总结，必须有一套科学而严密的程序化安排。只有这样才可以避免旅行社在提供服务时的随意性，从而保障旅游者的权益，同时很好地为旅行社在实际操作过程中找到依据。

一、准备阶段管理

做好准备工作是旅行社提供良好的旅游服务的前提，若是准备不周则可能出现各种差错。因此，准备工作应该细致、周密、事必躬亲。

（一）认真做好接待准备工作

接待部门做接待计划时在认真研究旅游者行程及其国籍、年龄、兴趣爱好、受教育程度等方面的基础上，要对食、住、行、游、购、娱各个要素都做好有针对性的落实确认，还要做好出发前的知识准备、心理准备和物质准备。旅游接待常常会受到市场因素、自然因素乃至政治因素等多方面的干扰，因此旅行社在保证计划性的同时还应兼顾机动性，准备充分的补救措施，以防止在旅游旺季超负荷运转。旅行社还要准备各种方案应对团队临时取消、任务突然增加、人数增减等突发情况的发生。

（二）配备合适的接待人员

接待部门应根据旅游计划中对游客的介绍和要求，以及旅游者的文化层次、年龄结构、职业特点等因素，认真挑选合适的导游人员。这就要求旅行社接待部门的负责人对本旅行社的导游人员的性格、知识水平、身体条件等有全面地了解，一旦有了接待任务就可以安排合适的导游人员。例如，如果接待的是一个老年团队，就应该配一名热情、细心、性格温和、生活经验丰富，并具有一些医学常识的导游人员。如果接待的是女性团队，就应该为她们配备一名年龄相仿的并比较了解女性心理且对购物比较在行的导游，这样有利于提供有针对性的服务。

（三）检查接待工作的准备情况

在准备阶段，旅行社接待部门的负责人应适时检查或者抽查准备工作的进展情况和接待计划以及落实情况，以便发现计划的不足之处和某些环节可能存在的漏洞。主要是对承担接待任务的导游的准备工作的进展情况和活动日程的具体内容进行检查。负责人对于进展较慢的导游人员要加以督促，对于活动日程中的不适当安排要提出改进意见，特别是对重点旅游团的接待计划和活动日程，要给予特别关照。对于新手拟定的接待计划或者新上岗的导游人员，负责人应提供必要的指导和帮助，确保各个环节的工作顺利进行和落实。通过对接待工作准备情况进行检查，接待部门能及时发现和堵塞漏洞，防患于未然。

二、接待阶段管理

整个旅游过程中发生的问题多集中在接待阶段，所以接待阶段是接待过程中最重要的环节，也是最困难最薄弱的一环。为此，旅行社接待部门的管理人员应特别重视该阶段的管理。

（一）保证上下级及各部门沟通畅通

信息是进行决策的依据，在旅游接待过程中，信息的畅通与否是旅行社能否及时掌握旅游团队（者）的旅游活动进展情况的关键。有了信息，旅行社就能对发生的不满和意外情况采取及时有效的措施，弥补接待过程中发生的服务缺陷，减少不必要的投诉，保证旅行社良好的声誉并为自己争取更多的回头客。所以，旅行社建立畅通的信息系统是为更好地提供服务。

（二）对进行中的团队活动进行必要的督导和检查

旅行社管理人员还需要主动去掌握旅游接待计划实施的进展情况，了解旅游者的反映，对进行中的团队活动进行必要的督导和检查，而不只是通过导游人员的汇报来获取信息。这样才可以更好地了解整个旅游接待计划的实施情况，防患于未然，以减少不必要的投诉。

1. 突击检查

由旅行社接待部门经理和有关人员，在不打招呼的情况下，在游览景区、宾馆、餐厅等场合现场检查导游人员的接待工作情况，并向旅游者了解对接待工作及各项相关安排的意见，以获取有关接待方面的各种信息。

2. 成立专门的质量监督小组

管理人员应有选择性地走访一些旅游团的全陪、领队和客人，了解他们对服务质量的亲身感受和对服务的具体要求，将检查的结果和导游人员的考核评价相结合，促进导游人员的服务质量和自身素质的不断提高。

（三）建立请示汇报制度

旅行社的接待工作过程具有较强的独立性，作为接待过程的主角——导游人员，应该具有较强的组织能力和应变能力。虽然导游人员具有这些独立能力和一定的权利，但在现实的接待工作中，还是要遵循严格的请示汇报制度。由于导游人员的个人知识、能力和经验是有限的，因此对一些重大变化和事故等问题的处理通过请示汇报可以获得必要的指导和帮助，尤其是对新手更为重要。所以，这种严格的请示汇报制度既要允许导游人员在一定的范围内和一定程度上拥有随机处置的权利，以保证接待工作的高效率，又要求导游人员在遇到重大变化或事故时应及时遵守严格的请示汇报制度。

三、总结阶段管理

总结阶段，主要是对接待过程中发生的各种事件、对旅游者的建议和投诉、对导游人员的表现和处理事件的行为进行分析总结，总结出经验和教训，以此来提高旅行社的接待水平。

（一）做好总结，一团一结

总结是接待服务不可缺少的一个环节，是旅行社提高工作效率和服务质量的必要手段。我国旅行社发展的实践也已经证明，凡是总结制度健全的旅行社其服务质量和接待人员水平就高，相反则低。这就要求旅行社必须建立健全接待总结制度，不断提高接待服务质量。为了达到提高旅游团接待工作效率和服务质量的目的，旅行社应建立一团一结的总结制度，主要从旅游接待计划完成情况、游客满意度、旅游团款、备用金的收支等方面进行总结。

（二）抽查陪同日志

陪同日志和接待记录是记载导游人员工作过程的实质性文件资料。旅行社通过抽查这些文件资料可以了解旅游者的接待情况和相关服务部门的协作情况，为旅行社改进产品、提高导游人员水平和完善协作网络提供必要的依据。

旅行社还可以采用其他方式对旅游团接待过程进行总结。例如，旅行社接待部经理可以采用听取导游人员当面汇报、要求导游人员提交书面材料、抽查导游人员填写的"陪同日志"等接待记录的方式，更好地了解导游人员对旅游者的接待情况和相关服务部门的协作情况，及时发现问题，采取补救措施。

（三）做好一般事故的总结及重大事件的处理工作

旅行社应对接待过程中发生的各种问题和事故、处理的方法及其结果、旅游者的反映等进行认真地总结。旅行社可以将成功的经验加以宣传，使其他导游人员能够学习借鉴；并将接待中出现的失误加以总结，提醒其他人员在今后的接待工作中尽量避免犯同样的错误。旅行社通过总结达到教育员工、提高接待水平的目的。

（四）做好表扬和投诉的处理

表扬是旅游者对导游人员工作的肯定。旅行社通过对优秀工作人员及其事迹的宣扬，可以在导游人员中树立良好的榜样，而榜样的作用又将激励旅行社其他人员不断提高自身的素质。投诉是客人对接待人员服务质量不满的一种表示。旅行社通过对旅游者投诉的处理，既可以争取旅游者的理解，又可以教育当事人员、鞭策其他人员，避免类似的事件再次发生。

细致周到的导游服务赢得顾客信任

某年秋天，北京的导游杜先生接受了接待美国一个300人的大型交响乐团的任务。负责接待的还有旅行社的领导、其他导游、全陪导游、司机和保卫人员等20多人。接待前，旅行社开了会，要求大家思想重视、熟悉计划、听从指挥、统一行动。

按照旅行社统一着装的要求，到机场接客人那天，杜先生穿上了笔挺的西服，打着鲜艳的领带，显得格外精神。接到客人后，旅行社的领导与交响乐团团长兼领队进行了简短的交谈。办好行李手续后，游客们分坐6辆大巴车到饭店吃饭。杜先生的车上有50人，为了尽快熟悉客人，与他们很好地交流，他简单地作了自我介绍，对大家到北京来旅游和演出表示了热烈的欢迎，并希望该车的领队、全陪和所有客人支持他的工作，预祝这次活动顺利和圆满。大家对他的祝愿报以掌声。接着，他请客人们自我介绍，以便尽快熟悉客人。顿时，车内的气氛活跃了起来。这辆车内主要是一些乐手，有小提琴手、大提琴手、管乐吹奏手，也有部分合唱演员。由于他们是美国人，又是搞艺术的，因此大家都很随和大方。大部分人都不让杜先生叫他们"先生""女士"，而让称呼其名和昵称，有人甚至开玩笑地把其他人的外号也告诉了杜先生。大家你一言我一语，好不热闹。

在活动中，为了保证时间和接待规格，旅行社为全团联系了警车开道。一路上，大小车辆浩浩荡荡，显得十分壮观，大家的心情也很好。因为是统一指挥、统一行动，所以虽然人数很多，但是游览、购物、用餐等活动还是有条不紊，只是在时间上有拖延的现象，每天集合出发和游览结束集合时都要等人，用餐时间也常延长。即使在临走去机场那天，杜先生车上的一位钢琴演奏家也没有按时上车，导致全团人等他。杜先生和领队都很着急，找了他半天，最后才见他急匆匆地赶了过来。原来，他因买一件旅游纪念品而耽误了15分钟。

在演出那天，大巴车很早就将他们送到了音乐厅。杜先生等人观看了乐团的精彩演出，节目受到了观众的欢迎，赢得了热烈的掌声。演出结束后，杜先生代表旅行社向车内的客人献了花，并衷心地向他们表示祝贺，客人们十分兴奋。

整个接待活动是比较紧张的。杜先生既要按照旅行社的要求统一行动，又要照顾客人的个别要求，几乎一天到晚都站在车前认真讲解和回答客人的提问。游览时，杜先生要随时清点人数，并掌握游览的时间，带大家按时上车。用餐时，因为团内有人要求吃素，杜先生还要事先通知餐厅。购物后，有的客人对商品的质量不满意，但又没有时间更换，就要求杜先生代为办理。对杜先生不辞辛苦的工作，客人们看在眼里，记在心上，在送别的路上，领队代表全车的客人向他表示了感谢。

思考讨论题：分析总结此次旅游接待的成功之处是什么？导游在整个旅游接待中的服务技巧有哪些？

本 章 小 结

本章介绍了旅行社团队接待业务、散客接待业务、接待业务的过程管理。组团社的接待业务和团队旅游接待的服务流程，包括准备阶段、服务阶段、总结阶段。特殊团队的旅游接待包括接待儿童团队、接待老年游客团队、接待残疾游客团队、接待宗教人士团队等，接待要领各有不同。详细介绍了出入境团队旅游接待管理制度、程序和团队接待业务的特点。在散客接待业务方面主要介绍了散客接待业务类型、接待流程与特点。接待业务的过程管理可从准备接待管理、接待阶段管理、总结阶段管理进行计划与实施。

 关键术语

团队旅游（group inclusive tour）

组团社（tour organizing agency）

地接社（local society）

全陪导游（full service tour guide）

地接导游（local guide）

领队（leader）

散客旅游（full independent tour）

散客拼团（individual spell group）

一日游（one-day sightseeing）

组团报价（groups offer）

 复习题

1. 团队接待业务和散客接待业务的特点有什么不同？
2. 简述团队旅游接待的服务流程。
3. 散客接待业务的承接方式有哪些？
4. 简述旅行社接待业务过程管理的三个阶段。

 实践题

以你的家乡或者一个感兴趣的旅游地开展一日游服务模拟。假设散客中有 2 位老年人、3 个孩子、1 个家庭、3 个单独背包客和 1 名宗教人士。一日游接待服务需要组织安排好游客的全程旅游活动（包括往返交通、中午餐食、游览讲解等）。

 研究讨论题

谈谈在互联网时代和智能经济背景下，旅行社的团队游与散客游将如何发展？散客游服务应如何创新，才能满足游客个性化、多样化的需求和碎片化的时间？

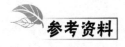

参考资料

[1]　陈锋仪. 旅行社经营与管理案例分析[M]. 天津：南开大学出版社，2004.

[2]　纪俊超. 旅行社经营管理[M]. 广州：华南理工大学出版社，2004. 12.

[3]　周艳春. 旅行社运营操作实务[M]. 上海：上海交通大学出版社，2011.

[4]　吴青燕. 散客时代基于实证的旅行社应对策略分析[D]. 云南大学，2016.

[5]　坛丽林. 我国旅行社企业服务质量探讨[J]. 商业经济文萃，2005.

[6]　李胜芬，侯志强. 旅行社经营与管理：理论、方法与案例[M]. 北京：中国科学技术出版社，2008. 8.

[7]　曹华盛. 旅行社经营与管理[M]. 上海：格致出版社，2010.

[8]　林建忠. 试论旅行社接待服务的现状与未来[J]. 现代经济信息，2011，03.

[9]　应东雷. 组团社—地接社纵向关系转换成本研究[J]. 中国商界（下半月），2010，10.

[10]　唐国生. 旅行社地接团队操作规程探讨[N]. 张家界日报，2014-04-20（002）.

[11]　李蓉. 散客旅游信息需求下的旅游供应链管理研究[J]. 产业与科技论坛，2012，11（01）：26-27，33.

[12]　赵一民. 面向地接旅行社的散客管理系统的研究与实现[D]. 西安理工大学，2016.

第三部分　职能管理

第八章

旅行社人力资源管理

学习目标

- 熟悉旅行社人力资源管理的流程
- 掌握旅行社人力资源规划的内容
- 掌握旅行社人力资源管理的基础理论
- 熟悉旅行社职业经理人、旅行社员工的管理方法

思政目标

- 培养学生爱岗敬业、乐于奉献的职业素养
- 培养学生积极向上、向标杆学习的进取精神

案例引导

旅行社大学生就业流失的原因

　　旅行社行业较其他行业人才流动率更高，其流失现象主要有两种。一种是刚出校门走上工作岗位的大学生，毕业后不到半年的时间，其流动率就高达 40%。在找到第一份工作后，有 50% 的大学生选择在一年内更换工作，而两年内大学生的流失率则接近 75%，比例之高令人震惊。另一种高流失率出现在中高级人才中，当原有企业已不能给予其更好的发展机会时，出于对个体和事业更大的追求，他们就会转入其他的企业，甚至改行。这给旅行社的正常发展带来了极大的危害，既不能保证有高素质的接班人，也会降低旅行社的整体素质。

　　一般来讲，员工流失主要出于三种原因。一是工作与组织因素，如收入过低、工作单调、压力大、没有激励性、组织内部欠缺公平、个人发展前景暗淡。二是非工作因素，如家庭责任感、个人的退出倾向。三是外界环境带来的影响，如外界提供的机会、整个的宏观环境等。旅行社中高层管理员工发生流失，不仅是人才需求竞争加剧，旅行社职业经理人、营销人才、复合型人才等高级人才市场行情逐年看涨的结果，而更多地在于这些员工意识到在原企业已无发展的空间，前景暗淡，对组织心灰意冷。新录用的大学生为什么留不住呢？一是旅行社提供的薪金总体偏低，与大学生过高的期望值形成了较大反差。二是旅行社提供的工作多属于技能操作型，单调、工作量大、非常辛苦。而最为重要的原因是众多的旅行社忽视对大学生员工的使用和管理，没有为其考虑职业发展和前景设计。大学

生员工看不到晋升的希望，感受不到存在的价值，缺乏成就感和归宿感，甚至有部分管理人员为一己私利给大学生员工的成长设置障碍。在诸多造成流失的因素中，员工的个人发展应是一个非常重要的因素。根据美世咨询公司对各行业领先的跨国企业（包括微软、英特尔、摩托罗拉等著名公司）的调查，各家公司一致认为，保持员工低流失率，最为重要的因素排序分别为：员工发展计划、对员工的奖励和肯定、薪酬福利，然后是培训计划、工作环境和工作内容。

（资料来源：张英. 旅游企业的留人之道：职业生涯规划和管理[J]. 企业经济，2005.）

思考：旅行社人才流失的原因是什么？如何留住新入职的员工？如何减少旅行社中高层管理员工离职？

美国企管界大师史考特·派瑞说过："未来市场中的稀缺资源不再是资本，而是优秀的人才。"美国企业家罗森帕斯曾向"顾客就是上帝"的传统观念发出挑战，认为"员工第一，顾客第二"才是企业的成功之道。旅行社是劳动密集型和智力密集型企业，"人"是旅行社的核心，旅行社人力资源的开发和管理不仅是培训、调整劳动关系和稳定员工队伍，更应该放在激励员工、挖掘员工潜能上。

第一节　旅行社人力资源管理和规划

一、旅行社人力资源构成

（一）我国旅行社人力资源构成

旅行社人力资源是指能够推动旅行社发展和实现企业预期经营目标、具备旅行社需要的劳动能力的旅行社现岗人员和潜在人员的总和。从目前我国旅行社企业来看，人力资源主要由管理人员、业务人员两大部分构成。

1. 管理人员

包括总经理、副总经理、部门经理、主管人员等，负责旅行社各项管理工作。

2. 业务人员

主要有导游人员、外联人员及内部操作人员等。

①导游人员，包括专职导游人员和兼职导游人员。大旅行社有自己的专职导游，但大部分中小旅行社只有少量或者没有专职导游，在旅行社需要派出导游时通常从导游服务管理中心招聘兼职导游。

②外联人员，在旅行社负责组织客源、进行促销和销售活动的人员。很多中小旅行社的外联人员经常兼做导游。

③内部操作人员，包括计调人员、策划人员（旅行社广告策划、企业形象策划）、财务人员、行政人员等。

（二）美国旅行社用工情况

在美国，旅行社的人力资源主要集中在一线生产部门，人员的配备主要依据业务内容和业务需求量而定。比如旅游代理商，因为其规模小、业务单一，所以一般人员较少、职位设置简单，而且常常一人身兼数职，像旅行顾问兼做客户开发、经理亲自开展顾客咨询活动等。相比之下，旅游经营商的人力资源构成复杂得多，如表8-1所示。总之，虽然旅游代理商和旅游经营商的人员构成有很大差别，但是其人力资源安排的宗旨都是人尽其用，尽量降低人力成本。

表 8-1　美国旅行社人力资源构成表

旅游代理商人力资源构成	
经理（manager）	经理负责整个旅游代理店的经营与管理
旅行顾问（counselor）	旅行顾问负责解答顾客的旅游咨询，帮助安排旅行线路，确定交通票据，预订住宿，销售包价旅游产品等。其可以进一步分为商务旅行顾问（commercial counselor），负责处理公司和企业的旅行事务；国内旅行顾问（domestic counselor），负责处理美国国内以及周边国家和地区的旅行事务，包括夏威夷、阿拉斯加、加拿大、墨西哥和中美洲；国际旅行顾问（international counselor），负责处理洲际旅行事务
佣金制销售代表（commissioned sales representative）	佣金制销售代表负责开发新客户，既包括公司客户也包括个人客户
其他人员	其他人员，如票务员（ticketing clerk）、记账员（book keeper）、客户档案员（filing clerk）等
旅游经营商人力资源构成	
管理人员	因为旅游经营商的规模较大，业务种类较多，故其管理层次比旅游代理商要复杂，管理人员也比较多
预订员（reservationist）	预订员负责处理各类预订要求，销售所经营的旅游产品
操作人员（operation clerk）	操作人员负责安排落实各项旅行事务，包括交通、住宿游览等与旅行相关的事务，类似于我国旅行社中的计调人员
销售代表（sales representative）	销售代表负责与旅游代理商的沟通联络，鼓励他们销售本企业的产品
领队（tour manager）	领队负责在整个旅行过程中陪伴旅行团，代表经营商全权处理旅行过程中的相关事务
其他人员	团队协理（group coordinator），负责处理团队旅行事务，尤其是有特殊需求的团队，如宗教团队、修学团队等。会计人员（accountant），负责各类账目的登记、收支款项的管理等会计事务。行政助理（administrative assistant）属于一个宽泛性职位，可细化为多个不同职位，档案资料员、信息数据处理员、前台接待员等均可归入行政助理行列

资料来源：Your career in travel. Laurence Stevens. Tourism & Hospitality，Delmar Publishers INC.

二、旅行社人力资源管理的流程

旅行社人力资源管理是指旅行社在人力资源的计划、招聘、培训、考核、薪酬等方面进行的计划、组织、领导和控制活动，包括旅行社人力资源战略的制定、员工的招聘与选拔以及培训与开发、绩效管理、薪酬管理、员工流动管理、员工关系管理、员工职业发展管理、员工安全与健康管理等。旅行社人力资源管理的流程包括以下几项。

（一）制订计划

人力资源管理人员根据企业目标设定部门、细分岗位之后，确定每一职务的工作目的、工作职责、工作内容、工作环境，以及所需要具备的知识和技能要求等。对于旅行社来说，需要考虑旅行社用工的季节性特点。从理论上来说，旅行社在其他条件不变时，最佳规模应由人力资源的边际成本等于边际收益来决定。旅游市场需求呈淡旺季周期波动是几乎所有旅行社面临的问题，解决淡旺季旅行社最佳用工人数的问题有两种方法：一种是通过市场需求管理改变或熨平需求的高峰和低谷，另一种是合理确定淡旺季旅行社的最佳用工人数。当人均创利超出工资水平时，旅行社适度扩大用工人数是有利可图的。相反，人均创利很少的旅行社，应将自己的用工人数缩减到平季的水平以下。

（二）招聘员工

根据旅行社用工数量以及岗位需求，招聘形式有以下两种。

1. 内部招聘

内部招聘是指向旅行社现有人员传递有关职位空缺的信息，吸引本公司内部具有相应资格者应聘，或者向有关职位适合者提出邀请，通过选拔调动和提升的方式将其安置到有关职位。内部招聘一般包括提升、调动、工作轮换和再聘等。

2. 外部招聘

外部招聘是旅行社面向全社会进行的招聘活动，一般可以采用广告、校园招聘、委托中介机构等方式。一些重要的业务岗位或者管理岗位，有时候也会借助猎头公司或参加社会性人才交流活动的办法招聘。

（三）人员培训

人员培训是旅行社人力资源管理一项长期的重要内容，培训的内容不仅包括知识与技能，还有企业价值观和企业文化等。培训一般分为岗前培训、在岗培训和脱产培训。旅行社的在岗培训重视对关键工作岗位的员工，如导游人员、财务人员等按等级标准定期培训考核，把培训考核结果与员工工资及职务晋升挂钩。

（四）员工考核

1. 等级评估法

旅行社常用的考核方法是等级评估法。被考核的岗位工作按照工作职责描述，明确考核要素，如工作态度、出勤情况、专业知识、服务对象反映等，将标准分为几个等级，如优、良、合格、不合格等，根据各要素的重要性设定在评估中所占的权重，之后逐项打分，各项加总得出总分。

2. 目标考核法

一些业务部门通常要根据被考核人员完成工作目标的情况进行考核。在考核前，旅行社事先制定具体目标，如业务接待量、接待人数、营业收入、顾客满意率等目标。在时间期限结束时，旅行社根据被考核人员的完成情况和考核标准评价。

3. 序列比较法

对于相同岗位的员工考核一般用序列比较法。旅行社根据员工的工作状况排列顺序，工作较好的排名在前，工作较差的排名在后。旅行社在进行人员末位淘汰的时候也会采用这种考核方法。

（五）合理激励

合理的激励措施能够充分调动员工的积极性，有利于吸引人才、留住人才。旅行社应该"待遇留人、情感留人、事业留人"，建立灵活的有竞争性的薪酬结构，营造良好的工作环境和企业文化，提供员工事业发展的空间，形成多维立体的激励机制。

薪酬结构主要包括工资、奖金、津贴和福利。薪酬激励（incentive pay），又称绩效薪酬，是指企业以员工、团队、部门或者企业的绩效为依据支付给员工个人的薪酬。其目的在于通过将员工的薪酬与绩效挂钩，鼓励员工为企业、部门或者团队的绩效做更大的贡献。

 **观察与思考**

携程：成立首个"定制学院"，招募"旅行定制师"

携程旗下定制旅行平台 2018 年 5 月发布了"定制师招募令"，为了满足暴增的定制旅游需求，专门成立国内首个"定制学院"，面向社会个人特别是应届毕业生招生，计划在一年内招收培训 3000 名旅行定制师，为全国定制旅行供应商输送人才，以服务需要定制游的个人、家庭、企业用户。

最近几年，国内主流旅行方式正在发生变革：跟团游缺乏个性化，自由行太累太麻烦，由专业定制师一对一私人定制的定制游作为一种新兴的旅游方式迅速崛起。这些专门提供定制服务的从业人员就是"旅行定制师"。

以国内规模最大的携程定制旅行平台为例，2017 年全国旅游者在线提交的定制需求单量超过 100 万单，2018 年春节以来客户量依然成倍增加。平台上汇集了 1000 多家定制供应商的 4000 多名定制师，但依然供不应求，优秀定制师人才的缺口很大，"虽然提供高薪资，但在社会上基本上招不到人"。

"与导游不同，定制游行业缺乏定制师职业认证和培训体系，且还未形成对这一职业的统一规范和管理。"携程定制业务负责人徐郅耘介绍。因此，携程近期发布"定制师认证体系"，定制师只有取得上岗证才能服务平台上的用户，并通过专门设立的携程定制学院和"社会化定制师培养计划"，规范化、规模化地为供应商和行业培养人才。

定制师职业认证和培训的实施，意味着除了旅游业内人员，任何人只要有兴趣，都可以报名参加培训，考试后持证成为一名旅行定制师。学习和创新能力强的年轻人、应届毕业生，成为定制师重点招募培养的群体。"会玩""够浪"等都写进了定制师招募信息里，"与兴趣高度结合""高价值感""容易形成个人品牌"，这些职业标签对"90 后"们无疑很有吸引力。

事实上，从事旅游服务的"90 后""95 后"越来越多。张励辰，"95 后"，澳洲留学，酒店管理专业，在携程上专攻澳洲定制订单。"很多时候都需要 5 次沟通，每次沟通 2 小时，才能促成一次出行。"他表示，工作虽然不轻松，但是能把自己对一个目的地的热爱与旅游者分享，这样的工作很带劲。

从收入看，定制师在服务上的付出也有回报。从携程平台上定制师的情况看，一些定制师的月收入达到 3 万～4 万元，最高年薪可达百万元。从心理满足上看，为游客实现一次美好的旅行也很有成就感。

携程定制学院计划在一年内招募培训 3000 名定制师，特别是将面向社会个人开放，今年将在上海、北京、广州等地开设 10 期培训。在毕业分配上，携程也提前做了规划，参加 3 周培训、通过 5 门考试获得上岗证后，将通过举办专场招聘会等方式，协助准定制师与供应商签约，成为正式上岗的定制师。

（资料来源：品橙旅游，携程：成立首个"定制学院"招募"旅行定制师"，2018-05-09.）

三、旅行社人力资源规划的内容

旅行社的人力资源规划（human resource plan，HRP）是指旅行社科学地预测、分析其人力资源的供给和需求状况，制定必要的政策和措施以确保企业在需要的时间和需要的岗位上能够获得各种必需的人力资源计划。人力资源规划具有战略性、前瞻性和目标性，其实质是企业为实现其目标而制定的一种人力资源政策。

（一）人员补充规划

人员补充规划是旅行社根据组织运行的情况，对企业可能产生的空缺职位加以弥补的计划，是企业改善人力资源数量与质量和吸纳员工的依据。人员补充和人员晋升通常是相互联系的，晋升会造成组织内的职位空缺逐级向下移动，最后积累到较低层次的人员需求上来。若较多的职位有空缺，企业有时必须从外部劳动力市场以较大的代价方可获得。企业在进行招聘录用活动时，应该考虑到若干年后员工的使用情况，从发展的角度来安排和使用员工，使每一个发展阶段都有恰当的人胜任工作要求。

（二）培训开发规划

旅行社根据不同时期可能产生的职务需求，对其人员有目的、分阶段地加以培训，为企业发展准备所需的人才，更好地使人与工作相适应。培训开发规划应与企业的晋升计划、配置计划以及个人职业计划密切配合和互动。

（三）薪资激励规划

薪资激励能确保旅行社人工成本与其经营状况保持恰当的比例关系，确保薪酬的激励作用。薪资总额取决于旅行社内员工不同的分布状况和工作绩效。在预测旅行社发展的基础上，旅行社对未来的薪资总额进行测算和推测，确定未来时期内的政策，以调动员工的积极性。

（四）人员分配规划

旅行社员工在未来职位上的安排和使用，是通过企业内部人员有计划地流动实现的。企业在要求某种职务的人员具备其他职务经验或知识的同时，要有计划地使人员流动，培养高素质的复合型人才。如果高层职位较少，而等待晋升的人较多，此时就要通过配备工作进行人员的水平流动，减少员工的不满，等待上层职位空缺的产生。企业人员过剩时，企业可改变工作分配方式，对工作量进行调整，从而解决工作负荷不均的问题。

（五）人员晋升规划

根据旅行社的组织需要和人员分布状况，制定提升方案，尽量使人和事达到最大限度的匹配，以调动员工的积极性，从而提高人力资源利用率。晋升是员工个人利益的实现，也是工作责任和挑战的增加，能够激发员工的能动性，使企业组织获取更大利益。

（六）员工职业生涯规划

对员工在企业内的职业发展做出系统地安排，能够把员工个人的职业发展与旅行社的需要结合起来。对有发展前途的员工，要设法将其保留下来成为企业的宝贵财产，要有计划地使他们在工作中得到成长和发展，防止其流失。

第二节　旅行社人力资源管理的基本理论

一、二八管理定律——资源配置

二八定律是意大利经济学者帕累托提出的[①]，在国际上已经成为一种公认的企业定律。一个企业往往由 20% 的人完成了 80% 的工作任务，企业必须时刻关注这 20% 的骨干力量并不断地培养和激励，以带动企业另外 80% 的员工。二八定律管理要求管理者在工作中不能"胡子眉毛一把抓"，而是要抓关键人员、关键环节、关键用户、关键项目和关键岗位。在旅游企业人力资源开发中，要在所有员工中造就 20% 的骨干员工，抓好骨干员工的培训和使用，即要把 80% 的教育培训费用用在 20% 的骨干员工上，而且在对这些员工培训和教育时，也要重点抓关键能力的培养，以促进员工综合素质的全面提升。

二、鲶鱼效应——人员配置

鲶鱼效应（catfish effect）来源于挪威渔民捕捞沙丁鱼的故事[②]，引申到人力资源管理上含义就是，通过个体的中途介入，可以是采取一种手段或措施对群体产生刺激，使群体活跃起来积极参与竞争，本质上这是一种负激励。通常当一个组织的工作达到较稳定的状态时，员工工作积极性降低，一团和气的集体不一定是高效率的集体，这时候鲶鱼效应可以起到很好的"医疗"作用，有效地激发员工活力。

旅行社作为与大数据时代紧密联系的组织，要不断地从企业外或者行业外有重点地引

---

① 1897 年，意大利经济学家帕累托在对 19 世纪英国人的财富和收益模式的调查取样中，发现大部分的财富都流向了少数人手里，社会上 20% 的人占有 80% 的社会财富，即财富在人口中的分配是不平衡的。在经过大量观察后他认为，在任何一组东西中，最重要的只占其中一小部分约 20%，其余 80% 尽管是多数却是次要的。

② 挪威人爱吃沙丁鱼，在市场中活鱼的卖价比死鱼高好几倍。但由于沙丁鱼生性懒惰，不爱运动，返航的路途又很长，因此运回码头的沙丁鱼往往已经死亡。只有一位渔民的沙丁鱼总是非常新鲜，他赚的钱也比别人的多。他的秘诀是在鱼槽里放入一条鲶鱼。鲶鱼进入鱼槽后，由于环境陌生，就会四处游动，而沙丁鱼发现这一异已分子后，也会紧张起来，加速游动。如此一来，沙丁鱼便能够活着回到港口，这就是所谓的"鲶鱼效应"。

入一些"鲶鱼"。这里的"鲶鱼"是指那些个人素质高、业务能力强、富有朝气、思维敏捷，有着较强个人感召力的人。他们工作的积极性、主动性会通过言行影响并感染周围人群，大家不知不觉中仿效并追随，在"你能我也能"的强烈竞争意识下，形成"比、学、赶、超"的良好局面。

三、木桶原理——员工培训

木桶理论一：木桶盛水的多少取决于最短的木板。

在企业初创时期，没有成熟的发展模式，没有规范的流程，部门和个人能力参差不齐，员工培训的重点要有针对性，"头痛医头，脚痛医脚"，企业要将有限的资源用在急需改善的短板问题上。

木桶理论二：木桶盛水的多少取决于木板之间缝隙的疏密程度。

当企业的短板补齐之后，企业处于高速发展期，部门之间的沟通和团队建设成为发展中的关键问题。因此，这个时期员工培训的重点是沟通技巧、企业文化建设和团队组织建设等，加强企业团队的凝聚力和向心力。

木桶理论三：木桶盛水的多少取决于木板整体的高度。

在企业不断向前发展的过程中，企业整体能力和水平的提高迫在眉睫。此时企业应该进行全方位立体化的培训体系设计，培训课程可以按人员层级划分，如新晋培训、入职培训；按职能级别划分，如管理岗培训、专业岗培训；按部门划分，如接待培训、财务培训。全方位培训要与员工职业生涯规划相结合，设法让每个员工向长板看齐，才能通过培训有效提高企业整体水平。

四、马太效应——员工激励

马太效应得名于《圣经》中的一则寓言[①]，是指好的愈好、坏的愈坏、多的愈多、少的愈少的一种现象，即两极分化现象。此术语后为经济学界所借用，反映贫者愈贫、富者愈富、赢家通吃的经济学中收入分配不公的现象。美国科学史学家罗伯特·莫顿（Robert K Merton）归纳马太效应为：任何个体、群体或地区，一旦在某一个方面（如金钱、名誉、地位等）获得成功和进步，就会产生积累优势，就会有更多的机会取得更大的成功和进步。

在旅行社管理中为了鼓励有才干的员工，激发其他员工赶超的积极性，常常会对表现出色员工的奖励机会严重倾斜，如增加培训机会、加薪机会、荣誉等，甚至会惩罚落后员工或者末位淘汰。马太效应实质是强化了企业内部强势群体对弱势群体的利益占有，造成企业内部的分配不公，在激励一部分员工的同时也挫伤了另一部分员工的积极性，加剧了

---

① 《新约·马太福音》中有这样一个故事。一个国王远行前，交给三个仆人每人 1 锭银子，吩咐他们："你们去做生意，等我回来时，再来见我。"国王回来时，第一个仆人说："主人，你交给我的 1 锭银子，我已赚了 10 锭。"于是国王奖励了他 10 座城邑。第二个仆人报告说："主人，你给我的 1 锭银子，我已赚了 5 锭。"于是国王奖励了他 5 座城邑。第三个仆人报告说："主人，你给我的 1 锭银子，我怕丢失，一直包在手巾里没有拿出来。"于是，国王命令将第三个仆人的那锭银子赏给第一个仆人，并且说："凡是少的，就连他所有，也要夺过来。凡是多的，还要给他，叫他多多益善。"

企业内部的两极分化和对立矛盾，最终会引起企业发展的震荡和员工队伍的不稳定，不利于企业整体发展。因此，旅行社的激励机制要科学合理，力求做到每个员工的奖励与其对企业贡献相一致，尽量避免马太效应的产生。

五、彼得高地——员工晋升

彼得原理（the peter principle）是加拿大管理学家劳伦斯·彼得根据数以千计有关组织中不能胜任的失败实例分析归纳得出的[①]。在一个等级制度中，每个员工趋向于上升到他所不能胜任的地位。旅行社在对员工晋升时，要深入分析员工的性格、能力和发展潜力，看清他的"彼得高地"，将他放在可以完全胜任的岗位上。有些人是一个很好的服务人员或者业务人员，但是提拔到管理岗位上就会显得力不从心。因此，旅行社要做好长期的人力资源规划和员工职业生涯规划，把优秀的一线员工经过全面的培训和考核，提拔到可以更好发挥其优势的岗位。

第三节　旅行社职业经理人的管理方法

职业经理人是指在一个所有权、法人财产权和经营权分离的企业中，承担法人财产的保值增值责任，全面负责企业经营管理，对法人财产拥有绝对经营权和管理权，由企业在职业经理市场上聘任，以年薪或者股票期权等方式获得报酬的职业化企业经营管理专家。

职业经理人分为两种：一种是普通职业经理人，指的是企业的中层管理者；另一种是高级职业经理人，如首席执行官（CEO）、首席财务官（CFO）、首席运营官（COO）、首席营销官（CMO），都是C级职业经理人。高级职业经理人具有较高理论知识和实践能力，以自己的专业管理能力为企业创造业绩，是在投资者授权范围内从事高层次战略管理和整体运作的经营管理人员，在旅行社中主要是指旅行社总经理和副总经理。

一、股票期权制度

股票期权制度是员工持股计划的组成部分，是内部股权的再分配形式。不同的是员工持股计划是普惠制的、面向企业全体员工，股票期权所激励的只是企业的少数高层经营者。

1. 股票期权制度的概念

股票期权制度（executive stock options，ESO）是指企业所有者在企业经营者的经营业绩达到一定要求时，对其提供在一定时期内购得本公司股份的权利，是一种长期奖励的方式。通常的做法是允许企业的高级管理人员在特定的时期内（一般 3～5 年）按某一预定价格购买本企业普通股（看涨期权）。这种权利不能转让，但所购股票可以在管理人员离

---

① 彼得认为，每一个职工由于在原有职位上工作成绩表现好，就将被提升到更高一级职位，如果继续胜任则将进一步被提升，直至到达他所不能胜任的职位。由此导出的彼得推论是：每一个职位最终都将被一个不能胜任其工作的职工所占据。层级组织的工作任务多半是由尚未达到胜任阶层的员工完成的。每一个职工最终都将达到"彼得高地"，他在该处的提升商数为零。

任后在市场上出售，获得行权当日股票市场价格和行权价格之间的差价。如果管理人员在该奖励规定的期限到期之前离开公司，或者管理人员不能达到约定的业绩目标，那么这些奖励股份将被公司以购买时的价格回购。

这样做的好处是，企业经营者对改善经营、增加盈利产生了很大的压力和责任，只有不断努力创新管理，公司股票才能增值，而随着公司价值的增长，个人利益也通过股票期权得到实现。

旅行社（上市公司）实施股票期权制度是为了将旅行社高级管理人员的个人利益同公司股东的长期利益联系起来，使旅行社管理人员从公司股东的长远利益出发，以提高公司的经营效率和利润为目标，实现公司价值的最大化。这样可以避免在以基本工资和年度奖金为主的传统薪酬制度下管理人员行为的短期化倾向，克服传统激励机制下管理者仅仅将注意力集中在短期财务指标上，有助于提高旅行社员工的长期收益，增强企业的吸引力。

2. 股票期权制度的优点

（1）旅行社能够不断吸引和稳定优秀人才

对于高层管理人员来说，股权的吸引力远大于现金报酬。通过股票期权制度，优秀人才可以获得相当可观的回报。同时，由于股票期权制度具有延期支付的特点，如果管理人员在合同期满之前离开旅行社，就会丧失本来可以获得的期权，这样就加大了管理人员离职的机会成本，减少了流失率，稳定了管理团队。

（2）节省了旅行社支付给管理层的大笔现金流

在股票期权制度下，旅行社公司授予管理人员的仅仅是一个期权，是不确定的预期收入，它的价值只有在管理人员经过若干年的奋斗，使公司经营业绩上升、股票市价上涨后才能真正体现出来，这种收入是在市场中实现的，公司始终没有现金流出。

（3）可以降低旅行社企业的代理成本

所谓代理成本主要是指由于经营者代替股东对公司进行经营管理而引起的额外成本。由于信息的不对称，股东无法知道管理人员是在为实现股东收益最大化而努力工作，还是已经满足于平稳的投资收益率以及缓慢增长的财务指标。股东也无法监督管理人员是将资金用于有益的投资，还是用于能够给他本人带来个人福利的活动。通过股票期权，旅行社高级管理层的薪酬与公司长期收益的不确定性联系起来，自觉地激发管理人员的竞争意识和创造性，股东的监督成本降低。

 实例解析8-1

北京众信国际旅行社股份有限公司限制性股票激励计划实施考核管理办法

一、考核目的

进一步完善公司法人治理结构，建立和完善公司激励约束机制，保证公司股权激励计划的顺利实施，并在最大程度上发挥股权激励的作用，确保公司发展战略和经营目标的实现。

二、考核原则

考核评价必须坚持公正、公开、公平的原则，严格按照本办法对考核对象的工作业绩、能力、态度进行评价，考核评价做到定量与定性考核相结合，以实现限制性股票激励计划与激励对象工作业绩、贡献、能力态度紧密结合，从而提高管理绩效，建立长效激励机制，实现公司与全体股东利益最大化。

三、考核范围

本次股权激励的激励对象包括高级管理人员、中层管理人员、核心业务（技术）人员、关键岗位人员以及董事会认为需要以此方式进行激励的其他员工。

四、考核体系

（一）公司层面业绩考核

本激励计划首次授予的限制性股票解锁考核年度为 2014—2016 年三个会计年度，每个会计年度考核一次，首次授予的限制性股票分三期解锁，达到下述业绩考核指标时，首次授予的限制性股票方可解锁。具体如表 8-2 所示。

表 8-2　众信 2014—2016 年会计年度业绩考核标准

解锁阶段	考核期间	业绩考核指标
第一次解锁	2014 年度	以 2013 年为基准年，2014 年度营业收入增长率不低于 30%；以 2013 年为基准年，2014 年度净利润增长率不低于 16%
第二次解锁	2015 年度	以 2013 年为基准年，2015 年度营业收入增长率不低于 60%；以 2013 年为基准年，2015 年度净利润增长率不低于 35%
第三次解锁	2016 年度	以 2013 年为基准年，2016 年度营业收入增长率不低于 90%；以 2013 年为基准年，2016 年度净利润增长率不低于 60%

除此之外，限制性股票锁定期内，各年度归属于上市公司股东的净利润及归属于上市公司股东的扣除非经常性损益后的净利润均不得低于授予日前最近三个会计年度的平均水平，且不得为负。

（二）个人层面业绩考核

1. 考核依据：被考核人员所在岗位的《岗位说明书》、个人绩效指标。

2. 考核内容，如表 8-3 所示。

表 8-3　个人层面业绩考核内容

考核内容	权重	综合评价得分
工作业绩	70%	工作业绩得分×70%＋工作能力指标得分×20%＋工作态度指标得分×10%＋其他加减分项
工作能力	20%	
工作态度	10%	
其他加减分项	＋（－）1～5 分	

3. 具体考核指标

①工作业绩指标（定量指标）参照《岗位说明书》及个人绩效指标进行考核，包含完成人数、营业收入、毛利、净利润。

②工作能力指标（定性指标）参照《岗位说明书》进行考核，包括专业能力、管理能力、沟通能力等。

③工作态度指标（定性指标）包括：工作主动性、积极性、责任感、大局观、纪律性、协作性等。

④其他加减分项指标：工作创新及额外工作加分，重大失误和违纪减分。考核期间有效果明显的工作创新或较大工作贡献，经董事会薪酬与考核委员会确认，获得加分，分值为 1～5 分。考核期间本人或下属发生重大差错或失误给公司造成较大经济损失或违纪行为，经董事会薪酬与考核委员会确认，应予减分，扣减分值为 1～5 分。

4. 考核结果的应用

①考核结果等级。以上评分加权汇总后的得分为个人最终考核分数，根据考核分数范围，将考核结果分为四档，绩效考核分数在 60～100 分的为合格，60 分以下的为不合格。具体对应关系如表 8-4 所示。

表 8-4　考核结果等级

绩效得分	80～100	70～79.9	60～69.9	<60
绩效等级	A	B	C	D

②考核结果应用。激励对象在申请解锁前一个会计年度的绩效考核结果至少达到 C 级，方能按绩效等级规定的比例申请解锁当期限制性股票。若激励对象绩效考核结果为不合格，则对当期限制性股票不予解锁，由公司回购注销。

各绩效等级限制性股票解锁比例如表 8-5 所示。

表 8-5　各绩效等级限制性股票解锁比例

绩效等级	A	B	C	D
可解锁限制性股票比例	100%	90%	80%	0

激励对象在考核期内发生岗位变动的，个人绩效考核指标跟随岗位变动。考核期间，职务或级别下调的人员，公司有权按照激励计划制定时的职级分配原则，重新核定其解锁额度。

（资料来源：根据《北京众信国际旅行社股份有限公司限制性股票激励计划实施考核管理办法》和"众信旅游集团股份有限公司 2016 年限制性股票激励计划预留限制性股票激励对象人员名单"整理）

二、管理层收购

1. 管理层收购的概念

管理层收购（management buy-outs，MBO）是指公司的管理者与经理层利用自筹、借贷等方式所融资本购买公司股份，以实现对目标公司所有权结构、控制权结构和资产结构的改变，使管理者以所有者和经营者合一的身份主导重组公司，进而获得产权预期收益的一种收购行为。

管理团队以自有积蓄或资金提供 10% 的收购资金，作为新公司的权益基础，只付出收购价格中很小的一部分，其他资金由债务融资筹措。其中，所需资金的大部分（50%~60%）通过以公司资产为抵押向银行申请抵押收购贷款。该项款可以由数家商业银行组成辛迪加来提供，也可以由保险公司或专门进行风险资本投资或杠杆收购的有限责任公司来提供。其他资金以各级别的次等债券形式，通过私募（针对养老基金、保险公司、风险资本投资企业等）或公开发行高收益率债券来筹措。管理层收购最大的魅力在于能理清企业产权，实现所有者回归，建立企业的长期激励机制。

就像职业球员都想拥有自己的球队一样，职业经理人都想自己当老板。自己成为公司的真正老板，不受约束地施展经营管理雄心，是职业经理们的最大愿望。首先他们要求的是远比工资、奖金多得多的经营回报，而这一要求只有当其成为公司所有者时才有可能实现。其次，职业经理人往往只负责公司日常经营，战略规划和发展则是董事会的事，许多职业经理人因此而怀才不遇，管理层收购满足了他们施展才华的要求。最后，有些经营者认为证券监督机构对上市公司制定的法规制度束缚了他们的手脚，而通过管理者收购可以使上市公司成为非上市公司，从而摆脱上市制度的约束。

2. 管理层收购的特点

（1）所有者与经营者合一的双重身份

管理层收购的主要投资者是目标公司内部的经理和管理人员。他们有很强的管理能力，原有的经营者身份变为所有者身份，直接参与公司经营战略的管理和规划，经营自主性更大。

（2）存在一定的融资风险

管理层收购的资金来源是管理者自筹或通过借贷等方式融资。融资方案必须满足借贷方的要求，必须为权益人带来预期利润，融资风险较大。

（3）有巨大的现金流收入

管理层收购的目标公司往往是具有巨大资产或存在潜在的管理效率空间的企业。管理者通过对目标公司融资购买股份获得控制权，降低代理成本，获得巨大的现金流。

 **实例解析8-2**

康辉旅行社管理层收购

康辉旅行社于 1999 年并入首旅集团，当时资本金 1.1 亿元，总资产 3 亿多元。为了提高竞争能力，扩大网络资源建设，康辉每年将 60%的利润投入运营网络建设，同时开始产权改革，采用股份制改造的形式推行员工持股，加强对人力资本的激励措施，以期留住核心经营管理人才。

1999 年，康辉旅行社在全资控股的 26 家分社进行股份改造，将 49%的股权授让给分社的高层管理人员，总社只保留 51%的国有股，保证对其控股。此后凡是新开设的分社均采用这种股权分割方式。至 2002 年，康辉旅行社各分社的股权改制基本到位，管理层收购（management buy-outs，MBO）的股权改制逐步推至总社。由于总社的被纳入持股范围的总人数约 80 人，超出了法定的有限责任公司的股东不得超过 50 人的限制，公司的 MBO

进程陷入困局。2002 年 6 月，东方高圣投资顾问公司介入康辉 MBO 案例，提出利用信托公司对股份进行集中托管，从而降低股东数额，绕过《公司法》限制。经评估，康辉旅行社净资产为 5000 万元，每股作价 1 元，共 5000 万股本，管理层出资 2450 万元持有 2450 万股，占总股本的 49%，其余股份仍由首旅集团公司持有。在康辉总社内部，管理层持股被分为五级：总经理为第一级，需要支付 60 万元；第二级为副总经理，需支付 45 万元；第三级为总经理助理与国际社分社的总经理，需支付 35 万元；第四级为部门经理，需支付 25 万元；另外，负责出境游和国内游业务的部门处级经理支付 10 万元也可持股。与国内有些公司进行 MBO 时层层设立"壳"公司的方案不同，康辉的方案非常简单——管理层直接拿现金购买股权。根据《公司法》的规定，公司对外投资不能超过 50%，如果设立一家"壳"公司，收购 2450 万元的股份，至少要设立一个注册资金 4900 万元的公司。所以康辉采取的是自然人直接持股这种最简单的方式。

通过 MBO 前后股权结构的比较可以清楚地看出，管理层持股达到 49%（包含未来的新进人员股份 10%），从而完成 MBO；首旅集团股份虽然降到 51%，但仍处于控股地位；华宝信托在中间起到了过桥股东的作用，成为 40 个间接持股人的股份委托人。在我国目前的条件下，康辉实施管理层收购成为改变公司治理结构和促进公司管理、激励机制转变的有效方式。一方面，此次股权转让过程中，康辉的总股本为 5000 万元，国有股占 51%，管理层持股 49%，没有在绝对数量上达到控股。由于康辉是非上市公司，而个人持股最多的也仅占 1.2%，形成股权相对集中的多元化出资人结构，有利于形成规范的法人治理结构，能够为企业未来的长期发展奠定良好的体制基础。同时，首旅集团从康辉 MBO 中套现 2450 万元，而且仍然牢牢把握着康辉的控制权，实现用少量的资本控制较多的资产，为产业扩张及产权改制做出成功的尝试。另一方面，首旅集团通过康辉 MBO 解决了康辉旅行社的管理层激励问题，利用 MBO 将管理层的利益与集团利益拴在一起，不仅减少了代理成本，也留住了业务骨干，从而为在未来旅游业激烈竞争中站稳脚跟打下基础。这种方案摆脱了国有企业管理者激励不足的困境，使企业能够建立以股权为基础的激励机制，通过股权的方式将管理者价值资本化，稳定了管理者对企业专用人力资本投资的预期，从而造就忠诚的管理者。企业管理权与所有权形成联盟，既建立了公司股东与管理层互相制约的责任机制，也建立了利益共享的激励机制，企业运作机制得以进一步完善。公司管理层和职员分享企业业绩增长所带来的成果，形成了社会利益和生产者利益相互促进的良性循环。

（资料来源：赵小丽. 从康辉看我国目前的管理层收购[J]. 旅游学刊，2004（02）：62-65）

三、年薪制

年薪制是一种国际上较为通用的支付企业经营者薪金的方式，它以年度为考核周期，把旅游企业管理层的工资收入与企业经营业绩挂钩，主要用于公司经理、企业高级职员的收入发放。职业经理人的年薪大多采取基本收入（基薪）加风险收入，包括以下几个部分。

（1）基薪收入

基薪收入的确定因素包括两部分，一部分是企业的经济效益，另一部分是由企业（资产）的经营规模、职工人数、当地物价和本企业职工平均工资水平的一定倍数来确定。基薪采取分月预付，最后根据当年考核情况，年终统一结算，超出应得年薪而预支的部分退回。

（2）风险收入

风险收入以基薪收入的既定比例为基础，由企业的经济效益情况、企业上缴利税、资产保值增值、劳动生产率增长等经济指标的完成情况来确定。超额完成核定的资产保值增值率基数指标时，作为奖励收入。风险收入一般以日历年作为计发的时间单位。

（3）效益收入

效益收入部分根据经营者的经营业绩分档浮动发放，可能超过原定额，也可能是负数，从基薪或风险抵押金中扣除。

目前，一些企业在效益年薪中还引入了股权激励的方式，把年薪收入的一部分直接转化为企业股份，也可以组合多种股权激励形式由经营者持有，这样就可以把经营者报酬与资产、所有者利益和企业发展前景紧密结合起来。

年薪制适用于一些特定的具有较高创造力的职业经理人，包括旅行社企业的经营管理者（中层和高层）和一些其他的创造性人才，比如营销人才、软件工程师、项目管理人才等。他们的工作中需要更多的是激励而不是简单的管理和约束，工作的价值难以在短期内体现。但是，年薪制只考虑了企业的年度收益，在信息不对称的情况下，可能会导致职业经理人行为短期化。在缺乏动力激励的情况下，职业经理人也可能通过其他渠道获取收入，通过各种途径"寻租"①。

实例解析8-3

峨眉山旅游股份有限公司高级管理人员年薪管理制度

一、年薪适用范围

公司董事长、总经理、监事会主席、副董事长、副总经理、董事会秘书、总监、三总师（总工程师、总经济师、总会计师）、工会主席、监事会副主席等高级管理人员。党委书记、党委副书记、纪委书记参照执行。

二、年薪构成

公司高级管理人员年薪由基本年薪、绩效年薪和任期激励收入三部分构成。基本年薪基数每年确定一次，主要根据企业在岗职工平均收入确定，不超过企业在岗职工人均收入两倍。绩效年薪根据年度考核评价结果，在不超过基本年薪的两倍内确定。任期激励收入在不超过任期内年薪总水平的30%之内确定。

（一）基本年薪

基本年薪标准：公司高级管理人员基本年薪基数以公司上年度职工人均收入乘以2计算，每年确定一次。不同高级管理人员的基本年薪按基本年薪基数乘以不同系数计算。董

---

① 寻租（rent seeking）又称为竞租，是指在没有从事生产的情况下，为垄断社会资源或维持垄断地位，从而得到垄断利润（即经济租）所从事的一种非生产性牟利活动。个人竭尽使价值最大化造成了社会浪费，而没有形成社会剩余。布坎南等人把寻租描述为人们凭借政府保护进行的寻求财富转移而造成的浪费资源的活动。即一个人在寻租，说明了这个人在某事上进行了投资，被投资的这种事情实际上没有提高，甚至降低了生产率，但却确实给投资者带来了一种特殊的地位或垄断权利而提高了投资者的收入，租金也就是由此所得的收入。

事长分配系数为 1（党委书记参照此系数），总经理为 0.9，监事会主席为 0.9，副董事长为 0.85（党委副书记、纪委书记参照此系数），董事、副总经理为 0.8，副总经理、董事会秘书、财务总监为 0.75，其他总监、工会主席、监事会副主席为 0.7。基本年薪按月发放，与经营指标、行权履职情况、党风廉政建设、劳动纪律等方面挂钩。

（二）绩效年薪

绩效年薪标准：公司高级管理人员绩效年薪基数以公司高级管理人员本年度基本年薪基数乘以 2 计算，每年确定一次。不同高级管理人员的绩效年薪按绩效年薪基数乘以不同系数计算，具体分配系数参照基本年薪。

绩效年薪由董事会薪酬与考核委员会年终根据董事会下达的收入、利润、净资产收益率、安全等指标完成情况对每个高管人员进行考核，依据考核结果一次性兑现绩效年薪。各项指标综合累计为 100 分，按 100% 发放绩效年薪。超出 100 分，每超出 1 分，按所对应的职务绩效年薪增加 1% 发放，绩效年薪执行总额最高不能超过所对应的职务绩效年薪的 150%。未完成指标任务，按实际完成比例发放绩效年薪。年终考核评价为不胜任的，不得领取绩效年薪。

（三）任期激励收入

董事会薪酬与考核委员会对高管人员实行任期目标考核，考核内容包括行权履职情况、国有资产保值增值率、主营收入增长率、净利润增长率、游人增长率等指标。任期结束，由董事会薪酬与考核委员会进行综合评价，实行百分制考核，经董事会审议通过后兑现任期激励收入。超过 100 分，按 100 分领取任期激励；低于 100 分，按实际分值领取。任期考核评价为不胜任的，不得领取任期激励收入。因本人原因任期未满的，不得实现任期激励；非本人原因任期未满的，根据任期考核结果并结合本人实际任职时间及贡献发放相应激励收入。

视频资料：如何发挥薪酬的激励作用

（资料来源：根据《峨眉山旅游股份有限公司 2015 年年度报告》《峨眉山旅游股份有限公司高级管理人员年薪管理制度》整理）

第四节　旅行社普通员工的管理方法

一、宽带薪酬管理

（一）宽带薪酬的概念

宽带薪酬（broad band compensation）始于 20 世纪 90 年代，作为一种与企业组织扁平化、流程再造等新的管理战略与理念相配套的新型薪酬结构，企业采用宽带薪酬设计代替原先的窄带薪酬管理。所谓宽带薪酬设计，就是在组织内用少数跨度较大的工资范围来代替原有数量较多的工资级别的跨度范围，将原来十几个甚至二十几个、三十几个薪酬等级压缩成几个级别，对多个薪酬等级及其薪酬范围进行重新组合，从而变成只有少数的薪酬等级以及相应的较宽薪酬变动范围，取消原来狭窄的工资级别带来的工作之间明显的等级差别，形成一种新的薪酬管理系统及操作流程。宽带中的"带"意指工资级别，宽带则指工资浮动范围比较大。与之对应的则是窄带薪酬管理模式，即工资浮动范围小，级别较多。

在宽带薪酬体系设计中，员工不是沿着公司中唯一的薪酬等级层次垂直往上走，相反，他们在自己职业生涯的大部分或者所有时间里可能都只是处于同一个薪酬宽带之中。他们在企业中的流动是横向的，随着能力的提高，他们将承担新的责任，只要在原有的岗位上不断改善自己的绩效，就能获得更高的薪酬，即使是被安排到低层次的岗位上工作，也一样有机会获得较高的报酬。

（二）宽带薪酬的优点

1. 支持扁平型组织结构

它打破了传统薪酬结构所维护和强化的等级观念，减少了工作之间的等级差别，有利于企业提高效率，创造参与型与学习型的企业文化，同时有助于企业保持自身组织结构的灵活性和有效地适应外部环境。

2. 引导员工重视个人技能的增长和能力的提高

采用宽带薪酬，即便是在同一个薪酬宽带内，企业为员工所提供的薪酬变动范围也相当大，这样员工就不需要为了职位晋升等方面的问题斤斤计较，只要注意培养企业所需要的技术和能力就可以获得相应的报酬。

3. 有利于职位轮换与调整

宽带薪酬的高低是由能力来决定而不是由职位来决定，员工更愿意通过相关职能领域的职务轮换来提高自己的工作能力，以求获得更高薪酬。

4. 能密切配合劳动力市场上的供求变化

宽带薪酬是以市场为导向的，它使员工从注重内部公平转向更注重个人发展以及自身在外部劳动力市场上的价值。

5. 有利于管理人员及人力资源专业人员的角色转变

采用宽带薪酬，部门经理在薪酬决策方面拥有更多的权力和责任，可以对下属的薪酬定位给予更多的意见和建议。这种让部门经理与人力资源专业人员共同决策的模式，有利于部门经理利用薪酬杠杆来引导员工达成企业的目标，也能让人力资源专业人员脱身于附加值不高的事务性工作，更好地扮演战略伙伴和咨询顾问的角色。

二、目标管理法

（一）目标管理的概念

目标管理（management by objectives，MBO）最先由美国管理学家彼得·德鲁克于1954年在其名著《管理的实践》中提出，即"目标管理和自我控制的主张"。他认为并不是有了工作才有目标，而是有了目标才能确定每个人的工作。目标管理是指由企业最高层领导制定一定时期内整个企业期望达到的总目标，各部门和全体员工根据总目标的要求制定各自的分目标，并积极主动地设法实现这些目标，并把这些目标作为组织经营、评估和奖励每个单位和个人贡献的标准的管理方法。概括来说，目标管理是让企业的管理人员和员工亲自参加工作目标的制定，在工作中实行自我控制，并努力完成工作目标的一种管理制度。目标管理以目标为导向，以人为中心，以成果为标准，使组织和个人取得最佳业绩的现代管理方法。它一方面强调完成目标、实现工作成果，另一方面重视人的作用，强调员工自主参与目标的制定、实施、控制、检查和评价。企业的使命和任务必须转化为目标，如果一个领域没有目标，这个领域的工作必然被忽视。

（二）目标管理的基本过程

目标管理法属于结果导向型的考评方法，以实际产出为基础，考评的重点是员工工作的成效和劳动的结果。

①目标的制定。制定目标应当采取协商的方式，一般可由上级向下级提出自己的方针目标，让下级制定各自的目标方案，通过协商为下级创造参与规划的机会，充分调动下级的积极性。

②目标的实施。目标既定，主管人员就应该放手把权力交给下级，自己去抓重点的综合性管理，在目标实施过程中应加强检查和控制。

③目标成果的评价。目标管理过程的最后阶段，要进行目标成果的评价，以确认成果和考核业绩，并与个人的利益和待遇结合起来。对目标成果的评价也是上级发挥领导能力的最好时机，上级可以利用进行成果评价的有利机会，与下级进行意见交流，针对每个人的情况进行具体细微的指导和帮助。

 **实例解析8-4**

旅游集团公司对子公司 XY 旅行社目标管理考核表

表8-6　目标管理考核表

单　位	考 核 指 标	评 分 办 法	得分
管理活动评价 （48分）	1. 目标管理工作年初有计划，有领导小组专题会议部署，阶段性总结，建立适应旅行社运行的整套管理制度和作业标准，有检查、督导及处理措施（8分）	查文件、查制度、查会议记录。无年初工作计划扣 1 分，无领导小组扣 1 分，无会议部署记录扣 1 分，无阶段性总结扣 1 分，制度不全扣 1～3 分	
	2. 设置安全管理机构，与各部门签订安全责任书，采取可靠的安全措施（7分）	无安全管理机构扣 2 分，责任书未签到位的扣 2 分，措施不到位的扣 1～3 分。发生一般安全责任事故，每起扣 5 分，发生严重安全事故，取消年度考评先进资格	
	3. 有质监培训部门或专职培训人员(1分)，有年度培训计划（1 分），积极参加旅游管理部门及相关部门组织的培训（2 分）；加强对导游人员进行安全生产教育和培训，保证导游人员具备必备的安全生产知识（1分）	无质监培训部门或专职培训员扣 1 分；无培训计划扣 1 分；不参加相关培训的，每次扣 1 分，扣完为止；无安全培训记录的，扣 1 分	

单 位	考核指标	评分办法	得分
管理活动评价（48分）	4. 成为星级旅行社，并有持续改进计划（6分）	已成为星级旅行社且无持续改进计划的扣3分，正在申报创建星级旅行社的得3分，部分环节参与了创建活动，得2分	
	5. 积极开展省、市、县级"文明单位""青年文明岗""巾帼示范岗""文明示范窗口"等活动（4分）	未开展一项扣1分，扣完为止	
	6. 积极参加县旅游主管部门组织的行业竞赛活动（3分）、县旅游主管部门组织的宣传促销活动（3分），积极参加各级旅游主管部门组织召开的会议（8分）	每少参加一次竞赛活动扣1分，扣完为止；每少参加一次宣传促销活动扣1分，扣完为止；每少参加一次旅游管理部门组织的会议扣2分，扣完为止	
	7. 加强宣传意识，积极向县旅游主管部门投稿（4分）	录用每篇信息得1分，已投稿未录用的每篇得0.5分，最多得4分（从其他刊物上摘录的不计入得分）	
内部管理（27分）	1. 内部管理规范，单独设立外联接待、计调综合、财务、人事培训、质量管理、导游等部门，有健全的管理规章制度和业务操作程序（6分）	部门不全或设立部门兼职扣1~2分，管理制度和业务操作程序不健全扣1~3分，导游员与业务员混岗扣1分	
	2. 有一定规模，企业员工10人以上（1分），全员签订劳动用工合同（3分）；有临街营业场所，面积达到50平方米以上（1分）；有临街门市部（1分）；有电脑能网上报送各类报表（1分）；导游佣金公开透明（1分）	员工10人不到扣1分，劳动合同签订率每减少20%扣1分；有面积达到50平方米以上的临街营业场所的得1分；有临街门市部1分；无法进行网上报送各类报表扣1分；导游佣金不公开扣1分	
	3. 线路报价、员工照片、职务、证号上墙（1分），企业规章制度、证照上墙（1分）；企业宗旨、服务承诺上墙（1分），门市接待人员着装统一、胸牌整齐（1分）	每减少1项扣1分，每类分扣完为止	
	4. 待客有礼貌、主动服务、工作认真，本年度无游客向旅游局进行质量投诉（2分）；游客满意率95%以上（2分）；本单位有服务质量投诉记录和处理程序（1分）	旅游局收到服务质量投诉扣2分；游客满意率每降低5%扣1分，扣完为止；本单位无服务质量投诉记录和处理程序扣1分	
	5. 本年度未发生被旅游、工商、公安、税务、交通、劳动等部门查获的不良记录（不配分值，纯属扣分项目）	如果发生所列不良记录，则每起扣5分，不能入选年度先进	
	6. 旅行社所有权、总经理变更上报（2分），按要求按时上报各类统计报表（2分）	所有权变更未上报扣1分，总经理变更未上报扣1分；报表报送不及时扣2分	
经营情况评价（19分）	1. 全年上缴税收达到10万元（3分），税前利润达到20万元（2分）	上缴税收不到10万元，每减少1万元扣0.5分，扣完为止，每增加1万元加0.5分；税前利润不到20万元，每减少1万元扣0.5分，扣完为止。全年经营亏损另扣10分，不得入选年度先进	

单　位	考核指标	评分办法	得分
经营情况评价（19分）	2. 全年营业收入达到 100 万元（2 分），全年接待游客达到 4500 人次（1 分）	全年营业收入不到 100 万元，每减少 10 万元扣 0.5 分，扣完为止；全年接待游客每减少 200 人次扣 0.5 分，扣完为止，接待人次凭发票为准	
	3. 宣传广告真实规范，无信息不全，无误导消费的行为（2 分）；无低价抢团等恶意竞争行为（2 分）	广告不规范扣 2 分，有低价抢团行为扣 2 分	
	4. 按规定足额投保旅行社责任险（1 分），按规定管理业务档案（2 分），年度组接团签约率 100%（2 分），合同履行率达 95% 以上（2 分）	不足额投保旅行社责任险扣 1 分，业务档案不齐全或不规范扣 1～2 分，组接团签约率不到 100% 扣 1～2 分，合同履行率不到 95% 扣 2 分	
奖励情况（4分）	本年度获得国家级、省级、市级或县级荣誉称号（4 分）	获得国家级荣誉每项加 4 分，获省级荣誉每项加 3 分，获市级荣誉每项加 2 分，获县级荣誉每项加 1 分	
创新机制（2分）	在管理机制或经营机制上不断创新，方式合法，且游客及市场认可	每项加 1 分，最多加 2 分	

三、绩效考核法

（一）绩效考核的概念

绩效考核（key performance indicator，KPI）又称为关键绩效指标考核，是企业绩效考核的方法之一，是通过对组织内部流程的输入端、输出端的关键参数进行设置、取样、计算、分析，衡量流程绩效的一种目标式量化管理指标。

关键绩效指标是把企业的战略目标分解为可操作的工作目标的工具，是企业绩效管理的基础。公司战略目标具有长期性、概括性、指导性，而各职位的关键绩效指标内容丰富，是针对职位设置的衡量工作人员工作绩效表现的量化指标，着眼于考核当年的工作绩效，具有可衡量性。因此，关键绩效指标是对真正驱动公司战略目标实现的具体因素的发掘，是公司战略对每个职位工作绩效要求的具体考核指标，而不是目标。

（二）绩效考核指标

绩效指标设定不能太少也不是越多越好，太少达不到平衡的作用，无法全面考虑到企业管理的各个方面，而太多又会造成顾此失彼，浪费了多余的人力和精力。指标设定要抓住绩效特征的根本，科学地设定绩效考核指标。关键绩效指标强调对企业业绩起关键作用的指标，而不是与企业经营管理有关的所有指标。确定关键绩效指标有一个重要的 SMART 原则，具体如下。

①S 代表具体（specific），指绩效考核要切中特定的工作指标，不能笼统。

②M 代表可度量（measurable），指绩效指标是数量化或者行为化的，验证这些绩效

指标的数据或者信息是可以获得的。

③A 代表可实现（attainable），指绩效指标在付出努力的情况下可以实现，避免设立过高或过低的目标。

④R 代表相关性（relevant），是指年度经营目标的设定必须与预算责任单位的职责紧密相关。它是预算管理部门、预算执行部门和公司管理层经过反复分析、研究、协商的结果，必须经过他们的共同认可和承诺。

⑤T 代表有时限（time-based），注重完成绩效指标的特定期限。

不同类型的岗位绩效指标选取的重点有所不同，最常见的关键业绩指标有三种。

①效益类指标，如资产盈利效率、盈利水平等。

②营运类指标，如部门管理费用控制、市场份额等。

③组织类指标，如满意度水平、服务效率等。

关键绩效指标应尽量反映员工工作的直接可控效果，剔除他人或环境造成的其他方面影响。例如，销售量与市场份额都是衡量销售部门市场开发能力的标准，而销售量是市场总规模与市场份额相乘的结果，其中市场总规模则是不可控变量。在这种情况下，两者相比，市场份额更体现了职位绩效的核心内容，更适于作为关键绩效指标。

关键绩效指标的提取，可以用"十字对焦，职责修正"概括。如图 8-1 所示，在 KPI 指标提取过程中，要逐步分解企业战略目标，分析并建立各子目标与主要业务流程的联系。

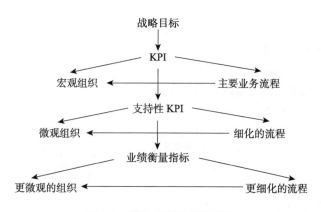

图 8-1　绩效指标的提取流程

企业的总体战略目标通常可以分解为几项主要的支持性子目标，而这些支持性的更为具体的子目标本身需要企业的某些主要业务流程的支持才能在一定程度上达成。因此，企业管理层在这个环节上需要完成以下工作。

①企业高层确立公司的总体战略目标（可用鱼骨图方式）。

②由企业高（中）层将战略目标分解为主要支持性子目标（可

视频资料：如何使目标管理与绩效管理有机结合

用鱼骨图方式）。

③建立企业的主要业务流程与支持性子目标之间的关联。

实例解析8-5

某旅游公司建立 KPI 体系

一、KPI 维度分析

在选择公司 KPI 的时候，管理层首先运用鱼骨图（图 8-2）对企业的关键成功要素进行分析。关键成功要素是企业的关键绩效领域，企业要想达成组织目标，必须在这些关键领域保持较高的水平。

管理层经过讨论，最终确定了四项关键成功要素：一是市场领先，二是客户服务，三是利润增长，四是组织建设。

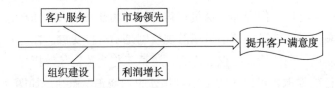

图 8-2　某旅游公司总体战略及 KPI 维度分析鱼骨图

二、KPI 要素解析

KPI 维度确定后，管理层对其进一步解析，如图 8-3 所示。这种解析的过程主要是解决以下几个问题。

①每个维度的内容是什么？

②如何保证这些维度的目标能够实现？

③每个维度目标实现的关键措施和手段是什么？

④维度目标实现的标准是什么？

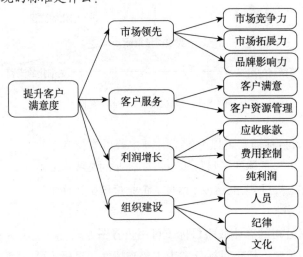

图 8-3　某旅游公司 KPI 要素解析图

三、选择 KPI

要素的进一步细化就是 KPI 指标的设计和选择。对 KPI 指标的选择有三个要求：第一是有效性，就是要求所设计的指标能够客观地、最为集中地反映要素的要求；第二是可量化，设计的指标应该尽量能够量化、能够被评价出来，尽量避免主观判断的影响；第三是易测量，每一个 KPI 要素的衡量指标可能有若干项，应该选择考核、测算的数据资料比较容易获得的，并且计算过程尽量用简单的指标来进行衡量。关于这一点仅以市场领先维度的分解为例进行说明，如图 8-4 所示。

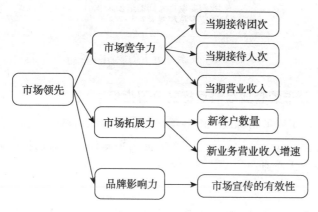

图 8-4　某旅游公司 KPI 选择示例

（资料来源：https://wenku.baidu.com/view/bbdce828de80d4d8d15a4fb3.html）

四、平衡计分卡

（一）平衡计分卡的概念

平衡计分卡（the balanced score card，BSC）是将企业组织的战略目标逐层分解转化为各种具体的相互平衡的绩效考核指标体系，通过财务（financial）、客户（customers）、内部经营（internal business progress）、学习成长（learning and growth）四个角度来衡量企业业绩，并对这些指标的实现状况进行不同时段的绩效考核的方法。

平衡计分卡是美国哈佛商学院罗伯特·卡普兰教授和美国复兴全球战略总裁大卫·诺顿于 1992 年提出的一种绩效管理模式，其设计思想是从企业战略与绩效指标相结合的角度出发，打破传统的只注重财务指标的管理方式，以一种多维管理体系为企业战略目标的完成建立起可靠的执行基础。这种绩效管理工具认为，传统的财务会计模式只能衡量过去发生的事情（落后的结果因素），无法评估组织前瞻性的投资（领先的驱动因素）。在信息社会里，传统的业绩管理方法并不全面，组织必须通过在客户、供应商、员工、组织流程、技术和革新等方面的投资，获得持续发展的动力。平衡计分卡中的目标和评估指标来源于组织战略，它把组织的使命和战略转化为有形的目标和衡量指标，是一种绩效考核管理的工具，如图 8-5 所示。

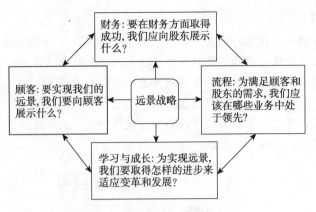

图 8-5　平衡计分卡的编制内容

（二）平衡计分卡的企业战略目标的分解指标

平衡计分卡反映了财务指标与非财务指标、长期目标与短期目标、外部和内部、结果和过程、管理业绩和经营业绩的平衡等多个方面。平衡计分卡方法把企业战略目标分解为以下四个方面进行绩效管理。

1. 财务方面

企业在各方面的成功必须转化为财务上的最终成功，产品质量、完成订单时间、生产率、新产品开发和客户满意度方面的改进只有转化为销售额的增加、经营费用的减少和资产周转率的提高，才能为企业带来利益。因此，平衡计分卡在财务方面列示了企业的财务目标，反映企业获利能力和经营风险等方面的情况，并衡量战略的实施和执行是否为最终的经营成果的改善做出贡献。

2. 客户方面

企业以特定的目标顾客为产品受众，管理者确认了企业将要参与竞争的客户和市场部分，并将目标转换成一组指标，如市场份额、客户留住率、客户获得率、顾客满意度、顾客获利水平等。企业围绕顾客关注的时间、质量、性能、服务、成本等问题，进行价值创造并设计差异化的战略。企业经营过程中的改良、创新、分析，在顾客满意的前提下实现企业目标。

3. 内部经营方面

为吸引和留住目标市场上的客户，满足股东对财务回报的要求，管理者需关注对客户满意度和组织财务目标的实现影响最大的那些内部过程，并为此设立衡量指标。在这方面，平衡计分卡重视的不是单纯的现有经营过程的改善，而是包括创新、售后服务等，从确认客户和股东的要求为起点到满足客户和股东要求为终点的全新的内部经营过程。

4. 学习成长方面

企业为了实现长期的业绩而必须对未来的投资，包括对雇员的能力、组织信息系统等方面进行衡量，指标涉及员工的能力、信息系统的建设以及激励、授权等方面，它是支持企业变革、企业创新和企业成长的具有长远价值的源泉。

旅行社平衡计分卡的绩效考核还应该与浮动薪酬联系起来，以激励全体员工共同实现企业的战略规划和目标。在这个过程中，企业的人力资源管理应该发挥其战略性作用，帮助旅行社完成人力资源管理体系、薪酬管理体系与平衡记分卡的链接。

实例解析8-6

A 旅行社平衡计分卡的构建

A 旅行社创办于 1984 年，隶属于广州市工商系统，1999 年改制为股份有限责任公司。作为客源地主要在珠三角的 A 旅行社，线路遍及全国，特别是西藏游线路，在旅游界有一定的名气。2008 年金融海啸带来了巨大的财务压力，要求企业削减人力资本投资、信息系统投入等开支，然而这些正是 A 旅行社在金融海啸冲击下屹立不倒的重要无形资产。A 旅行社削减这些开支会导致游客满意度下滑，游客流失，企业将进入恶性循环。A 旅行社迫切需要一种新的管理工具，不但能够衡量有形资产的价值，更要衡量无形资产的价值，平衡计分卡就是这样的工具。

在财务维度上，选择提高应收账款周转率、开发西部旅游市场、增加西藏旅游份额和毛利作为衡量指标，客户维度选择了游客保持率和游客满意度，内部流程维度选择了线路创新、资源配置、游客消费和售后服务，学习与成长维度选择了人力资本、信息资本和组织资本。

（资料来源：谢宣正，林隽宇. 金融海啸下中小型旅行社绩效管理的调整和完善——以 A 旅行社平衡计分卡的构建为例[J]. 旅游经济，2009（9）：155-157.）

五、职业生涯规划

（一）职业生涯规划的概念

职业生涯规划（career planning）又称职业生涯设计[①]，是指个人与组织相结合，在对一个人职业生涯的主客观条件进行测定、分析、总结的基础上，对自己的兴趣、爱好、能力、特点进行综合分析与权衡，结合时代特点，根据自己的职业倾向，确定最佳的职业奋斗目标，并为实现这一目标做出行之有效的安排的过程。简而言之，个人对职业生涯乃至人生进行持续的系统的计划的过程，是一个制定职业目标、确定实现目标的手段的不断发展的过程。

职业生涯规划管理是现代企业人力资源管理的重要内容之一，是竭力满足管理者、员工、企业三者需要的一个动态过程。职业生涯规划由企业与员工共同制定，是基于个人和企业组织方面需要的个人发展目标与发展道路的活动规划，其主体是企业组织与员工个人。

---

① 职业生涯规划最早起源于美国。1908 年，有"职业指导之父"之称的弗兰克·帕森斯（Frank Parsons）针对大量年轻人失业的情况，成立了世界上第一个职业咨询机构——波士顿地方就业局，首次提出了"职业咨询"的概念。从此，职业指导开始系统化。到 20 世纪五六十年代，舒伯等人提出了"生涯"的概念，于是生涯规划不再局限于职业指导的层面。

一个完整的职业规划由职业定位、目标设定和通道设计三个要素构成。

需要强调的是，职业生涯规划有别于员工个人制定的职业计划，其中既包括组织对员工个人的各类培训、讲座、咨询服务以及为员工自发地扩充技能、提高学历而给予的便利等，也包括组织的诸多人事政策和措施等。

实践表明，企业成功的职业生涯规划和管理可以提高员工的工作绩效、对组织的承诺度、对工作的满意度和投入度，不仅能充分开发员工的个人潜能，满足其自我实现的要求，而且能将企业培养的有价值的员工留住，实现组织与员工的双赢。

（二）职业生涯规划的实施原则

1. 企业发展需求要与员工职业生涯相吻合

要使员工职业生涯规划的实施过程为企业服务，就要从根本上认识员工职业生涯的内在实质及其关键要素，并由此在企业中找出符合员工职业生涯关键要素需求的工作条件和环境，使企业发展需求与员工职业生涯实施过程相吻合，进而使企业和员工达到共同发展。

①依据旅行社的经营发展、职位种类与特点等进行岗位序列设置（管理、技术、事务等），以打开员工职业发展通道。

②依据员工的实际情况做相应的能力分析和评估，以决定员工的发展方向和发展计划。为此，具体的工作包括三个部分。

①依据员工满意度调查结论，再结合员工访谈，了解员工对个人发展的看法和期望。

②根据旅行社的现有职务划分不同的职级。

③选择典型岗位设计员工在旅行社的职业发展道路，从纵向发展、横向发展、网状发展等职业路径设计规划员工的发展通道。

旅行社最为常见的职业路径是纵向发展，就是在纵向上从企业的低层级向高层级发展。例如优秀的导游人员往往会晋升为部门经理，但一名优秀的导游往往并不是一名很好的经理。由于过短的职业路径导致技术人员、一线员工超过某一层次后就必须纳入管理系列向上晋升，而这些员工可能没有足够的能力去胜任。横向职业路径是指企业提供跨职能边界的工作变换，赋予其更具挑战性的工作，以扩大员工的知识技能面。这在企业扁平化、层级日益减少的趋势下尤为实用。网状职业路径是纵向和横向职业路径的结合，是一种双重职业路径。考虑到专业技术人员和一线服务员工的需要，这类人员的职业发展不是体现在岗位的升迁上，而是体现在报酬的变更上。该路径为每个职位均设立了不同的等级，优秀的服务人员不必脱离服务岗位，就可以通过级别的晋升而增加工资。

2. 企业发展与个人发展求同存异

中小旅行社要在加强企业发展战略和提高企业管理水平上多下功夫，员工可以从企业的长期发展目标和现期经营业绩预见到自己的未来职业前途。企业要优化薪资结构，提高福利水平，增加员工培训，建立良好的企业文化氛围，让员工能在企业内部有一个公平公正的发展环境和晋升通道。此外，企业还要有开放的心态，从观念、评估、资金、针对性上，建立真正意义上的员工职业生涯规划体系，从根本上留住员工，尤其是核心员工。

3. 个性规划与共性规划相结合

一般来说，在设定员工职业生涯规划基本规范的基础上，对于大多数一般性员工，他们的职业规划要依靠建立如激励、晋升、奖励等有效且公平公正的管理制度来支撑。对于关键性岗位和特殊性岗位，则需要企业针对性地量身定做与之相适应的职业生涯规划方案。

4. 导入职业生涯规划循序渐进的原则

在导入员工职业生涯规划和管理时，企业可先在一些对职业生涯管理高敏感的人群里建立，如旅行社的关键岗位人员、营销人员、部门管理人员以及企业渴望留住的新进人才（如部分大学生）等，在积累了一定经验、取得初步成效以后，再扩展到企业的其他业务岗位和职能岗位的员工。

 **实例解析8-7**

丽江旅游的人力资源规划

丽江旅游（002033）原名丽江玉龙雪山旅游索道有限公司，投建并运营着玉龙雪山上的第一条观光索道（下称"大索道"）。公司于2001年收购云杉坪索道公司75%的股权，获得其经营权；2003年收购牦牛坪旅游索道有限公司60%的股权。至此，丽江旅游垄断了玉龙雪山的三条观光索道。三条索道位于玉龙雪山的不同海拔高度，风景各不相同。除此之外，玉龙雪山再没有适合建设观光索道的地点和区域。2004年丽江旅游上市成功。之后进入快速发展期，公司在丽江古城南入口处兴建五星级酒店项目等。蓬勃发展的同时，大量管理问题也逐渐浮出水面。

问题一：公司的多数中高层管理人员对公司的整体战略定位没有清晰的理解，因此，大家很少站在公司战略的高度上来分析和处理问题。

问题二：组织结构和管控体系错乱，总部职能弱化，总分公司、母子公司之间的权责分配模糊，业务流程随机。具体表现在以下几个方面。

①大索道公司以分公司形式运营，其他索道公司以独立子公司的形式运营，各有各自的股东会、董事会和经营班子。三家公司在组织管控上与股份公司总部之间的权责关系和管理流程各不相同。

②在利益机制上，三家索道公司在利益上各自独立，互不相关，员工薪酬标准不统一，奖金等福利各自发放。

③在经营上，三家索道公司各自为战，互相竞争，没有统一的经营政策、品牌推广和市场开发，经营处于粗放的状态。

④在人员和管理上，三家索道公司各有一套人马，各有各的管理风格，都有自己的办公室负责行政、人事和财务管理工作，但岗位配置并不完备。除去财务独立核算和一些日常的行政事务以外，其他的管理事务都由总部的职能部门承担。

⑤总部与索道公司一线具有管理职能的管理人员的管控关系如何处理，权责如何划分、如何衔接，哪些事情可以由索道公司独立决策、独立承担责任，哪些必须上报，都是十分模糊的。总部总经理一直认为自己是三家索道公司的总经理，绝大部分精力都用来处理索

道公司的各种事务，在酒店等其他业务上只投放了小部分精力，致使员工对报酬不公的感受日益强烈。企业人力资源调配困难、绩效考核困难等问题接踵而至。

针对这些问题，企业解决问题的总体思路按照图8-6的基本逻辑展开。

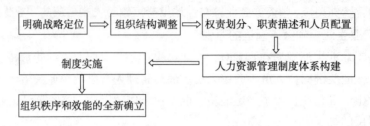

图 8-6　丽江旅游人力资源规划方案

1. 明确战略定位，清晰业务关系

企业要分清总部和索道公司业务的不同战略定位。

总部股份公司的战略定位：依靠区域资源优势，成为一个提供综合性旅游服务产业控股集团公司。

索道公司业务的战略定位：索道业务应在现有垄断资源优势的基础上，通过统一管理、营销突破和业务整合，实现稳定增长，成为集团公司稳定的现金流来源、公司的品牌窗口和人才蓄水池。根据集团对于索道业务的战略定位，强势整合索道业务，实现三家索道公司的统一管理，资源共享，实现总体利益的最大化，把索道事业部的职能变更为一线服务部门。

2. 基于战略导向的组织架构

如图8-7所示。

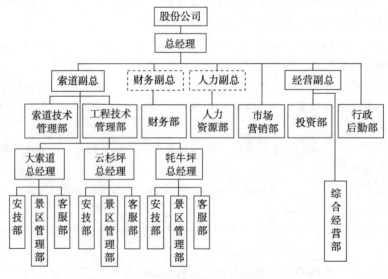

图 8-7　丽江旅游公司组织架构

集团公司的总部需要承担起下属公司的管理职能，建立集团化的管控体系，建立下属公司之间的竞争或合作规则，明确总部和下属公司的管理权限，促进集团内部的资源共享和效率最大化。

索道业务在当时是集团现金流的唯一来源，也是集团经营管理的重心，从管控关系来讲与集团总部关系最为密切。在设计思路上应取消三家索道公司的管理服务职能，各个索道公司的核心职能是做好游客运送和服务工作。集团对索道业务实行统一管理、统一营销、统一人力资源政策、统一财务管理政策、统一后勤服务，在财务上按照三个主体分开测算，发生的费用按照主体占用资源的情况进行分配。

逐步发育总部职能部门，逐步补充岗位人员，以适应未来集团化管理的战略要求。对于紧急工作，集团可先成立董事会办公室，然后再根据轻重缓急逐渐分离出相应部门。

3. 权责划分、职责描述和人员配置

组织结构的最后形成，除了体现战略要求以外，结构中部门的组成包括内部岗位组成，也体现了业务流程、管理效率、分工协作和控制点设置等。当组织结构完成后，基本上同时也完成了结构下的部门职责描述、岗位职责和权责划分。

4. 人力资源管理体系的系统建立

人力资源管理体系的系统建立包括薪酬体系建设、绩效体系建设、培训体系建设和职业发展规划体系建设等。其前提都应该是基于公司的整体战略和业务重心进行的，关注解决员工工作积极性、人才梯队建设等问题。

（1）薪酬建设方面

按照新的组织结构和岗位职责建立岗位级别体系，把原本差别较大的索道岗位报酬统一纳入新的级别体系中，解决薪酬横向比较的公平性。同时，根据索道各个岗位在工作环境、工作强度等维度的差异，在同一薪酬福利的结构下设置不同的标准，体现岗位差异所带来的差异。

（2）绩效建设方面

索道一线员工绩效根据职责的划分、索道游客的多少、索道总体业绩的实现等，与负责市场推广的市场营销部挂钩。索道一线员工的奖金收入除了与公司总体的效益相关外，主要与自身的工作表现、工作强度的大小相关。同时，为了推动一线服务水平的不断提高，增加索道一线员工的考核频率，侧重针对服务要求的行为指标进行考核。为了保证激励效果，一线员工根据考核结果实行每月发月奖，连续表现不好的员工，除扣除月度奖金外，还将会采取降级或辞退处理。

（3）职业发展建设

针对不同的岗位设计职业发展通道，包括管理岗位晋升通道、技术职称晋升通道、轮岗通道、晋升调薪通道、跨职能竞聘通道和退养通道等。

通过规定每一个通道适合的岗位群体、通道中每一次晋级所要达到的标准、标准的评估方式和流程、通道中的每一个阶梯所对应的报酬和待遇的改变等，保证职业通道管理的规范化，真正起到激励员工发展的作用。

（资料来源：根据"中国 HRD 精英汇"文章《【揭秘】丽江旅游（0020033）竟然这样做人力资源战略规划》整理）

案例讨论

携程公司绿色人力资源发展之道

一、携程公司人力资源发展历程

携程公司人力资源发展历程如图 8-8 所示。

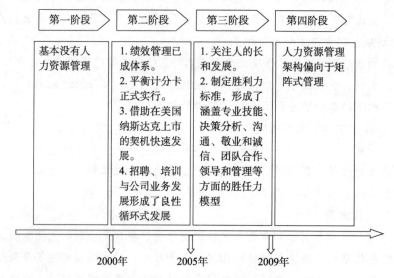

图 8-8　携程公司人力资源管理发展历程

二、携程公司人力资源管理体系

携程公司人力资源管理体系如图 8-9 所示。

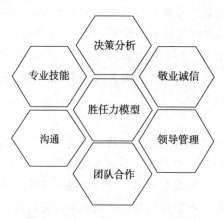

图 8-9　携程公司人力资源管理体系

基于胜任力模型，携程公司的人力资源管理体系可以分为招聘和选拔、员工职业发展、员工培训、评价体系、薪酬管理体系、绩效管理体系、留人策略七个部分。

（一）招聘与选拔

基于胜任力模型的招聘和选拔，所有应聘人员，不论应聘任何部门任何职级，均用同样的标准来衡量。选拔标准如表8-7所示。

表8-7 携程公司招聘选拔标准

	招 聘 手 段	注 重 因 素	招 聘 原 则
基层员工	公开招聘和校园招聘各占50%	潜力、未来发展性，关注未来2～3年内能成长成什么样子	一票否决制
中高层员工	各种途径	"感觉"特别重要，公司的高层，互相之间如果有很好的信任基础，以后的团队合作和互相沟通就不容易出问题	对中高层岗位，如果一个人说不行，就先放一放，最终再经过多方协调沟通，达成一致

（二）员工职业发展

携程公司实行职级与职位相对分离的管理模式，即任同样职位的员工可能职级不同，职级相同的员工可能会有职位上的上下级关系。

职级更多的是体现任职者的胜任力水平，代表员工的能力和薪资水平。职位体现其岗位职责和工作内容。

（三）员工培训

基于胜任力模型的培训体制，公司高层十分重视培训，主要实行分层分级培训机制，培训人员内外结合，同时自主开发业务培训机制。基于胜任力模型的员工培训流程如图8-10所示。

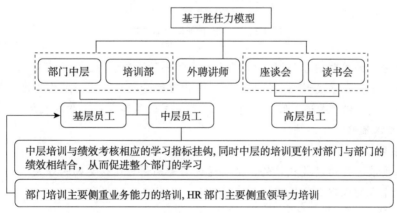

图8-10 基于胜任力模型的员工培训流程图

（四）评价体系

基于胜任力模型的360度评价体系，该评价体系的重点在于员工的胜任力水平以及员工的潜在性格和能力，目的是把有效的资源投入到最有潜力、为企业创造价值最大的员工。

360度评价法：主管评价得分P_1，权重系数$a_1\%$；自我评价得分P_2，权重系数$a_2\%$；同事评价得分P_3，权重系数$a_3\%$；下属评价得分P_4，权重系数$a_4\%$。

$$Max（a_1，a_2，a_3，a_4）= a_1$$

这种评价工具的目标人群主要锁定在主管及以上职级干部。

（五）薪酬管理体系

基于胜任力模型的绩效薪酬管理体系即基于职级和能力的工资体系，而非基于岗位的工资体系。

$$员工工资＝基本工资＋绩效工资＋期权$$

员工工资：胜任力的直接体现。

基本工资：依据职级进行划分，关注员工胜任力，代表了员工的潜在能力，关注的是行为过程，预示了未来员工的能力和绩效。

绩效工资：平衡计分卡、部门绩效加上个人绩效。

期权：让员工能够直接分享公司高速发展的成果，在保留员工和不断激励员工提高自身能力方面起到了十分重要的作用。

（六）绩效管理体系——平衡计分卡（BSC）

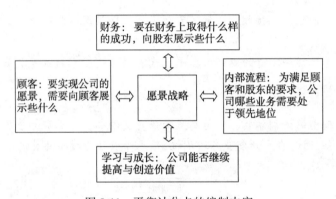

图8-11　平衡计分卡的编制内容

平衡计分卡的编制内容如图8-11所示，关于平衡计分卡的说明如下。

平衡计分卡使用季度考核制，凡是可以量化可衡量的指标就一定要量化，各种指标制定划分相辅相成、相互支持、形成平衡，以达到公司效益和客户满意度最大化之间的平衡。

（七）留人策略

1. 发展留人

①个人发展与公司发展相挂钩，主要通过薪资福利与期权奖励的方式。

②进行个人的长期职业规划，制定职级制，为长期发展保留人才。

2. 文化留人

①"专注、严谨、纯真、激情"的企业文化。

②三个一的企业文化：一应俱全、一丝不苟、一诺千金。把员工当作顾客，凡是承诺员工的事情，携程会全力做到。

三、对于携程人力资源管理的意见

①企业实行职位与职级分离制。职位相对固定，职级根据胜任力模型进行评价。权利主要根据职位授予，利益主要根据职级确定。但是，这种方式导致高职级、高能力的人不一定会享有相应的权利，尤其是决策力，导致能力的浪费。

②员工的选拔应当注重其身体素质的考核，以此来保证其对工作的持久性的激情以及良好的工作状态。

③完全的依附胜任力模型的人才选拔容易使人员特性过于统一，对于人才的多样性不容易满足。对于一些特殊岗位的人员可以采取特殊的选拔方法。胜任力原则造成员工的选拔遵照员工的普遍性能力而忽略了员工的个性化特征，在人员的选拔上应当适当考虑人员的个性特征。

④培训应当适当考虑员工的能力需求。在满足公司的人员配置要求的同时应当结合员工的个人能力展开培训，同时应当加强企业价值观、伦理道德、审美等方面的培训。

⑤考评的内容不应限于能力与业绩的考核，还应当注重员工行为的考核。

⑥不同的岗位或部门，其薪酬评定的方法应当不同。比如，销售部应当加强业绩的权重系数等。若完全从胜任力模型的角度出发进行薪酬评定会造成薪酬评定体系过度统一，容易造成不同岗位人员的不公平性。

⑦在民主方面，公司应打造以员工为中心的文化体系或价值观，增强员工的主人翁意识，将企业的价值观与员工的价值观相统一。在人员招聘与选拔上应当注重未来员工对公司价值观的认可，在培训内容中应当加入文化、价值观等内容的培训，通过文化的力量减少公司员工的离职率，留住人才。

（资料来源：李响. 携程公司绿色人力资源案例分析[D]. MBA 智库文档. 2014-04-21. ）

视频资料：如何做好核心员工管理

思考讨论题：根据本案例中的"意见"，请讨论分析是否具有合理性，并做出一个完整的人力资源规划。

本 章 小 结

本章介绍了旅行社人力资源的构成，人力资源管理的具体流程是制定计划、招聘员工、人员培训、员工考核、合理激励。本章还对旅行社人力资源规划的内容和旅行社人力资源管理的基本理论做了简单介绍。职业经理人激励管理的方法有股票期权制度、管理层收购、年薪制，普通员工的管理方法有宽带薪酬、目标管理、关键绩效指标、平衡计分卡和职业生涯规划，用以促使员工目标与企业目标一致，共同实现企业价值。

关键术语

人力资源管理（human resource management）

人力资源规划（human resource planning）

薪酬激励（incentive pay）

彼得原理（the peter principle）

股票期权制度（executive stock options）

管理层收购（management buy-outs）

宽带薪酬（broad band compensation）

目标管理（management by objectives）

关键绩效指标（key performance indicator）

平衡计分卡（balanced score card）

职业生涯规划（career planning）

 **复习题**

1. 简述旅行社人力资源管理的流程。
2. 人力资源管理的基本理论如何运用到旅行社管理？
3. 简答旅行社职业经理人的管理方法。
4. 简答旅行社普通员工的绩效考核方法。

 **实践题**

查阅资料了解我国旅行社人力资源管理现状及存在的问题。

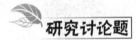 **研究讨论题**

在互联网经济和信息化技术条件下，旅行社的人力资源结构会发生什么变化？如何运用信息技术对普通员工加强管理？

 **参考资料**

[1] Laurence Stevens. Your career in travel. Tourism & Hospitality，Delmar Publishers INC.

[2] 胡宇橙. 旅行社经营管理[M]. 北京：清华大学出版社，2014：229-238.

[3] 方振邦，邬定国. 人力资源管理[M]. 北京：人民邮电出版社，2017：340.

[4] 谢宣正，林隽宇. 金融海啸下中小型旅行社绩效管理的调整和完善——以 A 旅行社平衡计分卡的构建为例[J]. 旅游经济，2009（9）：155-157.

[5] 赵小丽. 从康辉看我国目前的管理层收购[J]. 旅游学刊，2004（02）：62-64.

[6] 胡洁. 我国旅行社人力资源管理初探[J]. 商场现代化，2011（09）：109.

[7] 李美霖. 旅游企业人力资源管理完善策略探讨[J]. 冶金管理，2020（19）：172-173.

[8] 王星入. 中小旅行社员工流失原因及人力资源管理对策分析[J]. 度假旅游，2018（02）：36-38.

[9] 王渔. 旅游酒店人力资源管理的新路径探究[J]. 商场现代化，2017（13）：140-141.

[10] 丁莹. 我国旅游企业人力资源管理创新[J]. 现代企业，2017（02）：62-63.

[11] 刘丽君，彭博，王朵，步文文. 平衡计分卡的管理路径分析[J]. 人力资源管理，2016（02）：102-104.

[12] 李胜芬，侯志强. 旅行社经营与管理——理论、方法与案例[M]. 北京：中国科学技术出版社，2008：157-185.

第九章

旅行社财务管理

学习目标

- 掌握旅行社财务管理的特点和原则
- 掌握旅行社流动资产和固定资产的管理内容和方法
- 了解旅行社成本费用管理的作用与任务及控制成本费用的方法
- 掌握旅行社营业收入的内容、特点及营业收入管理的考核指标
- 掌握旅行社核算和结算的内容和方法

思政目标

- 培养学生勤于思考、做事认真负责、踏实勤恳的职业素养
- 培养学生诚实守信、遵纪守法的职业道德

案例引导

拨开行业面纱　明码标价惹争议

在某国际旅行社的网站上可以看到 78 条线路的报价和行程安排。与其他旅行社不同的是，该社采取的是所谓的透明价，从交通、餐饮、住宿、门票到导游，每项服务都单独标出了实价，然后加上一个毛利率，最终成为这条线路的报价。毛利率一般在 2%～10%，价格高的长线产品毛利率低，价格低的短线产品毛利率高，这种做法很受游客欢迎，旅行社的效益也有提高。客人称该社的旅游行程及价格表为"明明白白卡"。透明价于 2002 年 8 月初推行，9 月初系统建立起来，"十一"期间该旅行社的效益就比去年同期增加了 50%。

广州市物价局 2002 年 11 月颁布了餐饮、旅游、房地产及医疗行业的明码标价实施细则，并于 12 月 1 日开始实施。此规定一出，立即引起争论，旅行社纷纷表示执行起来有困难。意见主要集中于：旅游是吃住行游购娱的结合体，旅行社只是组合者，同一线路的价格由于出发日期不同，地接、住宿、机票等供应商提供的价格均会有所变化。特别是在旅游旺季，一天之内机票、酒店价格变化三次的情况都会出现，要向游客报出一个统一的团费，还要将每一项服务标价，实在困难。还有人发表了更为激烈的见解，认为从来没有一条旅游线路中的每一项服务内容价格都能标示出来，国际上通行的办法是"地接价+机票"，所以不可能按物价部门的要求把价格细分。

思考： 旅行社产品明码标价能行得通吗？你认为旅行社应该如何实施透明价？

随着经济全球化的不断推进，我国的旅游业面临着越来越大的竞争压力，在这样一种背景下，旅行社想要不断提高自身经济效益，在激烈的市场竞争中占据有利地位，就要创新财务管理方法，建立起适合本企业发展的财务管理制度。旅行社财务管理是旅行社管理的重要组成部分，它在旅行社经营过程中始终处于制约和促进全局发展的重要地位。旅行社的管理者根据资金运转的客观规律，通过对资金筹集、资金运用、资产管理和资金分配等管理，实现旅行社利润最大化和所有者权益最大化的目标，使旅行社财务状况处于最优状态，并利用货币形式对旅行社经营活动进行全过程管理。

第一节　旅行社财务管理的特点和原则

一、旅行社财务管理的特点

旅行社财务管理是一种价值管理，这是其区别于其他管理形式及管理内容的基本特征。旅行社财务管理因旅行社自身经营业务的特质而具有显著特点。

（一）时效性

旅游业务具有较强的时间性和季节性，财务管理也随之有较强的时效性。旅游团在一地的逗留时间有限，旅行社应为客人提供简单、快捷的结账服务，并在较短时间内完成各种财务结算。旅行社需要抓住时机进行宣传促销，更需要大量资金作为活动的保障。

（二）复杂性

旅行社业务涉及食、住、行、游、购、娱等环节，旅行社与旅游者、旅游产品供应商和其他旅行社都有财务往来，业务较为烦琐、复杂。

（三）系统性

系统性特点是指财务管理既是旅行社管理系统的一个子系统，本身又由筹资管理、投资管理、分配管理等诸多子系统构成。在管理实践中各系统相互协调、相互作用对旅行社财务状况及经营情况产生影响。

二、旅行社财务管理的原则

（一）价值最大化原则

企业价值最大化既是财务管理的目标，也是财务管理的一项基本原则。企业价值最大化是指企业通过财务上的合理经营，采用最优的财务政策，充分考虑资金的时间价值、风险与报酬的关系，在保证企业长期稳定发展的基础上使企业总价值达到最大。旅行社财务管理的预测与决策、编制财务计划、进行财务控制和开展财务考核与分析等过程都要将价值最大化这个原则贯穿其中，自觉运用价值管理的有效手段，使旅行社的整个经营与投资等资金运作过程保持稳定和高效，确保企业价值最大化目标的实现。

（二）货币时间价值原则

财务管理最基本的观念是货币具有时间价值，即货币投入市场后其数额会随着时间的延续不断增加。但并不是所有的货币都具有时间价值，货币只有被当作资本投入生产流通才能变得更有价值。企业运用货币时间价值原则要把项目未来的成本和收益都以现值表示，如果收益现值大于成本现值则项目应予接受，反之则应拒绝。

（三）风险与收益平衡原则

任何的资金管理活动都有一定的风险性，也有一定的收益性，即风险与收益对称。额外风险需要额外收益补偿。旅行社作为旅游业的一个分支产业，具有很强的脆弱性，容易受到外在因素的影响，因此，在旅行社资金管理中必须考虑到资金的风险性因素，要风险与收益兼顾，保证旅行社的正常运转。

（四）现金流量衡量价值原则

企业的现金流和会计利润的发生往往是不同时的。现金流量是公司收到并可用于再投资的现金，可以衡量企业的经营状况，而按照权责发生制核算的会计利润是公司赚得的收益而不是手头可用的现金。现金流量反映了收支的真实发生时间，能够维持企业正常的生存和发展，因而比会计利润更能衡量企业价值。旅行社在财务管理中应重视资金链的良性循环，合理进行营运资金管理，从而保证旅行社现金流量的安全。

（五）预见性原则

任何旅行社的经营管理都是从小到大，从单一到多元。旅行社不仅要考虑在市场中的生存问题，更要考虑到未来的发展问题。发展需要更有力的资金支撑，所以资金管理需要有计划、有步骤地为未来的发展与壮大提供保障，保证旅行社未来发展的资金需求。

第二节　旅行社资产管理内容

资产是指由企业过去经营交易或事项形成的、由企业拥有或控制的、预期会给企业带来经济利益的资源。旅行社凭借所拥有的资产开展相关的业务，并获得预期的经济效益。资产可分为流动资产与非流动资产。流动资产主要包括货币资金、应收账款和存货等，非流动资产主要有固定资产、无形资产、长期股权投资等。我国多数旅行社资产管理以流动资产管理和固定资产管理为主要内容。

一、旅行社流动资产管理

旅行社流动资产指旅行社可以在一个周期（一年）内将其转变成为现金或者消耗掉的资产。同其他企业相比，旅行社的流动资产在其总资产中所占的比重较大。因此，加强对旅行社流动资产的管理对旅行社日常业务的开展具有重要意义。

旅行社流动资产管理的意义：可以保障旅行社正常生产经营过程的顺利进行，保持旅行社资产结构的流动性，避免因缺乏流动资产而造成旅行社活动的中断；可以加速流动资产周转，减少流动资产占用时间，提高旅行社的经济效益；可以减少资源的浪费，降低旅行社的成本，提高资产使用效率，提高生产经营管理水平；对促进旅行社加强核算、改善财务状况，维护企业信誉具有重要意义。

旅行社的流动资产管理主要包括货币资产管理、应收账款管理两部分内容。

（一）旅行社货币资产管理

1. 现金管理

旅行社现金管理的主要目的是保证日常业务正常进行，节约使用现金、确保收支平衡，符合国家对现金管理的规定。

2. 银行存款管理

银行存款是指存入银行和其他金融机构的货币财产，主要用于旅行社的各种经济往来与结算、发放工资和补充旅行社的库存现金等。旅行社不准出租、出借账户，不准套取银行信用，不准签发空头支票或远期支票。

为了加强银行存款的管理，旅行社要做好以下几个方面的工作。

①按期对旅行社的银行存款进行核查，接收银行对账单，编制银行存款余额调节表，保证银行存款的安全性。

②旅行社应与银行等金融机构保持良好的关系，使企业的借款、存款、取款、转账结算等业务能顺利进行。

③有效利用闲置银行存款，旅行社可以将部分资金转入定期存款或投资其他理财产品，以获取较多的金融收入。

（二）旅行社应收账款管理

随着旅游行业的不断发展，"先收钱、后接待"的传统原则已经逐渐被打破，形成供过于求的买方市场。旅行社应收账款的形成主要是因为组团社或接团社在从事接待业务时，出于市场竞争的需要，大多采取先接待、后结算的形式。所以，旅行社在接待后难以马上收回现金，要经过一系列的结算过程才能收回。在接待发生后到收入以现金形式回收的这段时期，旅行社被中间商占用的资金称为应收账款。旅行社应收账款在流动资金总额中占比较大。旅行社在应收账款管理方面可以采取以下措施。

1. 制定和执行适当的信用政策

旅行社的信用政策是指根据不同的客户规定相应的赊账标准、赊账的条件及收取账款的程序。对于新客户，旅行社要设法了解其财务状况、信用程度，再制定相应的信用政策。对于老客户，只要其没有要求大幅度增加赊欠的金额，旅行社可继续对其执行以前的信用政策。

①信用期限。这是指旅行社允许的客户从赊账到付款之间的时间，或者说是旅行社给客户的付款时间。如果某旅行社允许客户在3个月内结清团款，则其信用期限为3个月。

②信用标准。这是指客户获得旅行社交易信用应具备的条件，一般采用信用"5C"系统，"5C"主要指以下内容。品质（character），指客户的信誉，即其履行偿债义务的可能性。能力（capacity），指客户的偿债能力，即其流动资产的数量和质量及其与流动负债的

比例。资本（capital），指客户的财务能力和财务状况。抵押（collateral），指客户拒付或无力支付款项时能用于抵押的资产。条件（condition），指可能影响客户付款能力的经济环境。

③现金折扣政策。现金折扣是旅行社对客户在商品价格上所做的扣减，常用 5/10、3/20、*n*/30 来表示。5/10 表示在 10 天内付款，给予 5% 的价格优惠；3/20 表示在 20 天内付款，给予 3% 的优惠；*n*/30 表示 30 天为付款期限，此时付款无优惠。

2. 建立客户信用动态评估档案

旅行社应定期检查欠款客户对本旅行社业务的重要程度、应收账款的情况及拖欠原因，并进行综合分析，建立信用动态评估档案，以便采取有针对性的措施。档案的主要内容包括客户对于该旅行社招揽客源的重要程度及其占旅行社总接待量的比重、应收账款的支付情况、客户未能偿还欠款的原因。通过动态档案，旅行社可以对客户进行信用评价，判断其发生坏账的可能性，并根据客户的信用程度重新确定向其提供信用的条件。

3. 建立坏账准备金

根据《会计法》规定，对应收账款较多的企业，应该提取坏账准备金，以防止发生坏账时造成巨大损失。计提的坏账准备计入信用减值损失，实际发生坏账损失时，可冲减坏账准备金。

旅行社在日常经营中，要特别注意欠款方出现下列现象：办公地点由高档场所搬到低档场所，经常联系不到负责人，频繁更换管理人员和业务人员，受到其他企业的法律诉讼等。

4. 做好应收账款的催收工作

旅行社应设专人负责催收工作，定期编制应收账款账龄分析表，列出欠款单位、欠款时间，将欠款明细清单寄往相关单位进行核对确认。对欠款额大、信誉差的单位，派专人上门催收。设立应收账款催收岗位责任制，并与奖惩制度挂钩。

对于拖欠很久或拒不付款的客户，通常的做法是：首先，旅行社核查现有的信用标准和信用审批制度是否有纰漏。其次，重新对违约客户进行调查、评价。对于信用品质较差的客户，应当从信用名单中删除，旅行社对其所拖欠的款项可以通过信函催收或专门派人上门催收。态度可以渐加强硬，并提出警告，最后可向其发律师函。上述措施无效时，旅行社可以申请法院裁决。

（三）旅行社资金管理中心

1. 旅行社资金管理中心的概念及运作机制

旅行社资金管理中心是核算旅行社内部资金占用的组织结构，负责对旅行社整体资金统筹运作。旅行社资金管理中心机制是在内部划分若干个责任中心，核定各责任部门资金定额，并积极组织"存款"，发放"贷款"，按照银行同期利率收取资金占用费，将原来由各分支机构自行实施的资金分权管理改为"收支两条线"管理。通过将所有收入全部集中到旅行社结算中心，各分支机构支出按预算计划由结算中心拨付到支出账户后由各分支机构自己支付，或由结算中心按照各分支机构的付款要求直接划拨到收款人账户，使分支机构的支出账户受结算中心监督。旅行社资金管理中心要求企业对内部各分支机构的管理状况、经济效益等情况进行综合分析。旅行社对于经营状况好、信誉度高的分支机构可通过利率的杠杆来减少他们的资金成本；对于经营管理不善、还贷还息不及时、信誉度较差的分支机构，则要严格控制其放款规模，消除其对资金管理中心的依赖，增强回收贷款的积极性。

2. 旅行社资金管理中心的意义

旅行社资金管理和应收账款回收的关键问题在于"分清责任和资金的有偿使用"。旅行社资金管理中心机制是解决这一问题和化解企业资金困难的一种比较理想的方法。它集企业经营管理和银行金融管理于一身，在企业内部发挥着资金信贷、资金结算、资金监控的职能。它的设立有利于增强旅行社整体的活力，提高旅行社整体资金使用效益，也增强了旅行社的竞争能力。旅行社资金管理中心有助于增强旅行社的资金调剂能力，提高资金使用效率，使各部门真正认识到资金具有时间价值，避免因资金管理不当造成的损失。

视频资料：旅行社管理系统财务管理

二、旅行社固定资产管理

一般来说，旅行社的固定资产是指使用年限在一个会计年度以上的，为生产商品、提供劳务、出租或经营管理而持有的有形资产。随着旅游业的日益发展，旅行社固定资产占总资产的比重也在逐年上升，因此，加强旅行社固定资产管理也具有重要意义。旅行社对固定资产的管理，主要包括以下两个方面。

（一）固定资产折旧的计提

1. 计提折旧的范围

旅行社计提折旧的固定资产包括房屋和建筑物，在用的机器设备、运输车辆，季节性停用、修理停用的设备，融资租入的设备，以经营租赁方式租出的固定资产等。根据规定，不计提折旧的固定资产包括房屋、建筑物以外的未使用、不需用的机器设备，以经营租赁方式租入的固定资产，已提足折旧仍继续使用的固定资产和未提足折旧提前报废的固定资产，国家规定的不计提折旧的其他固定资产（如单独计价入账的土地）。

2. 固定资产折旧的方法①

固定资产折旧应当根据固定资产原值、预计净残值、预计使用年限和预计工作量，采

---

① 年限平均法又称为直线法，是将固定资产的折旧均衡地分摊到各期的一种方法。采用这种方法计算的每期折旧额均是等额的。工作量法是根据实际工作量计提折旧额的一种方法。这种方法可以弥补年限平均法只重使用时间，不考虑使用强度的缺点。双倍余额递减法是在不考虑固定资产残值的情况下，根据每一期期初固定资产账面净值和双倍直线法折旧率计算固定资产折旧的一种方法。年数总和法也称为合计年限法，是将固定资产的原值减去净残值后的净额和以一个逐年递减的分数计算每年的折旧额。这个分数的分子代表固定资产尚可使用的年数，分母代表使用年数的逐年数字总和。一次扣除法是在2014年9月推出的对价值低于5000元的固定资产的折旧方法，是不考虑固定资产净残值、使用年限等因素，在固定资产入账后第二个月直接将其折旧提完，使固定资产账面价值变为0。

取适当的折旧方法计算。根据规定固定资产折旧，以固定资产投入使用的次月起，按月计提；停止使用的固定资产，从停止使用的次月起，停止计提折旧。旅行社固定资产计提折旧方法一般采用平均年限法和工作量法。其中房屋等建筑物、贵重的办公设备一般采用平均年限法，交通运输工具采用工作量法。

（1）平均年限法

平均年限法又称直线法，是指按照固定资产的预计使用年限计提折旧的方法。其计算公式为

$$年折旧率 =（1-预计净残值率）÷固定资产预计使用年限×100\%$$
$$年折旧额 = 固定资产原始价值 × 年折旧率$$
$$月折旧率 = 年折旧率 ÷ 12$$
$$月折旧额 = 固定资产原始价值 × 月折旧率$$

固定资产的净残值一般按照固定资产原值的 3%～5%确定。不同的固定资产的折旧年限不同，固定资产计算折旧的最低年限如下：房屋、建筑物为 20 年；飞机、火车、轮船、机器、机械和其他生产设备为 10 年；与生产经营活动有关的器具、工具、家具等为 5 年；飞机、火车、轮船以外的运输工具为 4 年；电子设备为 3 年。

（2）工作量法

工作量法是一种以固定资产的实际使用量或使用时间为变量计提折旧的方法。有些固定资产（如接待旅游者的旅游车）在不同的经营期间使用的程度不均衡、磨损程度相差较大、工作量不均衡，难以用平均年限法确定其每年的折旧额。这类资产常采用此法来计提折旧。工作量法的计算公式为

$$单位工作量折旧额 = 固定资产原值 ×（1-预计净残值率）÷预计总工作量$$
$$月折旧额 = 固定资产当月工作量 × 单位工作量折旧额$$

（二）固定资产的处理

1. 提取修理费用

旅行社发生固定资产修理费用时，应将其计入当期的成本费用。对于较大数额、发生不均衡的修理费用，可以分期摊入成本，也可以根据修理计划分期从成本中计提。

2. 处理盘亏、盘盈及报废的固定资产

盘亏、盘盈及报废的固定资产处理方法如下。

①固定资产盘亏造成的损失，应当计入当期损益。按固定资产原价扣除累计折旧、固定资产减值准备、过失人①及保险公司赔款后的差额，计入营业外支出。

②企业在财产清查中盘盈的固定资产，作为前期差错处理。盘盈的固定资产在按管理权限报经批准处理前，通过"以前年度损益调整"科目核算，按重置成本确定其入账价值。

---

① 主要是指造成固定资产盘亏损失的责任人。固定资产盘亏的原因主要有丢失、被盗、记账错误、自然损耗和自然灾害等。若为管理不善造成的固定资产丢失或被盗，则应由管理人员赔偿相应的金额。盘亏的固定资产，必须查明原因，并填制"固定资产盘亏报告单"。

③出售或清理报废固定资产变价净收入（变价收入、残料价值减去清理费用后的净额）与固定资产净值（原价减去累计折旧）的差额，计入营业外收入或者营业外支出。

第三节　旅行社成本与费用管理

成本费用管理是旅行社财务管理的一项重要内容。成本费用是衡量旅行社内部运行效率的重要指标，在收入一定的情况下，它能够直接决定公司的盈利水平。旅行社成本费用管理通过对旅行社内部的各项成本费用分析，按照管理目标对各个环节、各个部门进行严格的管理与控制，尽量减少成本费用的支出，增加旅行社的利润。

一、成本费用的内容

在进行会计核算时，旅行社发生的各项成本费用可按性质不同划分为营业成本和期间费用，期间费用又包括营业费用、管理费用和财务费用三部分。

（一）营业成本

旅行社营业成本指旅行社在组织接待国内、国外旅游团（者）过程中支付的直接费用，主要包括旅游者的膳食费、住宿费、游览船（车）票、门票以及交通费、文娱费、行李托运费、票务费、专业活动费、签证费、导游费、劳务费、宣传费、保险费、机场建设费等代收代付的费用。由旅行社自行安排旅游车辆的，其营业成本还包括其耗用的汽油费、车辆折旧费、司机工资等。

（二）期间费用

1. 营业费用

旅行社营业费用是指旅行社各营业部门在经营过程中发生的各项费用。一般属于外联、接待、门市部等业务部门发生的不应计入营业成本的各项支出均列入营业费用。它主要包括运输费、装卸费、包装费、保管费、保险费、燃料费、水电费、展览费、广告宣传费、邮电费、洗涤费、低值易耗品摊销、物料消耗、折旧费、修理费、营业人员工资、职工福利费、工作餐费、服装费及其他营业费用。

2. 管理费用

旅行社的管理费用是指旅行社各管理部门为组织和管理业务经营所发生的费用，以及由旅行社统一承担的其他费用，包括旅行社的董事会和行政管理部门在旅行社的经营管理中发生的费用，或者应当由旅行社统一负担的各项费用。一般属于职能部门发生的各项支出均列入管理费用。它主要包括工会经费、职工教育经费、劳动保险费、待遇保险费、劳动保护费、董事会费、外事费、租赁费、咨询费、审计费、诉讼费、排污费、绿化费、土地使用费、土地损失补偿费、技术转让费、水电费、折旧费、修理费、低值易耗品摊销、开办费、交际应酬费、存货盘亏和损毁、上级管理费及其他管理费用。

3. 财务费用

旅行社的财务费用是指旅行社在经营期间，由筹集经营所需资金而发生的各项费用。

它主要包括利息净支出、汇兑净损失、金融机构手续费及筹资所发生的其他费用。

二、旅行社成本费用管理

（一）旅行社成本费用管理的任务

1. 明确旅行社成本费用的构成情况，便于运营系统的管理

对旅行社的成本费用的构成情况进行分类和细分，明确各个部门和各个产品在成本费用方面的详细情况，有利于保证财务管理的系统性和完整性。

2. 掌握旅行社成本费用的支出情况，控制支出的各个环节，防止漏洞

按会计周期对旅行社各个部门在期内所有的支出情况，尤其是根据业务环节对成本费用的支出情况进行详细的记录，并对原始凭证及相关数据进行初步整理，便于旅行社进行成本费用的技术分析。

3. 进行旅行社成本费用的技术分析和策略研究，提供有效解决方案

财务分析是财务管理的重要组成部分，而成本费用作为财务管理的主要内容之一，关于它的技术分析就显得非常重要。对旅行社成本费用支出情况进行技术分析的主要目的是对旅行社的成本费用控制的策略、方式和方法等提出有针对性的解决方案，便于旅行社在下一个周期内更好地控制成本。

（二）旅行社成本费用管理的作用

1. 直接提高旅行社的经济效益

成本费用管理的首要作用表现在能够减少旅行社成本费用的支出，降低运营成本，提高旅行社利润水平。成本费用是旅行社为服务游客而付出的代价，在产品售价规定不变的情况下，这个代价越小，即成本费用越少，那么旅行社的利润额就越高。因此，良好的成本管理可以直接提高旅行社的利润水平。

2. 提高旅行社的管理水平

成本费用管理是旅行社财务管理的重点之一，也是体现财务管理能力与水平的重要方面。成功的成本费用管理可以降低管理总体损耗，促进各部门进行业务调整与改造，提高工作效率，从而提高旅行社管理水平。

3. 直接给顾客带来收益

当旅行社具有一定的成本优势时，势必会利用价格杠杆来参与激烈的市场竞争，这样就可以降低顾客外出游玩的成本。

4. 降低资源损耗，提高社会效益

旅行社的效益直接关系到社会的效益。旅游行业具有巨大的社会联动效应，旅行社成本费用管理通过降低各种产品和资源损耗，能直接降低对社会资源的浪费，从而提高社会效益。

（三）成本费用控制的基本原则

①节约性原则。这一原则强调控制要以事前控制为主，通过加强事中控制，做好事后

反馈控制，力争达到防患于未然的目的。

②全面性原则。这一原则包含两层含义：一方面是强调全员的成本控制，另一方面是强调全过程的成本控制。

③目标管理原则。成本控制中强调控制的目标要明确，如以标准成本和预算成本为控制的目标，在实际运作中使成本控制在允许的范围之内。

④权责利相结合原则。成本控制中要调动全体员工的主动性和积极性，将权利、责任与利益真正结合在一起，将成本控制与经济责任制挂钩。

（四）成本费用控制的方法

1. 旅行社应积极执行成本领先战略

旅行社应争取与供应商建立长期稳定的合作关系，采取集中采购、统一支付的办法，减少中间环节费用，实现业务流程再造，以量的优势降低采购成本。

2. 划清费用界限，正确计算成本

旅行社应明确发生的各项支出，严格遵守国家规定的成本开支范围及费用开支标准，以审核无误、手续齐备的原始凭证为依据，按照成本核算对象、成本项目、费用项目进行核算，以便如实反映业务经营过程中的各种消耗。

3. 建立责任中心，实行全员管理

旅行社应按成本费用内容进行分类和分级归口管理，把目标成本层层下达到各部门、各员工，坚持以责任部门为核算基础，实现以部门经理为中心的全员理财局面。旅行社通过将各部门、个人的奖惩制定与成本费用管理指标挂钩，将成本费用管理方面的责、权、利落实到实处，使成本费用得到真正控制。

4. 实行成本费用预算管理，实现全过程管理

旅行社通过建立成本费用预算管理制度，可为各项具体成本消耗和费用控制提供数据化标准，实现成本费用的标准化、系统化、全过程管理。旅行社通过总结、分析预算执行情况，能及时掌握成本费用的升降情况，使采取的对策更具针对性。

5. 加强财务审核

旅行社通过建立财务审核制度，严格规定成本开支范围，正确划分各月份的成本费用界限，可定期控制成本费用的发生，尤其是可以加强对重点部门和岗位的检查和监督，以达到查错防弊、降低成本费用的目的。

第四节 旅行社营业收入与利润管理

一、旅行社营业收入的管理

旅行社营业收入是指旅行社通过提供旅游服务所得的货币收入，包括基本业务收入和其他业务收入。根据国家统一财会投资的规定，旅行社代收代付的费用也应全部计入营业收入总额。

（一）旅行社营业收入的内容

旅行社是为旅游者提供食宿、交通、向导等服务的，主要是组织国内外旅游者旅游，为旅游者代办机票、车票、住房、订餐及提供导游等。因此，旅行社的营业收入内容主要包括以下几类。

①综合服务收入，指为旅游者提供综合服务所收取的收入，包括导游费、餐饮费、交通费、全程陪同费、组团费和接团费。

②组团外联收入，指组团社自组外联，收取国际游客的包价费用。

③零星服务收入，指旅行社接待散客或受托代办事项所得的收入。

④劳务收入，指旅行社派出翻译导游参加全程陪同的劳务收入。

⑤票务收入，指旅行社代理代售国际联运客票和国内客票的手续费收入。

⑥地游加项收入，指收取旅游者在目的地的小包价及增加浏览项目和风味餐等服务而增加的收入。

⑦其他收入。

（二）旅行社营业收入的特点

①资金周转金额大，毛利薄。团队收入一般和团队人数、天数、旅游目的地远近都有很大关系，目前我国旅行社之间竞争激烈，毛利较低。

②交易频繁且涉及大量资金流转。一方面旅行社接触的旅游者比较零散；另一方面旅行社运营过程中与多方供应商交易，如车费、餐费、房费、门票等。

③外币使用控制难，汇兑问题突出。在出境旅游中大量使用外币结算不仅在收入确认上难以控制，而且由于汇率变动增加了收入金额的不确定性。

（三）旅行社营业收入的确认

旅行社的营业收入中代收代支的款项占比较大，这是旅行社在业务经营方面区别于其他企业的一个重要特点。因此在核算营业收入时，旅行社应根据这一特点加强管理，准确地对其进行确认和时间上的界定。

1. 权责发生制确定收入的原则

旅行社在进行收入核算时要按照权责发生制原则来确定收入的归属。权责发生制核算营业收入，要求凡是在本期取得的收入，不论其款项是否已收回，都被视为本期收入；凡不属于本期的收入，即使款项在本期收到，也不作为本期收入。旅行社确认营业收入主要有两个标志：合同规定的劳务已经提供，价款已经收到或者得到了收取价款的凭据。

2. 营业收入实现时间界定的原则

由于旅行社经营的旅游产品不同，其营业收入实现的时间也不同。根据有关规定，对旅行社营业收入实现时间界定的原则如下。

①国内旅游。旅行社组织国内旅游者在国内旅游，组团社应以旅行团旅行返回时间确认营业收入的实现，接团旅行社应以旅游者离开本地时间确认营业收入的实现。

②出入境旅游。旅行社（不论是组团社还是接团社）组织境外旅游者到国内旅游应以

旅行团离境（或离开本地）时间确认营业收入的实现。旅行社组织国内旅游者到境外旅游，应以旅行团旅行结束返回时间确认营业收入的实现。

（四）旅行社营业收入管理的基本要求

旅行社营业收入的实现分两种形式：一种是现销收入，另一种是赊销收入。前者是客人在旅行社各营业点消费后通过结账（现金结账、信用卡结账、转账支票结账等）一次付清各项服务费，后者则一般是团队客人消费之后在若干期限后予以结账，从而形成应收账款。一般来说旅行社营业收入管理的基本要求有以下几方面。

1. 正确核算营业收入

营业收入核算的正确与否直接关系到盈利的准确性。按照《旅游、饮食服务企业财务制度》的规定，旅行社应采用权责发生制来核算营业收入。

2. 及时办理结算，尽早收回营业收入

旅行社营业收入的取得主要有三种方式。

①预收，即在提供服务之前，旅行社预先收取全部或部分服务费。例如旅行社在旅游线路预订确认以后，会向客户收取一部分订金。

②现收，即旅行社在为客人提供服务的同时收取服务费。

③事后结算，即在向客人提供服务以后，一次性或定期地进行结算，如有的旅行社对客人的一次性结账。这种形式还常常在企业之间进行，如旅行社和酒店常采用事后结算方式。不同的收费方式要用不同的方法进行管理。对预收订金但到期未能来消费的客人，订金不再退回。旅行社采用现收方式时要对各收银点严格管理，做好记录，及时入账。旅行社对事后结算方式更要加强管理，及时办理结算，对结算期过长的款项，要设专人催收，以减少资金占压。

3. 做好营业收入的日常管理，提高营业收入质量

在营业收入规模一定的情况下，做好营业收入的日常管理工作对于旅行社提高营业收入回收质量是至关重要的。若只片面追求营业收入量的增加，而忽略日常管理工作，会导致营业收入数量扩张的同时，净现金流量日益萎缩，直接影响旅行社效益的真正实现。因此，旅行社加强营业收入的日常管理是至关重要的。

二、旅行社利润的管理

（一）旅行社利润概念

利润是指旅行社在一定时期全部收入抵减全部支出后的差额。收入大于支出的差额为利润，支出大于收入的差额为亏损。利润集中反映旅行社业务经营的最终经营结果，或称财务成果，是衡量旅行社经济效益高低的一个重要指标。

$$利润总额 = 营业利润 + 营业外收支净额$$
$$净利润 = 利润总额 - 所得税费用$$

1. 营业利润

营业利润是指由正常业务活动所取得的直接利润，是旅行社利润的基础，可用以下公式表示。

营业利润＝营业收入－营业成本－税金及附加－期间费用－资产减值损失－信用减值损失＋公允价值变动收益（－公允价值变动损失）＋投资收益（－投资损失）＋资产处置收益（－资产处置损失）＋其他收益

2. 营业外收支净额

旅行社的营业外收入和营业外支出是指与旅行社生产经营无直接关系的各项收入和支出。营业外收入减营业外支出后的净额为营业外收支净额。营业外收入包括变卖的净收益、罚款净收入、确实无法支付而按规定程序经批准后转作营业外收入的应付款，以及礼品折价收入、其他收入等。营业外支出包括固定资产盘亏和毁损、报废的净损失、非常损失、技工学校经费、赔偿金、违约金、罚息、公益救济性捐赠等。

（二）旅行社利润的管理

利润管理是旅行社财务管理的一项重要任务，其主要内容是通过利润预测、制定并实施利润计划，以实现旅行社的经营目标。

目标营业利润＝预计营业收入－预计营业成本－预计税金及附加－预计期间费用－预计资产减值损失－预计信用减值损失＋预计公允价值变动收益（－公允价值变动损失）＋预计投资收益（－投资损失）＋预计资产处置收益（－资产处置损失）＋预计其他收益

实现目标利润的销售量＝（目标利润＋固定成本）÷[单价（1－税率）－单位变动成本]

实现目标利润的销售额＝（目标利润＋固定成本）÷[(1－税率)－单位变动成本/单价]

旅行社要提高利润必须从增加收入和降低成本费用入手。另外，投资净收益和营业外收支净额也是旅行社利润总额的一部分，因此扩大利润总额不能忽视投资净收益及营业外收支净额的作用。

（三）旅行社利润的考核

利润是一项能全面体现旅行社经营状况和最终财务成果的综合性指标，对其进行考核可以通过以下几项指标来进行。

1. 利润额

这是反映旅行社经营成果的绝对值指标。但对于不同的旅行社，由于经营规模或其他条件不同，有时难以从绝对值上进行比较。

2. 人均利润额

这是旅行社在一定时期内利润总额与旅行社全部职工人数之间的比率，表示在一定时期内每人平均实现的利润额。人均利润额是一项侧重于从业人员潜力利用角度评价旅行社经营效益的综合性指标。

3. 营业利润率

这是营业利润与营业收入之比，是反映旅行社经营成果的相对值指标。营业利润率越高，说明企业营业收入提供的营业利润越多，企业的盈利能力越强。其计算公式为

$$营业利润率＝营业利润÷营业收入总额×100\%$$

4. 总资产利润率

它是指利润总额与总资产平均总额的比率，代表的是一种企业利用资金进行盈利活动的基本能力。其计算公式为

$$总资产利润率 = 利润总额 \div 总资产平均总额 \times 100\%$$
$$资产平均总额 = (资产总额年初数 + 资产总额年末数) \div 2$$

（四）旅行社利润的分配

根据《企业会计准则》，旅行社确认实现的利润总额后，要依法进行利润分配。旅行社由于经营体制不同，利润分配方式也存在一定差异。我国旅行社大致可分为股份制旅行社和非股份制旅行社两类，其利润分配方法各有不同。

1. 股份制旅行社

根据国家的相关规定，股份制旅行社在依法向国家缴纳所得税后，其净利润首先要弥补以前年度亏损，然后按以下顺序进行分配：①提取法定盈余公积金；②支付优先股股利；③按公司章程或股东会议决议提取任意盈余公积金；④支付普通股股利。

2. 非股份制旅行社

非股份制旅行社应在依法向国家缴纳所得税后，按照下列程序分配税后利润：①支付被没收的财务损失和各项税收的滞纳金、罚款；②弥补旅游企业以前年度亏损；③提取法定盈余公积金；④提取任意盈余公积金；⑤向投资者分配利润。

企业发生的年度亏损，可以用下一年度实现的税前利润弥补；下一年度税前利润不足弥补的，可以在 5 年内延续弥补；5 年内不足弥补的，应当用税后利润弥补。企业发生的年度亏损以及超过用利润抵补期限的也可以用以前年度提取的盈余公积金弥补。如果旅行社因经营不善严重亏损、净现金流量不足、出现债务危机时，有可能会以破产而告终。

第五节　旅行社核算与结算

一、旅行社核算管理

（一）成本费用核算

接待旅行社在审核其营业成本时应按照收入与支出相配比的原则认真进行成本核算，严格审核应付给饭店、餐馆、汽车公司、旅游景点等的款项，做到"分团结算，一团一清"。旅行社对盈利少的团要严格审核，对亏损的团要查出原因。

旅行社常采用的成本费用核算方法主要有以下三种类型。

1. 单团核算

单团核算是指旅行社以接待的每一个旅游团（者）为核算对象进行经营盈亏的核算。单团核算有利于考核每个团队的经济效益，有利于各项费用的清算和考核，有利于降低成本，但工作量较大，一般适用于业务量较小的旅行社。

视频资料：旅游看今天——
旅行社盈利大揭秘

2. 部门批量核算

部门批量核算是指旅行社的业务部门以在规定期限内接待的旅游团（者）的批量为核算对象所进行的核算。部门批量核算能从不同的侧面反映出旅行社经营的盈亏状况，为开拓市场、改善经营管理提供依据。这种核算方法适用于业务量较大的旅行社。

3. 等级核算

旅行社以接待的旅游团（者）的不同等级为核算对象进行核算，如豪华、标准、经济等。等级核算可以提供不同等级的旅游团的盈亏状况。

（二）组团收入核算

1. 审核报价

审核销售人员对外报价是组团业务核算的一项重要内容。旅行社的财务部门根据旅游团（者）的旅游活动日程、旅游团队的等级及其旅行的时间对销售人员填制的报价单进行审核。审核内容主要有报价的淡旺季价格是否正确、报价单上的各项价格是否准确全面、报价在时间空间上是否一致等。

2. 核算组团收入

组团社分为旅游客源地组团社和旅游目的地组团社，二者的组团收入来源不同。无论是旅游客源地组团旅行社还是旅游目的地组团旅行社，在核算其组团收入时，都应该根据与旅游者或旅游客源地组团旅行社达成的旅游协议，认真审核其所付的旅游费用或付款承诺。如果发现其所付费用少于旅游协议上双方所同意的数目，应立即指出，要求对方将少付的旅游费用补齐。

（三）接待收入核算

1. 审核结算通知单

结算通知单是接待旅行社向组团旅行社收取接待费用的凭证，由全程陪同填写并由接待社的地方陪同签字。如果旅游团没有配备全程陪同，则由接待该旅游团的地方陪同负责填写结算通知单。结算通知单转交给财务部门后，由财务部门根据接待计划、变更通知等有关文件对结算通知单的内容进行逐项审核。审核的重点是组团社名称、计划号码、旅游者人数、等级、抵离时间、活动项目、计价标准等内容与接待计划和变更通知是否一致，各项费用计算是否正确，填写项目是否齐全，有无陪同人员的签字确认。

2. 核算接待收入

核算接待收入是接待旅行社业务审核的一个重要内容。接待业务收入主要由综合服务费、房费、餐费、城市间交通费和专项附加费构成。接待旅行社在计算接待收入时应根据同组团旅行社事先确定的结算方法，计算出因接待组团社委托接待的旅游者应得到的综合服务费收入及其他各项收入。接待旅行社在计算各项费用时应注意旅游团所属的等级和接待的季节，以避免出现诸如少要款项、错算旅游者接待标准、错算等级和季节差价以及金额计算错误等差错。

二、旅行社结算管理

（一）正常情况下的旅行社结算业务

1. 综合服务费

（1）审核结算内容

综合服务费一般包括市内交通费、杂费、导游服务费、接待手续费等。财务人员在审核综合服务费结算内容时一定要对照旅游计划单和导游所填写的结算通知单，对所要结算的各项费用进行认真审核。结算公式为

综合服务费＝实际接待旅游者人数×实际接待天数×人/天综合服务费价格

按照国际惯例，团内成年旅游者人数达到16人时，执行16免1政策，免收1人综合服务费；对2周岁以下儿童不收取综合服务费，对2～12周岁（不含12周岁）儿童收取50%的综合服务费，对12周岁（含12周岁）以上的儿童、少年按成年人标准收取综合服务费。

（2）确定结算方式

旅游者在一地停留时间满24小时的，按一天的综合服务费结算；停留时间未满24小时的，按有关标准计算。目前，我国旅行社主要采用的结算方式有中国国际旅行社结算标准（简称国旅标准）、中国旅行社结算标准（简称中旅标准）和中青旅结算标准（简称青旅标准）三种。

国旅标准：按旅游者用餐地点来划分综合服务费结算比例，如表9-1所示。

表 9-1　国旅综合服务费结算标准

地　　点	综合服务费（扣除餐费）
用早餐地点（7时）	33%
用午餐地点（12时）	34%
用晚餐地点（18时）	33%

中旅标准：按旅游者抵离时间段来划分综合服务费结算比例，如表9-2所示。

表 9-2　中旅综合服务费结算标准

抵达当地时间	百分数	离开当地时间	百分数
0:01—9:00	100%	0:01—9:00	20%
9:01—11:00	85%	9:01—11:00	30%
11:01—3:30	70%	11:01—13:30	60%
13:31—17:00	45%	13:31—17:00	80%
17:01—19:30	35%	17:01—24:00	100%
19:31—24:00	15%		

青旅标准：按旅游者停留小时来划分综合服务费结算比例，如表 9-3 所示。

表 9-3　青旅综合服务费结算标准

停留小时数	综合服务费（扣除餐费）
4 小时以内	按 10 小时结算
4～10 小时	按 15 小时结算
11～18 小时	按 18 小时结算
18 小时以上	按实际停留小时结算
接待 1 日游客人	按 16 小时结算

2. 其他旅游费用

其他旅游费用包括房费、餐费、城市间交通费、门票费和专项附加费，其中后三项统称为其他费用。

①房费：如果房间是旅行社代订，则由旅行社与饭店结算房费，其计算公式为

房费 = 实际用房数 × 实际过夜数 × 房价

在为旅游者代订房间时，通常安排为双标间，有时因为人数或性别原因会出现自然单间，由此产生的房费差额可根据事先商定的由组团社或地接社承担。

②餐费：餐费可根据用餐人数和次数进行结算，计算公式为

餐费 = 用餐人数 × 用餐次数 × 用餐标准

③其他费用：结算其他费用时，应根据双方事先达成的协议执行。

（二）特殊情况下的旅行社结算业务

旅行社在组团或者接团过程中往往会发生一些特殊情况，这会反映到会计核算中。针对这些特殊情况，旅行社要妥善处理。

1. 跨季节结算

我国旅行社多以每年的 12 月初到转年的 3 月底作为旅游淡季，以其余月份作为旺季或者平季。旅游者在一地停留的时间恰逢旅游淡季和旺季的交替时，旅行社应按照旅游者在该地实际停留日期的季节价格标准分段结算。

例题： 哈尔滨康辉旅行社组织 20 人旅游团于 3 月 29 日出发去大连旅游，次日上午 11:16 抵达，该团于 4 月 3 日中午 12:48 离开大连返回哈尔滨市。该旅行社淡季团体旅游的综合服务费为每人每天 50 元，平季和旺季综合服务费为每人每天 60 元。按照中国旅行社综合结算标准，大连接待社每人应收的综合服务费应为

$$50 \times 70\% + 50 + 60 \times 2 + 60 \times 60\% = 241（元）$$

2. 等级变化结算

（1）因分团活动导致等级变化

旅游团因某些特殊原因要求分团活动而导致旅游团等级发生变化时，应按照分团后的

等级结算。结算的方式有两种：一种是由旅游者现付分团后等级变化导致的费用差额，另一种是接待社征得组团社同意后按新等级标准向组团社结算。

（2）因部分旅游者中途退团造成等级变化

参加团体报价旅游团的旅游者因特殊原因中途退团，造成旅游团队人数不足 10 人而发生等级变化时，原则上仍按照旅游团人数和等级标准收费和结算，退团的旅游者离团后的费用由该旅游者自理。

3. 晚间抵达或清晨离开的旅游团队结算

包价旅游团队在晚餐后抵达或在早餐前离开某地时，接待旅行社按照人数和等级标准向组团旅行社结算接送费用。其计算公式为

$$接送费用 = 人数 \times 计价标准$$

（三）结算支付方式

旅行社之间的结算业务大都采用汇付方式进行。汇付是通过银行，使用各种结算工具，付款方将款项汇交收款方的一种结算方式，可分为电汇、信汇、票汇三种类型。

（1）电汇

组团旅行社要求开户银行拍发电报或电传给接待旅行社所在地的开户银行，指示解付一定金额给接待旅行社的付款方式。这种方式结算迅速，适用于结算费用大的旅行社，但手续费用较高。

（2）信汇

组团旅行社要求其开户银行将信汇委托书寄至接待旅行社的开户银行，授权解付一定金额给接待旅行社的汇款方式。该方式速度慢、手续费用低。

视频资料：澳门航空连续
十年盈利的秘诀

（3）票汇

组团旅行社要求开户银行代其开立以接待旅行社所在地开户银行为解付行的银行，即期汇票，支付一定金额给接待旅行社的汇款方式。票汇不须通知收款人取款，由其持票登门取款。

案例讨论

四大上市旅行社账面大"比拼"

2018 年旅游上市企业年报基本披露完毕，在大转折、大融合、大升级的背景下，中国国旅、中青旅、众信旅游、凯撒旅游四大上市旅行社的年报极具看点。中国国旅、中青旅、众信旅游、凯撒旅游的年报里有着各自的心气和力道，也藏着欲说还休的小秘密。这四家构成了旅行社上市阵营中的"四方诸侯"，它们的"年报暗战"透视的是一个行业的左右奔突。

中国国旅（601888.SH）2017 年年度报告显示，报告期内，公司实现营业总收入 282.82 亿元，同比增长 26.32%；归属上市公司股东的净利润 25.31 亿元，同比增长 39.96%。

中青旅（600138.SH）2017 年年度报告显示，报告期内，公司实现营业收入 110.20 亿

元，较去年同期增长 6.7%；实现归属于上市公司股东的净利润 5.72 亿元，较去年同期增长 18.24%。

众信旅游（002707.SZ）2017 年年度报告显示，报告期内，公司实现营业总收入 120.48 亿元，同比增长 19.24%；实现归属于上市公司股东的净利润 2.33 亿元，同比增长 8.27%。

凯撒旅游（000796.SZ）2017 年年度报告显示，报告期内，公司实现营业收入 80.45 亿元，同比增长 21.24%；实现归属上市公司股东净利润 2.21 亿，同比增长 3.82%。

四大旅行社对比数据如表 9-4 所示。

表 9-4　四大旅行社财务数据概览

公司名称	营业收入（亿元）	同比增长（%）	归属净利润（亿元）	同比增长（%）
中国国旅	282.82	26.32	25.31	39.96
中青旅	110.20	6.7	5.72	18.24
众信旅游	120.48	19.24	2.33	8.27
凯撒旅游	80.45	21.24	2.21	3.82

（资料来源：根据品橙旅游文章《四大上市旅行社"年报暗战"：透视一个行业的左右奔突》整理. 2018-05-16.）

思考讨论题：请根据表中数据及相关资料对四家旅行社财务现状和发展潜力进行解释分析。

本 章 小 结

旅行社财务管理是旅行社的管理者根据旅行社经营目标和经营需要，按照资金运动规律，对旅行社的财务活动进行科学有效地管理，并正确处理企业同各方面的经济关系。本章首先介绍了旅行社财务管理的特点及原则，在资产管理方面主要介绍了流动资产和固定资产管理。研究了旅行社成本费用管理任务和控制方法，通过成本控制能提高企业的利润。旅行社在营业收入管理方面要注意营业收入确认的时间，做好日常管理。其次，在利润管理方面对旅行社利润的构成及考核指标和分配方法进行了详细说明。最后介绍了旅行社的核算管理和结算管理，对企业经营活动的全过程进行管理，以实现企业价值最大化的目标。

 **关键术语**

旅行社资金管理中心（fund management center of travel agency）

成本费用管理（cost management）

旅行社利润（profit of travel agency）

资产利用率（assets activity ratio）

综合服务费（miscellaneous service charges）

复习题

1. 旅行社财务管理的特点和原则是什么？
2. 旅行社资金管理中心意义是什么？
3. 旅行社应收账款管理措施有哪些？
4. 简述旅行社成本费用核算方法。

 实践题

查阅某一旅行社的相关资料，试分析其财务管理的现状、战略和措施。

 研究讨论题

试从旅行社投资者、债权人、管理者等不同角度分析旅行社财务管理必要性。

 参考资料

[1] 张冬冬，王丽飞. 旅行社经营管理[M]. 北京：清华大学出版社，2012：11.

[2] 纪俊超，尹敏，郑坚强. 旅行社经营管理[M]. 广州：华南理工大学出版社，2004：12.

[3] 刘曙霞. 试论财务管理的基本原则[J]. 财会月刊，2001(20)：4-5.

[4] 中华人民共和国财务部. 企业会计准则第 4 号——固定资产[Z]. 2006-02-27.

[5] 张祝瑜. 我国旅行社财务管理探析[J]. 商业经济，2009(10)：114-115.

[6] 陈道山，阮跃东. 旅行社经营管理实务[M]. 北京：中国发展出版社，2009：07.

[7] 杨敏，段九利. 旅游财务管理实务[M]. 北京：清华大学出版社，2006：08

第十章

旅行社信息化管理

 学习目标

- 掌握旅行社信息化和旅行社信息化管理的概念
- 了解和掌握信息技术在旅行社领域的应用与作用
- 掌握旅行社管理信息系统及功能模块
- 熟悉电子商务的概念以及旅游电子商务的应用

 思政目标

- 培养学生主动融入科技信息化时代
- 培养学生对行业发展前沿的技术创新和流程创新精神

 案例引导

康辉旅游双网并进谋发展

互联网是把"双刃剑",利用好了可以使自己立于不败之地,利用不好或弃之不用,就会被市场所淘汰。在过去的 20 年,康辉旅游集团利用自身的品牌和管理优势,在全国已发展了 230 家分社、近 7000 家门店,这是康辉旅游的成功之路。今后康辉集团还将继续扩大这一优势,实现在实体网络化方面的"倍增计划"。

康辉集团在 2012 年加大了建设信息技术平台的力度,先后投入资金 300 万元。全国已经有 20 多家康辉分社加入康辉在线平台。针对各分社的实际情况和管理特点,康辉集团电子商务中心的技术团队结合时下旅行社业比较先进的管理理念,研究了额度管控、供应商上线、电子合同法、资金流管理法、应收账款管理法、集中管控、精细化管理等多种管理方法,以应对在各分社进行信息化实施时所遇到的管理问题,对各分社进行业务流程再造。从这些分社运营效果来看,凡是采用信息化管理、利用互联网平台进行管理和销售的分社,其业务和管理效果都有大幅度提升,如福建康辉、湖南新康辉、南京康辉、湖北康辉、广西康辉、河南康辉、西安康辉、甘肃康辉等均实现了年营业额 50% 的增长。

康辉在线平台的扩大使用,将进一步提升各分社的业务流程化管理水平、提高产品研发能力和渠道销售能力,借助康辉在线平台实现康辉旅游集团的集团采购与业务整合。康辉集团采取实体网和互联网"双网"并进的战略,谋篇布局整个旅游市场。

（资料来源：访中国康辉旅行社集团有限公司董事长李继烈. 环球旅讯. 2013-06-20.）

思考：结合康辉集团的信息化建设，讨论传统旅行社应该如何应对智能化和大数据旅游的发展。

信息技术的出现为市场交易提供了新的渠道，改变并加快了信息交换的速度和方式。以信息技术为核心的信息化浪潮正在改变着旅游业，更改变了旅行社的传统发展模式，为我国旅行社业新一轮的变革提供了新契机。信息技术的应用是旅游企业提高自身核心竞争力的硬核实力。

第一节　旅行社信息化管理概述

一、旅行社信息化与旅行社信息化管理

（一）旅行社信息化的概念和内涵

对于传统旅行社而言，虽然信息技术带来的冲击是巨大的，但是它也给企业带来了崭新的管理理念。旅行社凭借着长期从事旅游服务的经验、广泛的关系和客户资源，实现信息手段与传统优势的结合。发展以传统业务为依托的高效、服务创新的信息化是旅行社的必由之路。

旅行社信息化是指伴随现代企业制度的建立，旅行社在作业、管理、经营、决策等各个层次、环节和方面，采用现代信息技术，开发和利用内外部信息资源，实现管理现代化。旅行社作为服务型企业，其信息化的内涵包括以下三个方面。

（1）旅行社业务过程的自动化、智能化

旅行社在生产经营活动中，在旅游行程的设计、报价、组团、销售、接待环节，采用电子信息技术，不断收集、整理、传输、储存和利用信息，使生产过程更加智能化，如旅行社单项业务管理系统。

（2）旅行社管理决策的智能化、网络化

旅行社采用电子信息技术，将接待、财务、计划、销售等管理信息进行智能化、自动化处理，使企业管理科学化和最佳化，如旅行社管理信息系统（MIS）、办公自动化系统（OA）、企业资源计划（ERP）等。

（3）旅行社商务活动的电子化

旅行社通过管理信息系统（MIS）、电子交换数据（EDI）以及企业内部网、互联网等，使旅行社的商业运作实现交易无纸化、直接化。

（二）旅行社信息化管理的概念和特点

旅行社信息化管理就是利用计算机技术和通信技术构建信息系统，实现旅行社经营的各种信息资源电子化，并利用网络进行综合管理的过程。这些信息资源包括旅游资源、交通资源、客户资源、环境资源以及餐饮和住宿资源等。综合管理是指旅游线路管理、接待管理、外联管理、陪同管理、组接团管理、成本核算管理和财务管理等。

旅行社信息化管理的特点如下。

（1）业务的综合性

旅行社对旅游者的食、宿、行、游、购、娱等一条龙服务都要兼顾，对这些信息的实时性要求比较高，旅行社产品的组合包装就是对这些综合业务信息的交换和加工。

（2）经营的协作性

旅行社提供的服务涉及企业之间的电子协作，如与饭店企业的协作、与旅游提供商的协作，以及与各类购物中心的协作等。

（3）管理过程的虚拟化

旅行社与协作单位的业务处理过程都可以通过网络实现，游客已经感觉不到这些过程的存在，如订票、订餐、订房都可以通过网络进行。集成化的信息系统是管理过程虚拟化的主要技术手段，体现了旅行社的无缝操作和网络化管理。旅行社本身没有实体产品，依靠的是将旅游资源信息进行组装或包装成旅游产品，因此如何获得旅游资源信息并开展高效率的谈判是关键。旅行社在设计和选择信息系统时需要考虑系统谈判能力，利用信息化环境开展与旅游供应商的谈判，这是旅行社信息化系统的一个功能特点。有效的电子合同传递、快速的响应以及处理的敏捷性能提高谈判的效率，有利于旅行社拿到较好的产品价格，有利于旅行社提高组装产品的市场竞争力。但是，不能忽视的情况是我国旅行社现状是单体企业居多，连锁经营的旅行社很少，导致了旅行社的信息化管理程度不高。

二、旅行社信息化管理的作用

（一）信息化对旅行社经营管理的作用

1. 树立旅行社良好的企业形象

在现代旅游市场竞争中，良好的企业形象对旅行社的生存起着至关重要的作用。旅行社通过在国际互联网上建立起自己的网站，充分地展示企业自身的优势，宣传企业的管理、经营理念和策略，及时调整企业经营战略，为旅游者提供高质量的旅游产品和服务。

2. 为旅行社创造了新的市场机会

互联网打破了传统销售渠道的时间和空间的限制，旅行社利用网络突破时间的限制，实行 7×24（每周 7 天，每天 24 小时）营销模式，同时不需要增加额外的营销费用。互联网还可以突破传统市场中地理位置的分割，将旅行社的产品传递到任意地区，为旅行社创造更多的市场机会。此外，旅行社可以利用信息化技术与旅游者进行交互式沟通，根据旅游者的需求为其量身定做旅游产品和服务，最大限度地满足市场需求。

3. 提高旅游者满意程度

互联网的应用大大提高了旅行社的日常服务效率和售后服务效率，增加了旅游者的满意度。旅行社把产品和服务信息内容上传到门户网站，旅游者能够自由查询所需信息，进行产品的咨询、预定和购买。旅行社还可以通过网站提供订单执行情况查询功能，旅游者可以随时查询到自己订单的执行情况等。旅行社通过信息系统解决一些程序化、模块化、标准化的问题，业务部门可以集中精力处理产品设计、营销组合、客户关系管理等较为复杂的问题。

4. 降低旅行社运营成本

信息化是降低旅行社运营成本行之有效的手段。首先，信息技术的应用节省了人力成本，降低交通和通信费用。例如网上预订业务等，减少了人力成本的投入。在旅行社运营过程中，利用电子邮件、网上电话、网上会议等信息化方式进行沟通和交流，可以减少旅行社大量的交通和通信费用。其次，信息技术的应用可以降低企业财务费用和办公费用。旅行社实现管理信息化可以大大降低固定资产投入和日常运营费用开支，节省大量资金和费用，减少财务费用。

5. 提高旅行社的营销效益

旅行社市场营销活动包括市场营销研究、市场需求预测、旅游新产品开发、产品定价、广告、物流、人员推销、促销、服务等。信息技术的应用带来了网络营销新渠道。旅行社通过网站与旅游者进行互动交流，收集市场需求信息，设计适销对路的旅游产品，再通过网站发布新产品信息，进行新产品的促销，并收集反馈信息。网络营销的开展节省了旅行社大量的营销费用支出，同时带来了良好的营销效果。因此，信息化对于提高旅行社营销效益有着直接、明显的作用，为旅行社市场营销的开展提供了新的发展空间。

6. 提高旅行社的管理决策水平

信息化对旅行社提出新的要求，即必须具备对市场的快速反应和较好地与外部资源进行协作的能力。信息化环境下，旅行社可以建立自己的内部资料网络数据库，将旅行社内部信息汇集在数据库内，使得员工可以最大限度地获取资料，从而提高工作效率和积极性。旅行社也可以利用内联网提高各部门协同工作的能力，随时召开虚拟会议，交流各自工作情况和出现的问题，信息传递更准确及时。

（二）信息化对旅行社组织机构和业务流程重组的作用

信息技术的冲击下，具有人员紧凑、富有弹性、灵活高效等特点的企业组织日益凸显。互联网的出现和应用，打破了传统信息传递的渠道，对旅行社组织结构进化产生了巨大影响。

1. 推动旅行社业务流程的信息网络化和知识的密集化

旅行社信息化以数字化网络设备替代了传统的纸介质，实现了部分或全部经营管理活动的电子化，运作管理也从对员工的管理变为流程控制和员工激励。旅行社的业务流程更加面向市场，旅游者将更加深入地参与到旅行社产品和服务的生产过程。这种情况下，旅行社的业务流程将由垂直管理体系转为水平管理网络。业务流程的信息网络化中最为显著的是销售渠道和促销策略的变革。旅行社目标市场的选择和定位，将更加依赖于网站收集的资料。同时，信息化对旅行社的结算方式也产生了巨大的影响，旅行社可以通过网上银行系统实现电子付款，进行资金结算、转账、信贷等活动。

信息化决定了企业发展和成败的关键在于人才的拥有和培养。员工的工作时间弹性化，工作场合自由化，员工更加依赖于自身的智慧和创造力，并逐步脱离原有的条件束缚和岗位依赖，找到内在的自由和平衡。这需要旅行社建立一系列新观念、新制度来进行人力资源的开拓和人力资本的投入增值，从而适应信息时代个人化管理的要求。

2. 形成反应迅速、适应环境变化的组织

对旅行社而言，信息化引起企业在开展旅游业务中多方面的重大变革，是一种以互联网为基础的信息化对旅行社传统的组织形式带来的业务转型。企业组织单元间的传统边界被打破，生产组织形式将重新整合，建立一种直接服务于顾客的工作组。这种工作组与市场直接接轨，以市场最终效果衡量其业务流程的组织状况和各个组织单元间协作的好坏。管理者通过广泛进行交流和信息资源的共享可以减少内部摩擦提高效率。

推行信息化迫使企业将过去高度集中的决策中心组织，逐步改变为适当分散的多中心决策组织。旅行社的宏观规划、市场预测等经营活动一般通过跨职能、跨部门的多功能性的组织单元来制定。这种由多个组织单元共同参与、共同承担责任、由共同利益驱动的决策过程，提高了员工的参与感和决策能力，也提高了整个企业的决策水平。

业务流程重组或企业过程重组（business process reengineering，BPR）是价值链重组的一个重要表现形式。其重点是在旅行社现有条件的基础上，构造一个合理的业务流程。BPR 从根本上重新考虑并彻底重新设计业务流程，帮助企业在关键的业绩上，如成本、质量、服务和反应速度，取得突破性进展。其重组模式是以作业流程为中心，打破金字塔状的组织结构，使企业适应信息社会的高效率与快节奏，适合企业员工参与企业管理，实现企业内部上下左右的有效沟通，具有较强的应变力和较大的灵活性。

视频资料：旅游随时代而变——携程

第二节　旅行社管理信息系统

一、信息系统逻辑结构

（一）管理信息系统

管理信息系统（management information system，MIS）是一个以人为主导，利用计算机硬件、软件、网络通信设备以及其他办公设备进行信息的收集、传输、加工、存储、更新和维护，以企业战略竞优、提高效益和效率为目的，支持企业高层决策、中层控制、基层运作的集成化的人机系统。

（二）系统逻辑结构

系统逻辑结构具有整体性、层级性、开放性和累加性。系统逻辑结构图是系统逻辑功能的总体框架，是对数据库中全体数据的逻辑结构和特征的描述，是所有用户的公共数据视图。具体结构如图 10-1 所示。

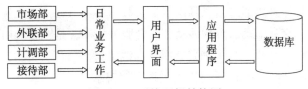

图 10-1　系统逻辑结构图

（三）旅行社管理信息系统操作平台

旅行社管理信息系统操作平台是业务流程管理系统的中枢，起着信息汇集、分析与中转的作用。它从根本上打破了职能部门的壁垒，并以流程为导向，将断裂的各项业务流程合理地整合起来，运用信息技术手段改善流程间的衔接方式，优化流程管理模式，提高旅行社经营管理流程的运行效率。操作平台主要包括五大管理中心。

（1）资源采购中心

资源采购中心主要负责对供应商的基本资料、供应价格、供应合同进行全面管理，添加新的供应商，查询供应商资料，评价供应商等级。供应商既包括旅游六要素的企业，也包括地接社。

（2）产品设计中心

产品设计中心分为两个部分，线路策划与团队计划。线路策划包括线路名称、线路行程详细资料、线路特色、线路标准成本以及备注信息等。在线路设计的基础上，团队控制中心通过信息管理系统自动生成团队计划和团号。其中，团队计划是产品设计中心的最终成果，有出发日期与具体成团人数。

（3）前台销售中心

该中心是整个旅行社利润的主要来源，负责的基本工作包括对后台发布的线路进行客户接收、收银开票、账目核算以及游客退团等。

（4）团队控制中心

该中心是整个旅行团的监督者与管理者，职责在于预留团队计划人数调整、散客拼团、团队拆团、团队报账、团队控制与销售。

（5）财务结算中心

财务结算永远是一个企业最为关注的一个环节，尤其对于旅行社而言，资金管理得当、资金周转合理且及时收回款项是非常重要的。该中心主要的工作内容包括单个团队结算、预付应收款核销等。

旅行社在五大管理中心的基础上，实现销售平台统一管理、平衡计分卡管理、客户关系管理以及资金流、业务流和信息流的统一管理。

二、信息系统管理模块

（一）销售管理模块

1. B2C

B2C（business to customer）是网络上最常见的经营模式。旅行社 B2C 即表示旅行社对顾客的电子商务，具体是指通过信息网络以电子数据信息流通的方式实现旅行社与顾客之间的各种商务活动、交易活动、金融活动和综合服务活动，是顾客利用互联网直接参与经济活动的形式。B2C 主要面向广大消费者提供在线销售、预订、交易、交流等功能服务的网站，配合呼叫中心（call center）可以大大提高销售水平。

相较于传统的商务模式以及其他电子商务模式，B2C 电子商务模式有着自身的特色。第一，B2C 电子商务模式中旅行社与最终游客是一种远程交易，并以自动化方式取代传统交易的大部分环节。第二，B2C 电子商务模式充分利用了现代网络营销，大大提高交易完成的成功率。第三，B2C 电子商务模式的客户群体是大量的流动性强的不稳定性用户。第四，B2C 电子商务模式对于旅行社而言具有减少流通环节和节约运营成本的优势，通过网络大大降低了收集信息和发布信息的成本，促进了渠道和企业经营的扁平化。

从目前旅行社 B2C 电子商务的实际情况看，主要有两种模式：（1）批发经营商模式，比如春秋国旅、中青旅等传统的旅游批发经营公司。（2）中间商或第三方交易平台模式，比如携程网等旅游公司。

2. B2B

B2B（business to business）是指旅行社与供应商和合作商之间通过互联网进行产品和服务采购、交易信息查询与谈判、合同签订、票据来往、订单结算。B2B 是帮助旅行社与供应商及同行之间开展合作的平台，可以有效提高业务操作及交易的效率与质量。

传统的企业间的交易往往要耗费旅行社大量的资源与时间，无论是销售和分销还是采购都要占用大量成本。B2B 的交易方式使旅行社与相关企业能够在网上完成整个业务流程，从建立最初印象，到货比三家，再到讨价还价、签单和交易，最后到客户服务。B2B 使旅行社与相关企业之间的交易减少了许多事务性的工作流程和管理费用，降低了旅行社的经营成本。网络的便利和延伸性使旅行社扩大了活动范围，企业发展跨地区跨国界更方便，成本更低廉。

目前旅行社采用的 B2B 电子商务可以分为以下两种模式。

（1）面向商业的垂直 B2B 模式

旅行社与上游的景点景区、饭店、交通运输公司等之间的合作，就是作为批发商或代理零售商的旅行社与上游供应商形成供应关系。旅行社与下游地接社或者代理商形成分销关系。

（2）面向中间交易市场的 B2B 模式

该模式将各个旅行社与相关企业集中到一个场所，为企业的采购方和供应方提供交易的机会。

3. 呼叫中心系统

呼叫中心（call center）发挥着咨询和预订的主要功能。旅行社借助呼叫中心系统，整合旅行社内部资源，提升业务处理能力，使其不仅成为与客户有效联络的统一服务窗口，还使其与业务系统能够进行高效的集成，形成以呼叫中心为调度中心，整合不同业务部门的业务流程，实现旅游产品咨询、订单受理与确认、订单查询、应收账款管理、客户关怀的闭环业务处理平台，建成以呼叫中心为业务处理核心的旅行社客户服务中心。

旅行社的呼叫中心的主要功能是：呼叫中心语音服务、旅游信息咨询、旅游产品预订、客户订单处理以及客户投诉反馈管理。

（二）客户管理模块

客户管理模块主要涉及旅行社 CRM 系统，CRM（customer relationship management，客户关系管理）是现代客户服务系统的必备工具，是提高服务质量和服务水平的得力助手，也是开展数据库营销的基础。CRM 的核心内容主要是通过不断改善与客户关系有关的企业销售、营销、客户服务等业务流程，提高各环节的自动化程度，从而更好地维系企业与客户之间的关系，使企业最终能够从客户身上获得的盈利最大化。

客户关系管理涉及旅行社的各个方面，但主要是市场、销售、服务等与游客关系密切的部门。在旅行社中，CRM 系统处于业务中心地位，起着信息采集、转换、集成、交互、分析和反馈的作用。通过 CRM 系统统一的业务平台，旅行社能将各部门的信息有机地集成起来，实现信息共享，提高工作效率。

旅行社 CRM 系统主要由市场分析子系统、营销自动化子系统、服务自动化子系统三部分组成，如图 10-2 所示。

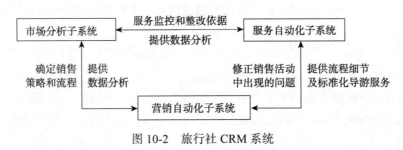

图 10-2　旅行社 CRM 系统

（三）决策管理模块

旅行社是一个有机的整体，企业的经营业绩、顾客、员工及业务流程并非相互独立，而是一条体现业绩和各个业绩驱动因素的因果链，所以不能偏废任何一方，只有各方面都获得了平衡发展，才能实现可持续发展。旅行社信息化后，业绩评价涉及整个企业的运营活动，而一般信息化业绩评价仅涉及企业基础设施的实施情况，没有从战略角度考虑评价信息化水平。为了配合旅行社业务流程重组再造的使用，使系统更好地有效运转，相应的组织机构调整及绩效考核方案也要适时跟上。平衡计分卡（balanced score card，BSC）是国际上最流行的人力资源考核方法。作为与业务重组相配套的绩效考核机制，BSC 是旅行社企业加强科学化管理的信息化手段。BSC 系统应与人力资源管理体系、薪酬管理体系的浮动薪酬连接起来，以激励全体员工共同实现企业的战略规划和目标。

第三节　旅行社电子商务

一、旅游电子商务概述

（一）电子商务的基本概念

电子商务（electronic commerce，EC）基于字面意思主要包括电子方式和商贸活动两方面。电子商务自其产生以来便给世界各国的经济带来了巨大的影响，但至今为止还没有一个统一的定义。目前，比较有代表性和影响力的定义有以下几种。

①联合国经济合作与发展联盟组织（OECD）在有关的电子商务报告中对电子商务的定义为：电子商务是发生在开放网络上的包含企业之间（business to business，简称 B to B 或 B2B）、企业和消费者之间（business to consumer，简称 B to C 或 B2C）的商业交易。

②全球信息基础设施委员会（GIIC）电子商务工作委员会报告草案中对电子商务的定义为：电子商务是运用电子通信作为手段的经济活动，通过这种方式人们可以对带有经济价值的产品和服务进行宣传、购买和结算。这种交易不受地理位置、资金多少或零售渠道的所有权影响。电子商务能够使产品在世界范围内交易并向消费者提供多种多样的选择。

③欧洲经济委员会于 1997 年 10 月在全球信息标准大会上将其定义为：电子商务是各参与方之间以电子方式而不是以物理交换或直接物理接触方式完成任何形式的业务交易，这里的电子方式包括电子数据交换（electronic data interchange，EDI）、电子支付手段、电子订货手段、电子邮件、传真、网络、电子公告系统、条码、图像处理、智能卡等。

④HP 公司提出的电子商务定义是：通过电子化手段来完成商业贸易活动的一种方式。电子商务使我们能够以电子交易手段完成物品和服务等的交换，是商家和客户的联系纽带。

⑤IBM 公司认为：电子商务是把买方、卖方、厂商及其合作伙伴在因特网（internet）、企业内部网（intranet）和企业外部网（extranet）结合起来的应用，这种应用是动态和交互式的过程。

由此看来，电子商务是利用电子通信方式进行的各种商业贸易活动，它有狭义和广义之分。狭义的电子商务叫做电子交易，主要指网上交易。广义的电子商务是指利用 Web 进行的全部商业活动，包括网上交易、网上订货、付款和客户服务等，也包括利用网络进行市场调研分析、财务审核等商业活动。

（二）电子商务的分类

电子商务有多种分类方法，既可以按照电子商务的运作方式分类，也可以按照电子商务交易范围分类，最常用的分类方法是按照电子商务的交易对象进行分类。

①企业对企业电子商务（B2B）是企业间通过电子手段进行销售和采购的交易方式。

②企业对消费者电子商务（B2C）是企业通过电子手段进行零售的交易方式或者说是消费者通过网络进行的网上购物行为。

③企业对政府电子商务（business to government，B to G 或 B2G）是企业与政府部门间通过电子手段进行的商务活动或其他联系。例如政府部门运用电子手段进行政府采购，企业运用电子手段向政府缴纳税收。

④消费者对政府电子商务（customer to government，C to G 或 C2G）是消费者与政府部门间通过电子手段进行的商务活动或其他联系。例如政府部门运用电子手段发放政府补贴、救济等，消费者运用电子手段向政府缴纳个人所得税等。

⑤消费者对消费者电子商务（customer to customer，C to C 或 C2C）是消费者之间通过

电子手段进行的交易活动。例如网上个人物品拍卖、闲置物品交换等。

（三）旅游电子商务的概念

在飞速发展的全球电子商务中，旅游业和金融业、软件业、出版业并列电子商务的四大应用领域。全球电子商务贸易额中旅游电子商务约占 20%，在电子商务发达的美国，旅游电子商务能占到电子商务贸易额的 1/3。

旅游电子商务是电子商务在旅游业这一特定领域的运用，是在各种旅游集团的营销网络特别是国际互联网的支持下开展的电子化商务活动。一般认为，旅游电子商务是旅游企业基于互联网技术，运用电子手段实现旅游商务活动的过程。狭义地讲，旅游电子商务是在互联网上进行旅游产品分销及电子交易的商务体系。广义地讲，旅游电子商务包括利用网络进行的各种旅游经营活动和商业活动，如网上宣传与营销推广、市场调查分析、财务核算、生产安排及电子交易活动等。

（四）旅游电子商务的特点

旅游电子商务与传统旅游交易方式相比，具有许多的特点，以下从旅游企业经营的角度进行归纳。

1. 超越空间限制

旅游电子商务借助于互联网进行，使得其具备了网络突破空间距离的特性，将商务活动扩展到网络的任何一个角落，使得企业的经营范围空间扩大化，旅游市场更加广阔，企业商机也随之增大。

2. 信息实时更新

旅游信息具有很强的时效性，由于季节、节假日不同，产品经营的价格、项目以及对象会随之改变。因此，旅游产品供应者需要对产品信息及时更新，互联网避免了传统的印刷资料传递信息的滞后性，有助于旅行社更快吸引潜在客户。

3. 成本相对稳定

开展旅游电子商务，其成本主要在于建设成本和维护成本。其中，建设成本类似于传统商务前期的固定投资，维护成本相当于传统商务经营过程的开销。不同的是，旅游电子商务的维护成本相对稳定，即信息的被点击率增加、信息的用户数量增多，不会导致成本的增加。换言之，交易量的增长不会带来交易成本的同步增长，反而用户数量的增多使得平均成本降低。而在传统的旅游商务活动中，交易量增大，甚至只是访客增多，都会导致营业成本的增加。由于网络经营成本一般来说较传统经营成本低，因此旅游产品的网上价格通常具有更大的优惠。

4. 快捷方便交互性强

一方面，通过电子手段人们可以运用非常方便快捷的方法完成传统交易中较为繁琐且事必躬亲的商务活动。另一方面，借助于电脑的交互性，现在的旅游电子商务网站也在不断地增强互动性、增加可参与性项目，以吸引并留住客户。

5. 系统性

旅游电子商务是企业进行网络化经营的一个全面解决方案，是企业对内实现电子化管理、对外实现电子化营销的整体方案，具有系统性、全面性的特征。

（五）旅游电子商务的作用

电子商务是以网络技术为主的电子手段为企业提供信息流、资金流和物流的电子解决方案。在目前的旅游电子商务中，物流只占很小份额，资金流主要还是依赖传统的支付结算方案，因此，当前旅游电子商务的主要作用表现在为企业解决信息流、产品营销、客户关系管理，以及旅游企业间开展电子化交易等方面。

1. 实现旅游企业信息的网络传播与集成

旅游企业对信息的依赖性很强，具体表现在两个方面：一是要收集和存储大量与企业经营相关的行业信息；二是要将自己的有关信息及时向外发布。旅行社的一般业务过程是将酒店、景区等供应厂商的旅游产品采购之后，进行优化组合，形成特色的旅游线路或旅游项目产品，再销售给旅游者。在此过程中，旅行社需要与众多的旅游供应商、旅游者进行信息交换。电子商务由于其开放性、交互性等特性而成为旅行社对外信息宣传的最佳平台。电子商务可以打破时空的限制，最大限度地将各种旅游资源和旅游信息有效地结合在一起。通过电子商务，旅行社可以及时发布最新旅游线路和产品的信息、动态，为旅游者提供最全面、最准确的旅游产品和旅游信息。

2. 实现旅游企业的网络营销

旅游电子商务的本质就是利用网络为主的电子技术来经营和销售旅游企业的旅游产品。在市场营销方面，旅行社需要收集各类的信息，如旅游者需求变化、旅游热点等，同时将旅行社的信息，如服务信息、营销策略等尽可能广泛地传播出去。因此，对于旅行社而言，最大限度地降低运营成本是提高竞争力的重要策略。电子商务可以为旅行社经营者提供最具时效的国内外动态信息，帮助旅行社经营者及时调整规划方向和营销策略。同时，电子商务可以使旅行社随时了解旅行社同业和旅游者的需求，迅速调整产品开发和营销重点。另外，在线交易和支付系统不仅能够减少交易的中间环节，降低成本，还能避免在交易过程中因信息不对称造成的意外损失。

3. 实现旅游企业客户关系的网络化管理

伴随着自助游、散客游的兴起，旅游者的旅游需求趋向于个性化、零散化，电子商务依托着容量巨大的旅游信息库，可以为旅游者提供目的地预览和出行的决策信息参考。同时，旅行社通过可查询和实时更新的信息平台，在网上设计产品，聚集客源，使得网上成团和网上拼团得以实现。另外，通过电子商务，旅行社还可以保持与旅游者的良好关系，实现一对一网上客户营销，提供优质的售后服务。对电子商务时代来说，由于不再依赖面对面的交流，网络化、智能化的客户关系管理将是旅游企业在激烈的市场竞争中取胜的关键。

4. 实现旅游企业的电子化交易

旅游供应商和旅行社为主的旅游代理商之间、组团社和地接社之间都需要合作，旅游电子商务将在很大程度上使这些旅游企业的交易电子化。电子化的交易可以超越空间的限制，扩展旅游企业合作领域，提高办事效率，降低交易成本。

二、旅行社电子商务发展模式

旅行社电子商务是旅行社运用电子手段对生产服务过程中的市场调查、产品开发、采购、信息发布、成品销售、接待与客户关系、财务等进行电子化管理，并运用电子商务理论来指导旅行社经营管理的过程。目前，我国有专业旅游网站 300 多家，国内主要旅行社以各种形式进行电子商务活动。

（一）以旅行社为主导

1. OTA 采销模式

传统 OTA 一般采用采销+运营模式，从酒店和航司可以获取佣金收入，国外以 Priceline、Expedia 等为代表，国内以携程为巨头。OTA 通过丰富的旅游产品、标准化的呼叫中心、完善的会员制度和定制化的服务体系，构筑起行业壁垒，高速发展了黄金十年。但近几年行业突变，尤其是去哪儿异军突起，迫使 OTA 改变传统的采销模式，开放平台给航司和第三方供应商销售，只赚取交易手续费[①]。在线旅游产业链如图 10-3 所示。

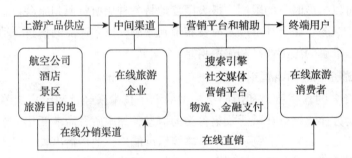

图 10-3　在线旅游产业链构成图

传统 OTA 运营的平台模式主要有以下三种。

（1）旅游电子商务 B2B 平台模式

旅游电子商务 B2B 模式主要被用于同业交易平台上，其市场主体主要为旅游产品供应商和中小型旅行社，是旅游包价产品、单项旅游产品在批发商与零售经营商之间的交易。一些旅游电子商务 B2B 平台或按交易笔数收费，或只收取相应的技术服务中介费用，这种营销模式成为很多在线旅行社雏形期的业务尝试。

（2）旅游电子商务 B2C 平台模式

从 20 世纪 90 开始，全球的旅游业迎来了蓬勃发展的时期，互联网电子商务与旅游业

---

① 2015 年，国资委提出"提直降代"，要求 3 年内，中国三大航空公司直销机票的比例要提升至 50%，同时机票代理费要在 2014 年的基础上下降 50%。各大航空公司开始逐渐完善直销渠道，下调佣金率，规范 OTA 代理商。2016 年 2 月，民航局下发通知，进一步要求 OTA 网站互联网订票平台不能加价销售机票，航司向网站支付的手续费"按每张客票定额支付"。也就是说，每售出一张机票，OTA 网站赚取的钱是固定的，并不会随机票价格上涨而上涨。在这条政策出台之前，机票预订服务带来的收入一度占据了 OTA 企业 50% 的营收。在这之后，OTA 的营收重心逐渐转移向了酒店预订服务。

之间的联系越发紧密。一方面，全球分销系统（global distribution system，GDS）开始普及并不断更新，另一方面，传统旅行社依托其线下资源持续拓展在线业务。大型传统旅行社纷纷建立在线营销系统和线上分销渠道，如旅行社官方网站、App 等。

（3）O2O 多元化发展模式

O2O 即"在线离线/线上到线下"，是指将线下的商务机会与互联网结合，其核心是突破网络与实体的隔阂。在线旅行社线上线下整合是其商业模式的创新，也是一种较好的抉择。线上线下整合主要有两种形式：一种类似"团购"，游客线上预订，获得二维码或优惠券，线下体验产品或服务，即简单的 O2O 模式。另一种是宏观整合，OTA 进行线上线下的资源、数据、市场和渠道整合，创新经营模式，为旅游消费者提供一站式旅游服务，包括提供酒店预订、机票预订、"酒店+机票"式的商务套餐和自由行服务，以及签证服务、用车服务和量身定制旅游线路的服务等。该模式下的网站建设及其信息系统的建设成本较大，后期的维护成本也较大。电子商务后台建设及旅行社管理信息系统需要不断完善 ERP（企业资源规划）系统、CRM（客户关系管理）系统、SCM（供应链管理）系统，并建设外联网（extranet）整合合作企业信息。一些大中型旅行社面向散客拼团、自助游散客和商旅客人提供旅游信息查询、产品预订和交易等综合性旅游电子商务网，如春秋国旅的春秋旅游网、中青旅的遨游网、携程旅行网等。

2. 从在线旅游平台模式（online travel platform，OTP）到在线旅游生态模式（online travel marketplace，OTM）

OTP 是开放平台，运用互联网数据和流量思维，通过吸引航司、酒店、授权第三方代理等商家入驻，支持航司独立运营官方旗舰店，从而形成流量聚集效应。平台的搭建加强了跨界融合和资源整合，更加注重旅游大数据的分析，打通了整个服务产业链，形成围绕消费者旅行服务的全过程旅游生态平台。

飞猪成长于阿里日益庞大的数字经济体系之中，更注重用平台思维打造完备的旅游生态。飞猪主导的阿里旅行产品的最终销售模式，一如淘宝的商品分发，同样是基于用户信息匹配的旅行商品分发模式。旅游业是一个低频的行业，用飞猪的业务来贡献流量效率不高。飞猪最重要的服务价值还是基于消费端、商家端提高服务的匹配度，做更有效的供需匹配。这也意味着，飞猪对于阿里仍然是流量商业化效率提升的一个环节。商品化最大的意义在于会促进旅游行业更加市场化。当海量的酒旅服务商在同一个平台上连成一片，其产生的协同效应会逐步促进整个行业在产品质量、服务水平上的提升和价格体系的更加合理化。旅游商品拥有着很强的关联消费属性，比如航班、火车票的购买，链接到酒店预订、接送机服务等的转化率天然很高，因此，如何贯通出行服务体系内的产品供给就尤为重要。另一个值得重视的入口是高德地图，作为阿里最重要的一款本地生活应用，高德地图基于LBS 的信息服务能够非常有效地将本地酒旅服务推荐给消费者。阿里内部资源被全线打通，正在形成合力。飞猪的 OTP 定位还有一个特征，即在"店铺化"运营后，航司、酒店、旅行社等主体地位依然突出，粉丝关系、会员管理能够沉淀在自己的用户体系中。例如阿里与万豪合作，为万豪带来 800 万新增会员。

飞猪的平台模式更多还是基于阿里自身的平台，甚至在推动酒旅行业进行数字化改造的过程中，也离不开阿里云、支付宝、淘宝等在技术、金融服务、流量等方面的支持。通过服务好飞猪本身，包括支付宝、高德、淘宝甚至钉钉等用户的需求，从而实现飞猪用户的覆盖，阿里经济体内 10 亿用户就预示着飞猪的增长空间。支付宝在转型为"数字生活开发平台"后，强化了自身的拓展功能，支付宝应用、小程序、生活号等产品能够实现功能的拓展化，还为飞猪的"信用住"等短租民宿服务提供金融信息支持。

　　飞猪出境游超市已经做成了出境游领域的"宜家"。2016 年 10 月 28 日，飞猪品牌更新的同一天，出境游超市上线。出境游超市对此前业务做了全面创新，把签证、机票、酒店、租车、WiFi 电话卡、门票等出境必备品，从商品及网站底层架构全部重写，并进行频道打通，让所有商品元素化，形成了一个宽敞好逛、可自由搭配的超市。出境超市还参照宜家的精选良品模式，在平台海量商品上，通过官方严选及大数据分析，筛选出有特性的

视频资料：飞猪旅行设

产品，并按照用户特性做出智能推荐及陈列。首先，在飞猪平台上，整个交易包括支付都在一个生态圈里完成，让消费者可以有更稳定的体验。其次，平台对商家有展示，商家自主定价，使消费者在平台购买的商品来自哪个供应商、什么产品、多少钱可以一目了然，改变了 OTA 低价再搭售其他产品高价卖出的现状。让旅行者感受到"黑科技"的能力，使散客出行更便捷。

（二）在线旅游垂直搜索

　　在线旅游垂直搜索可以将网络上相关的旅游产品信息进行整合，以"专、精、深"的特点为顾客提供全面的搜索结果。它是搜索引擎的细分和延伸，是对网页库中的旅游类别的专门信息的一次整合，通过定向分字段抽取出需要的数据进行处理后再以结构化形式返回给用户。

　　以去哪儿、酷讯为代表的企业通过互联网搜索引擎技术，将其他旅游网站的产品进行分类比价，帮助顾客在同类产品中寻找最低的价格。酷讯旅游搜索相当于"百度＋携程"的功能定位，同时酷讯也会在旅游搜索上实践"搜索＋交易"的盈利模式。这种盈利模式明显不同于 OTA 企业收取佣金的方式，不直接销售旅游产品，而更像是一个媒体展示平台，通过为平台上的各商家导入顾客流量而获取点击费，同时收取品牌广告的展示费用。去哪儿旅游搜索引擎的基本商业模式是按流量收费，即搜索者一旦通过去哪儿搜索结果的链接到达航空公司的 B2C 直销网站，那么航空公司将需要为每个这样的访问付费。这是典型的搜索引擎盈利模式，正因为如此，这样的互联网应用才被定义为旅游搜索引擎。去哪儿、酷讯、搜旅等主流旅游搜索引擎的盈利模式主要有以下几种形式。

1. 定向广告盈利渠道

　　网络定向广告是针对传统的广告而言的一种新的广告模式。所谓定向，就是依靠独特的技术和手段让广告能更好更准确地指向目标受众，使广告主、媒体、用户三者之间能够互相进行精准的定位。在当今的搜索市场，定向广告策略已被视作搜索业内的一个有效的盈利渠道。对于旅游垂直搜索引擎来说，由于其对行业内数据的整合细分，使得这些数据可以通过简单方便的方式表现出来。旅游垂直搜索能够提供更为集中的受众消费群体，从

而提高搜索引擎广告的宣传能力和宣传效果。此外，旅游垂直搜索能够有效推动新的广告商机的发展。这种广告方式不限广告投放量，按照广告投放的实际效果，即按潜在客户回应行动计费。

2. 关键字竞价

所谓竞价排名就是与搜索关键词条相关的、与搜索结果一同列出的广告。目前流行的竞价排名收费方式主要有 CPC（cost per click）和 CPA（cost per action），要求广告不仅要展示，还要被用户点击或为广告客户带来有效订单，才能为搜索引擎带来利润。而搜索引擎如果展示过多相关性较差的广告，不仅不会为搜索引擎带来经济效益，还会影响用户体验，损害搜索引擎的长远利益。旅游垂直搜索网站的关键字竞价服务是指网站为会员提供在"媒体信息"搜索结果页面上的每个关键字搜索结果设置特别推荐位，优先显示给消费者。旅游企业对特别推荐位进行竞价。竞价成功后，固定期限内，旅游企业的公司信息将处在搜索页面的特别推荐位上，可以增强宣传效果。由于旅游垂直搜索网站的搜索结果具有不同的排序方法，可根据不同的排序方法设置特别推荐位。

3. 增值服务

由于对行业的专注，旅游垂直搜索网站可以对行业信息进行具有深度和广度的整合，进一步提高信息的质量，建立起高质量的、专业信息齐全、能够实时更新的索引数据库。基于这些信息和数据的商务智能分析，将创造非常有价值的信息增值业务，为用户提供更加细致周到的服务，更深层次地满足用户需求。例如进行相关产品、同类产品的推荐，推出针对某一行业的搜索交易平台等。

4. 个性化服务

旅游垂直搜索网站还可以获取并且分析用户的偏好信息，从而提供更加完善而且准确的数据服务，据此设计相应的个性服务。例如语音搜索功能，旅游衍生服务，如代购车票、车辆租用服务等。

（三）以游客为主导的社区模式

随着在线旅游业蓬勃发展，根据 OTA 的内容版块来看，一些以旅游者内容营销为主导的平台企业，如马蜂窝、驴妈妈、美团旅游等旅游虚拟社区基本已占领了在线旅游市场的半壁江山。随着 Web2.0 时代的到来，旅游虚拟社区因其开放参与的方式吸引了大批热爱旅游的用户入驻。其内容的主要来源则依赖于用户将自己的旅行经历生成为游记等内容发布到旅游虚拟社区。这其中涉及 UGC 和旅游虚拟社区两个概念。

用户生成内容（user generated content，UGC）这一概念最初起源于互联网，即用户通过互联网平台将自己原创的内容展示或者提供给其他用户。虚拟社区则被定义为社会的集合体，当有了足够数量的群众在网络上进行了足够的讨论，并付出了相应的情感，从而得以发展形成的群体就称为虚拟社区。具体来说，旅游虚拟社区是基于旅游这一主题而形成的虚拟社区，社区用户主要是旅游爱好者、旅游达人等。旅游虚拟社区为用户生成内容的发布提供平台，而用户生成内容丰富了旅游虚拟社区，吸引更多的用户，形成较强的社区凝聚力。

马蜂窝作为社区模式的主要代表，其核心产品就是旅游攻略，攻略中的照片和文字信息都来自于真实旅游用户的反馈，覆盖全球热门旅行目的地，涵盖了旅行中食、住、行、游、购、娱、出入境等重要信息，还有用户的真实体验和评价。经过多年的发展，马蜂窝已经形成了其特有的社区产品以及社区活动。其中，社区产品包括游记、旅游问答、行程、足迹以及点评。社区活动分为：线上活动，包括社区打卡、蜂蜜商城和旅行照片 PK 等板块；线下活动，包括蜂首俱乐部、撒野行动等。全球最大的旅游社区 Tripadvisor 以每月数以千万计的真实评论吸引了全球无数的旅游爱好者，主要的收入来源是点击广告、展示广告、订阅服务所收取的费用，其中点击广告的收入接近 75%。

（四）政府主导模式

我国在政府主导下创建、企业参与建设的旅游电子商务平台通常是目的地公共旅游信息网站，主要包括"金旅工程"建设下的公共商务网、中国旅游网和各地方政府自建的旅游官方网站等。旅游目的地营销系统（destination marketing system，DMS）是为整合目的地的所有资源和满足旅游者个性化需求的一种旅游信息化应用系统，目的是向旅游客源市场宣传整个旅游目的地形象。

从 2002 年开始实施的国家旅游信息化工程——"金旅工程"把建设旅游目的地营销系统作为电子商务部分的发展重点，计划将旅游目的地营销系统建设成为信息时代中国旅游目的地进行国内外宣传、促销和服务的重要手段。此类网站属于非营利性网站，是一个中立的旅游电子商务交易平台。目的是在信息聚集、市场聚集的基础上整合区域网络资源，共建一个标准化的旅游电子商务平台，促进全行业旅游电子商务发展。随着全国 DMS 的建立，旅游电子商务在区域、技术上的壁垒将会消失，加入平台的旅行社的市场空间将会进一步变大。DMS 建设区域旅游电子商务，提高旅游企业的参与度，整合各方面的资源，扩大旅游电子商务的交易量，改善盈利模式。中小旅行社加入旅游目的地营销系统的电子商务平台，进行旅游信息发布、网上促销、网上交易，开展 B2B 和 B2C 电子商务。中小旅行社以低成本加入政府建设的电子商务平台，主要面向拼团散客、自助游散客和商旅客人，以旅游产品预订、交易收入等作为其主要的获利渠道。

各类旅游目的地资讯网或地方性旅游网站以提供咨询服务和信息为主要内容，如杭州旅游网、西部旅游在线、黄山旅游信息网等。旅游行政部门、行业协会、研究机构等以面向业内为主建设的网站，如中国旅游网、中国旅游饭店协会网站等。此外，还有一些旅游资讯网站，如信天游、金色世纪、中华分时度假网等，专业信息内容涵盖景点介绍、旅游线路、交通、住宿、餐饮等与旅游相关的各种资讯。一般的旅游资讯网站会针对不同的旅游区域划分，如分为国内旅游、欧洲旅游、亚洲旅游、非洲旅游、大洋洲旅游、南美洲旅游、北美洲旅游、健康旅游、海岛旅游、商务考察等多个版块，以便于游客第一时间找到自己所需要的信息。除了最新、最热的旅游景点咨询，旅游资讯网还会归纳出旅途中各种必备的出行知识和注意事项，为游客提供更加全面和人性化的咨询服务，使其能制订出更加完备的出行计划，享受更加愉快的旅途。

三、旅行社电子商务的盈利模式

旅行社电子商务的盈利模式可以从狭义和广义两方面来理解。狭义地说，它就是通过旅游电子商务网站（在互联网上在线销售的方式）赚钱的途径和方法。广义上来讲，旅游电子商务就是以电子商务作为载体，以盈利为目的，建立起来的业务机构和商务结构。旅行社通过公司电子商务网站提供酒店、交通、旅游景点等预订服务，然后建立其他用于扩大网站在线部分的功能和业务，如电话呼叫中心、配送等，通过资本运作的方式兼并和收购、合作或加盟等扩大自己的电子商务规模，发挥整体优势，实现规模经济和提高利润。

旅行社电子商务盈利模式的构成包含以下几点。

1. 利润点

利润点是企业为客户提供解决方案过程中增加的销售获得利润的点。它在旅行社电子商务中是指为旅客提供的商品和服务，依赖于旅行社的市场地位、消费者的偏好、旅行社产品质量等因素。

2. 利润对象

旅游的电子商务将利润对象从某一类旅游者群体扩展到旅游者个人。电子商务与旅游业通过结合的方式使得旅行和客户的选择自由化。客户可以选择一个旅游网站提供的旅游线路，并参加在其临时组成的旅行团。客户也可以选择自助游，通过旅游网站预订往返机票，选择满意的酒店房间，安排自己的旅行和路线。旅游电子商务突破了团体旅游的限制，极大地满足了客户个性化的需求。

3. 利润杠杆

利润杠杆是指企业生产产品或服务以及吸引客户购买和使用企业产品或服务的一系列业务活动。旅游电子商务的利润杠杆主要表现为在旅行社网站上提供酒店和机票预订，同时把酒店预订和机票预订整合为自助游和商务游产品提供给旅游者，对于企业用户还提供旅游管理咨询服务。在这种情况下，旅行社与旅游网站合作，也会推出了一系列的自由行产品。基于互联网业务快速扩张，旅游网站线上预订和交易的影响力扩大，并通过线下配合实现利润增加。旅游网站与旅游公司合作，如酒店、旅行社、旅游景点等，将这些公司的业务电子商务化，再建立旅行网站及线下单位，同时拓宽网站和线上部分的功能和业务，如话务中心等，并经过并购、合作、自办、加盟等方式，加速自身电子商务化的规模，实现收益递增和规模效应。

4. 利润屏障

利润屏障是企业为了阻止竞争者争夺企业利润，所采取的防御措施。利润屏障的设计具体有以下几个方面。

（1）提供差异化服务

企业能够提供差异化的服务，就能形成企业特有的品牌，企业拥有好的品牌能够获得客户的信任度与忠诚度。随着市场的不断成熟，旅游企业间的竞争越来越激烈，只有不断地创新服务，为客户提供差异化的优质服务和旅游体验，才能形成自身独特的品牌。

视频资料：携程集团：旅游行业进化之路

（2）优秀的技术手段支持

通过领先的技术手段进行连续不断的产品测试和保持较快的进入市场速度是旅游网站发展的重要优势，正是因为有领先的技术手段才能保持并丰富良好的用户体验。

（3）对抗潜在进入者的威胁

潜在进入者是将来可能进入产业参加竞争的竞争者。在线旅游业长期保持较高的利润，引起众多潜在进入者的注意进而进入该产业参与竞争。现在各大在线旅游平台及酒店集团积极创立自己的直销网站，将会使得旅游网站之间的竞争日益激烈。因此旅游网站需要采取相应的措施以增加用户黏性，利用已有用户信息提供更加便捷和有针对性的服务，提升用户体验，防止用户流失导致市场份额下降。

案例讨论

欣欣旅游全速推进信息化发展

欣欣旅游是一家以信息技术创新为核心竞争力，服务旅游全产业链的全域旅游运营公司，至今已为14万家中小旅行社、2000多家大型的综合旅游集团以及100多个目的地和景区提供了全方位的服务，包括福建、河南、山东、南京、青海等省地市全域旅游合作项目落地。

欣欣旅游最开始做旅游信息化，服务对象为渠道商，也就是通常所说的旅行社。单独对旅行社这个群体，欣欣已经有一套完整的解决方案，涵盖从流量服务到信息化服务、从数据服务到金融服务等。在既有业务方向已经无法满足欣欣旅游发展目标的前提下，欣欣旅游开始转型。2015年，欣欣从智慧旅游切入，积极整合平台现有资源，深入挖掘旅游目的地大数据，为全国旅游企业及主管部门提供智慧旅游政务管理、智慧景区、智慧旅行社等一整套的信息化管理工具和个性化智慧旅游解决方案，建立多维度服务体系，打造智慧旅游生态圈。

在全覆盖的情况下，欣欣旅游的核心竞争力第一是旅游信息化建设能力，第二是渠道服务能力，第三是智慧服务能力，第四是项目运营能力。欣欣通过这几个能力为来目的地的游客提供非常多的场景和服务，基本上覆盖了全域旅游的各个部分。在长期关注产业信息化、技术服务应用的过程中，欣欣旅游不断总结各区域旅行社的业务场景和管理需求，最终为旅行社量身打造欣欣ERP系统。

第一，专注旅游行业信息化发展。欣欣ERP作为欣欣信息化服务体系下深耕旅游行业信息化服务的成果，实时总结各区域旅行社经营场景逻辑需求，经过不断地打磨和优化形成旅行社信息化全方位的解决方案。

第二，信息化方式打造行业生态。欣欣旅行社为了解决单个旅行社无法解决的问题，以开放性的生态意识，从信息、业务及资源等多个板块形成共享互联的机制，让更多旅行社用得起好的ERP系统，帮助和服务其他旅行社实现在线化、信息化的管路。

第三，前沿技术融合行业领先经验。ERP 作为旅游企业内部资源管理系统，包含的功能及模块极为丰富成熟，并融合旅游行业领先的运营管理经验，站在旅行社经营和发展的角度，从旅行社企业效率问题切入，围绕四大核心方向，让工作流程更具标准化、经营管理更具价值化、营销推广更具多元化。具体来看，四大核心方向如下。

①企业内部高效管理。首先，欣欣 ERP 根据不同的业务形态针对性地提供不同的解决方案；其次，从资源管控到报价管理，满足拆团、并团、自由拼团多套餐库存，收客灵活，提高了资源利用率；最后，支持企业办公移动化，运用手机端就能便捷操作及时管控，使得成本降低，提高了运营效率。

②旅游产业供应链协同。欣欣 ERP 支持旅游同行产品资源共享，通过云端数据无缝对接，使得供销往来账目一目了然，深度解决企业的供应商和渠道方之间的资源整合和同业协同效率。欣欣 ERP 鼓励搭建属于旅行社的独立官网，树立企业品牌文化，打造专属的B2B2C 交易平台，从而便捷实现线上线下同步渠道分销，同业官网助力分销，广纳客源稳定运营。

③企业经营财务集控。欣欣 ERP 为旅行社提供金蝶、用友等大型产品的数据互联服务，实现无缝对接，高效联动。欣欣 ERP 支持更全面的财务报表，满足管理层多方位需求，通过建立集中化、标准化的流程管理，从而降低企业运行成本、提升财务运作效率、强化企业内部控制。

④旅游消费全网营销。欣欣 ERP 针对旅游企业推出的全民分销解决方案，集“商城+分销”为一体，通过全新的 S2B2C（S 为大供货商，B 为渠道商，C 为顾客）模式，让旅行社打造属于自己的营销平台。除此之外，欣欣 ERP 还为旅游企业提供丰富多样的微信营销应用，从业务到营销让线上、线下、服务、数据全面结合形成新型的旅游零售体系，大大降低参与零售的门槛，把传统由专职人员进行的商品推介工作社会化、兼职化，让旅行社释放产能更专注于做好产品和服务，有效提升经营能力，扩大营收。

（资料来源：根据《欣欣旅游：十年携手旅游业同行，旅行社 ERP 全速推进信息化发展》2019-07-23 内容整理改写）

思考讨论题：从信息化到全域旅游，欣欣旅游在哪些方面进行了变革？该公司信息化建设的核心是什么？

本 章 小 结

本章介绍了旅行社信息化管理、旅行社管理信息系统，以及旅行社电子商务。本章对旅行社信息化的概念和内涵做了基本介绍，阐述了旅行社信息化管理的概念与特点，具体介绍了信息化对于旅行社经营管理的作用，以及对于旅行社组织机构和业务流程重组的作用。在旅行社管理信息系统方面首先介绍了信息系统逻辑结构，接着具体介绍了信息系统管理模块，包括销售管理模块、客户管理模块和决策管理模式。针对旅行社电子商务，首先阐述了旅游电子商务的概念、特点与作用，然后介绍了旅行社电子商务的发展模式，分别是以旅行社为主导、在线旅游垂直搜索、以游客为主导的社区模式及政府主导模式，最后介绍了旅行社电子商务的盈利模式。

关键术语

信息化（informatization）
管理信息系统（management information system，MIS）
旅游电子商务（tourism e-commerce）
企业对企业电子商务（business to business，B2B）
企业对消费者电子商务（business to consumer，B2C）
客户关系管理（customer relationship management，CRM）
业务流程重组（business process reengineering，BPR）
旅行社旅游目的地营销（destination marketing system，DMS）
在线旅行服务平台（online travel platform，OTP）
在线旅游生态（online travel marketplace，OTM）

复习题

1. 旅行社信息化管理的作用是什么？
2. 信息系统管理模块包括哪些内容？
3. 旅行社管理信息系统操作平台有哪些？
4. 旅行社电子商务发展模式有哪几种？

实践题

查找资料了解一家 OTA 头部企业信息化发展的历程，分析其信息化建设的核心优势是什么？

研究讨论题

分析讨论 OTA 信息化发展的趋势是什么？未来会对在线旅游行业的发展产生哪些影响？

参考资料

[1] 刘小维. 在线旅游用户生成内容（UGC）动机与激励方式研究[D]. 北京第二外国语学院，2016.05.18.
[2] 陆均良，杨铭魁.旅游信息化管理（第二版）[M]. 北京：中国人民大学出版社，2015.07.01.
[3] 胡宇橙. 旅行社经营管理[M]. 北京：清华大学出版社，2014.05.
[4] 杜文才. 旅游电子商务[M]. 北京：清华大学出版社，2006.07.
[5] 郑生勇. 旅行社电子商务的现状与发展趋势[J]. 中国旅游报，2004.
[6] 薛其虎. 基于电子商务环境的在线旅游企业商业模式创新[D]. 济南：山东大学，2010.
[7] 翁晓慧，黄蔚艳. 信息化背景下旅行社服务创新研究[J]. 管理观察，2016(06)：26-28.

教师服务

感谢您选用清华大学出版社的教材！为了更好地服务教学，我们为授课教师提供本书的教学辅助资源，以及本学科重点教材信息。请您扫码获取。

➤➤ 教辅获取

本书教辅资源，授课教师扫码获取

➤➤ 样书赠送

旅游管理类重点教材，教师扫码获取样书

 清华大学出版社

E-mail: tupfuwu@163.com
电话: 010-83470332 / 83470142
地址: 北京市海淀区双清路学研大厦 B 座 509

网址: http://www.tup.com.cn/
传真: 8610-83470107
邮编: 100084